VERLAG
FRITZ
MOLDEN

Edward Crankshaw

DIE HABSBURGER

MIT 216 ABBILDUNGEN,
DAVON 41 IN FARBE

VERLAG FRITZ MOLDEN · WIEN-MÜNCHEN-ZÜRICH

Die Vorlage für den Schutzumschlag stammt aus dem Kunsthistorischen Museum, Wien, Schatzkammer (Aus dem Besitz des Ordens vom Goldenen Vlies).

1.—12. Tausend

Aus dem Englischen übertragen von
GÜNTER TREFFER

Titel der englischen Originalausgabe
THE HABSBURGS

Erstmals erschienen bei Weidenfeld and Nicolson Ltd., London
Gestaltet von Margaret Downing

Copyright © Edward Crankshaw 1971
Alle Rechte der deutschen Ausgabe 1971:
Verlag Fritz Molden, Wien-München-Zürich
Schutzumschlag: Hans Schaumberger, Wien
Schrift: Garmond Garamond-Antiqua
Satz: Filmsatz auf Linofilm-Super-Quick
Gesamtherstellung: LIBREX, Mailand, Italien
ISBN 3-217-00344-6

Für George Hardinge in herzlicher Zuneigung

Inhalt

1

Die Anfänge der Dynastie: Von Rudolf I. bis Friedrich III.

Es war etwas Grüblerisches um viele Habsburger; dies unterschied sie von den üblichen Monarchen und trug zur Aura der Macht bei, mit der sie sich umgaben – eine Aura, die weitgehend aus katholischer Bigotterie und kaiserlichem Reaktionsgeist bestand. Tizian hat diesen Zug für immer in seinen Porträts Kaiser Karls V. festgehalten. Karl war eine Zeitlang der mächtigste Herrscher seit den Römern. Er gebot über ganz Mitteleuropa, über Burgund und die Niederlande, den Großteil Italiens, über Spanien und die spanischen Besitztümer in der Neuen Welt. Und dennoch schmückte er sich nicht mit den Insignien der Macht. Seine Kleidung war einfach, nach dem Tod seiner Gemahlin trug er nur Schwarz. Er war von unerreichter Hoheit, doch stets bewahrte er seine Menschlichkeit, und seinem Anspruch auf Unsterblichkeit war mit dem Umstand, daß er Tizian, den er besonders schätzte, fünfmal Porträt saß, Genüge getan. Aus diesen Bildern tritt uns ein grüblerischer, komplizierter, starker und doch verwundbarer Mann entgegen, dessen Geheimnis das Gemälde zwar einfängt, aber nicht erklärt. Und in gewissem Sinn wird die Last der ungeheuren Machtfülle, die dieser Herrscher tragen mußte, durch das Fehlen von Pomp und Prachtentfaltung um so erschreckender und furchterregender, ja vielleicht um so widersinniger.

Die Ablehnung äußeren Schaugepränges, außer es handelte sich um bestimmte zeremonielle Anlässe, war jahrhundertelang Kennzeichen der Familie. Da war Philipp II. von Spanien, der der Inquisition vorsaß und seine Macht gegen England richtete, ferner der finstere Ferdinand II. von Österreich, der die Gegenreformation anführte und in den Dreißigjährigen Krieg zog – Männer, denen das Schicksal von Millionen Menschen anvertraut war, denen der prunkliebendste Adel der Christenheit huldigte, die ihrem Herrscheramt wie düster gekleidete, gewissenhafte und hart arbeitende Bürokraten nachgingen und inmitten all des Glanzes in mönchischer Einfachheit lebten. Da war Kaiser Leopold I., der im Westen gegen Ludwig XIV., im Osten gegen die Osmanen kämpfte und seine Mußestunden dem Komponieren und Musizieren widmete. Und da war schließlich der letzte große Habsburger, Franz Joseph, der in der Herrlichkeit des Schlosses Schönbrunn auf seinem engen eisernen Feldbett schlief und sich Jahrzehnt über Jahrzehnt an seinem Stehpult abmühte, ein gewaltiges Reich zusammenzuhalten und eine alte Dynastie zu stützen, die beide zwei Jahre nach seinem Tod zusammenbrechen sollten. Derselbe Franz Joseph hatte noch zu Beginn

Bau einer Stadt im Mittelalter. Die Siedlung ist rund um den Festungsberg angelegt, auf dem in beherrschender Position die Burg steht, wie es in der Frühzeit der Habsburger, als kriegerische Auseinandersetzungen auf der Tagesordnung standen, üblich war.

Graf Rudolf von Habsburg als deutscher
König. Er war der erste der Dynastie,
der in dieses Amt gewählt wurde (1273).
Trotz seiner freundschaftlichen
Beziehungen mit Papst Gregor X.
wurde er nie zum Kaiser gekrönt.
Immerhin unternahm es dieser „arme kleine
Graf", wie ihn der mächtige
Böhmenkönig Ottokar Přzemysl
nannte, das erledigte Reichslehen mit Waffengewalt wieder einzu-
treiben und die gesunkene Autorität
des Kaisers zu stärken. Glasmalerei in
der Stephanskirche, Wien.

seiner Regierungszeit seinen Stolz in den' weißen Waffenrock der kaiserlich-königlichen Armee gesetzt, der für westliche Liberale Inbegriff der Unterdrückung und
der Autokratie war.

Wer waren diese Habsburger? Woher kamen sie? Aus welchen Quellen schöpften
sie ihre Kraft, die sie zur am längsten herrschenden Dynastie Europas machte? Denkt
man einen Augenblick nach, so wird man erkennen, daß in diesem Fall die alte liberale
Vorstellung von raffgierigen und arroganten Autokraten, die über einen Völkerkerker
herrschten, den Kern der Sache nicht trifft. Zu Beginn dieses Jahrhunderts konnte
man sich leicht dem Glauben hingeben, daß die vielen Völker der Donaumonarchie
triumphierend und unerschütterlich dem Licht der Freiheit zustreben würden, wenn

nur einmal die Gewalt der Habsburger gebrochen war. Doch es kam anders. Diktatorische Regime haben die Habsburger abgelöst; zuerst die nationalen Diktaturen in den Nachfolgestaaten der alten Monarchie – in Ungarn, Jugoslawien, Polen, Restösterreich. Lediglich in der Tschechoslowakei wurde ein starkes demokratisches Regime errichtet, das später von Hitler, dann von Stalin zerbrochen wurde. Gewiß hatten die Tschechen unter Österreich einiges zu erdulden, aber zumindest konnten sie frei atmen und sich frei entwickeln. Es war ein Tscheche, ein militanter Nationalist – der Historiker Palacký, der den Absolutismus der Habsburger bekämpfte und dennoch einsah, daß die Habsburgermonarchie ihre Berechtigung hatte. In einer Paraphrase des Voltaireschen Ausspruchs über Gott erklärte er, wenn es Österreich nicht gäbe, müßte man es erfinden. Und Österreich, das war Habsburg.

Es ist wahrlich der Mühe wert, dem Wahrheitsgehalt dieses Ausspruchs nachzugehen. Die Geschichte Österreichs ist vor allem die Geschichte einer einzigen, außergewöhnlichen Familie. Habsburgs Herrschaft über Spanien war ein Zwischenspiel – unter Karl V. und Philipp II. sogar ein blendendes, prächtiges Zwischenspiel, zugegeben. Doch es konnte nicht von Dauer sein. Und bereits unter Philipp III. hatte Spanien sich in eine Sackgasse manövriert. Die wahre Geschichte der Habsburger ist die Geschichte des Hauses Österreich – und diese wieder ist ein zentrales Thema der Geschichte des modernen Europas, das heißt der Entwicklung unserer Kultur und Gesellschaftsform, denen auch die Neue Welt verpflichtet ist.

Die Verbindung des Hauses Habsburg mit Österreich geht auf das Jahr 1276 zurück, aber erst zweihundert Jahre später stieg Österreich zu einer europäischen Macht auf. Oft genug während dieser Zeit hatte es den Anschein, als würde die Dynastie wieder in das Dunkel zurücksinken, aus dem sie Rudolf von Habsburg gerissen hatte, als man ihn 1273 zu Aachen zum deutschen König krönte. Der Traum Karls des Großen, die ganze Christenheit unter einem weltlichen Herrscher zu vereinen – die Wiederbelebung der Idee des römischen Imperiums, genannt Heiliges Römisches Reich –, war ein Traum geblieben. Doch der Herrscher verfügte immer noch über eine fast mystische Autorität, wenn er nun auch kaum mehr war als die gewählte Galionsfigur – oder König – der Deutschen.

Wir brauchen an dieser Stelle nicht im einzelnen auf die Lebensläufe der frühen Habsburger und auf deren abenteuerlich-abwechslungsreiche Geschicke einzugehen. Sie waren streitbare Herren, die sich von den anderen streitbaren Herren des 13. und 14. Jahrhunderts gelegentlich durch ihre Fähigkeiten, stets aber durch ihre Zielstrebigkeit unterschieden. Mit den einzelnen Personen müssen wir uns nicht allzusehr beschäftigen, denn was sie waren und taten, ist schon zu lange her; wir wissen nicht genug über sie, und sie haben der Nachwelt nur wenige Spuren hinterlassen. Auch waren ihrer zu viele: bis in die Mitte des 15. Jahrhunderts hinein wurden ihre kleinen und gebirgigen Ländereien unter zankenden Brüdern immer weiter aufgeteilt. Wichtig ist nur, daß sie am Leben blieben, den Bestand der Dynastie sicherten und durchhielten, bis im Jahre

13

1493 Maximilian I. als Herrscher die Bühne der Geschichte betrat und mit ihm eine neue europäische Großmacht.

Man muß versuchen, sich ein Bild von der damaligen Konstellation in Europa zu machen. Wir dürfen nicht vergessen, daß die Habsburger, als sie im gegebenen Augenblick die politische Bühne betraten, eine Reihe von Völkern unter ihre Herrschaft brachten, die auf eine alte nationale Tradition hinweisen konnten. In Sagen und Legenden bewahrten diese Völker ihre Erinnerung an die Zeit vor der Habsburgerherrschaft. Als nach den Napoleonischen Kriegen der Nationalismus erwachte, richteten die Tschechen, Kroaten, Ungarn und Polen den Blick zurück auf ihre Könige aus dem Mittelalter, holten sie sich von dort die Vorbilder für ihren Kampf gegen die kaiserliche Regierung in Wien.

Die Habsburger waren ein süddeutsches Geschlecht. Man kann sie mit einiger Sicherheit bis ins 10. Jahrhundert zurückverfolgen, bis zu Guntram dem Reichen, Landgraf im Elsaß. Im 11. Jahrhundert nahmen sie den Namen ihres Stammschlosses an, der Habichtsburg oder Habsburg, am Zusammenfluß von Aare und Reuß im heutigen Aargau in der Schweiz. Ebenfalls aus dem süddeutschen Raum kamen die Wittelsbacher; sie waren von noch älterer Abstammung und stellten sieben Jahrhunderte lang das Herrscherhaus Bayerns; ferner die Hohenzollern, die gegen Ende des Mittelalters nach Norden zogen, Markgrafen von Brandenburg, dann Könige von Preußen und schließlich Kaiser des Zweiten Deutschen Reiches wurden.

Die frühen Habsburger waren treue Diener des Reiches, und einer von ihnen gewann die besondere kaiserliche Huld als Gefolgsmann des letzten großen Hohenstaufers, Friedrichs II., in dessen vergeblichem Kampf mit dem Papst.

Als Friedrich, der große Sizilianer, im Jahre 1250 starb – ein gebrochener Mann, wie so viele seiner Vorgänger mit dem Kirchenbann belegt –, da war es mit dem Heiligen Römischen Reich als echtem Machtfaktor vorbei. Der Traum Karls des Großen von einer vereinten Christenheit geriet immer mehr in Vergessenheit. Traditionsgemäß wurde stets ein König der Deutschen zum römischen Kaiser gekrönt, und eine ganze Reihe von Friedrichs Vorgängern auf dem Kaiserthron waren eben nur Könige der Deutschen gewesen und nicht mehr. Sie verfügten über großes Ansehen und hatten beträchtliche Macht über die Unzahl der weltlichen und geistlichen Herren, die im Gebiet des heutigen Deutschland, des Elsaß, Österreichs und der Schweiz ihre Ländereien besaßen. Mit dem Tode Friedrichs war der Hauptgegner des Papstes aus dem Weg, und der Statthalter Petri sorgte nun dafür, daß Deutschland schwach, uneinig und zerrissen blieb. Die Königswürde wurde zum Gespött. Einer dieser Schattenkönige war Richard von Cornwall, der Sohn König Johanns von England. Doch die deutschen Kurfürsten hatten von ihrem Oberherren, der noch dazu außer Land war, bald genug und wählten einen Gegenkönig, Alfons X. von Kastilien. Dann aber – 1273, ein Jahr nach Richards Tod – brach Papst Gregor X. mit der Politik seines Vorgängers und beschloß, dem Chaos in Deutschland – „der kaiserlosen, der schrecklichen Zeit" – ein Ende zu bereiten und der Königswürde zu neuem Ansehen zu verhelfen. Er verweigerte der Wahl Alfons' die Anerkennung und ließ die Kurfürsten wissen, sie mögen sich gefälligst zusammennehmen und einen neuen deutschen König wählen, wie es sich gehört, oder *er* würde es an ihrer Stelle tun. Also wählten die Kurfürsten den Grafen Rudolf von Habsburg, und der Papst gab ein Jahr später seinen Segen dazu.

Die Wahl war auf Rudolf gefallen, der wohl ein hervorragender Kriegsmann und wegen seiner Mildtätigkeit und Aufgeschlossenheit bekannt war, aber doch über nur geringen politischen Einfluß verfügte. Was Rudolf fehlte, war eine genügend starke Hausmacht, um sich gegen die übrigen Fürsten durchzusetzen. Diese würden ihn unterstützen, wenn es ihnen paßte, doch sie liefen nicht Gefahr, sich seinem Willen beugen zu müssen.

Der neue König war fünfundfünfzig und hatte sein Leben lang im Kampf gestanden – und das nicht nur, um seine eigenen Besitztümer abzurunden und zu vergrößern, er mußte auch immer wieder gegen die Raubritter zu Feld ziehen, die die damaligen anarchischen Zustände für sich nutzten, sich gegenseitig Gefechte lieferten und die Bevölkerung in Stadt und Land in Schrecken versetzten. Rudolf hatte einen starken Sinn für Ordnung und Gerechtigkeit. Er besaß die Gabe, für die Verfolgung seiner persönlichen Zwecke immer wieder zeitweilige Bundesgenossen zu finden. Er konnte weitgesteckte Pläne entwickeln und sie mit einem Minimum an Mitteln durchführen; er bewegte seine Truppen rasch, mit zwingender Durchschlagskraft, und erreichte sein Ziel auf unkonventionelle Art und mit taktischen Einfällen, die etwas Geniales an sich hatten. Eines seiner Bravourstücke war die überraschende Überquerung der Donau mittels einer Bootsbrücke – Rudolf dürfte der erste seit Alexander dem Großen gewesen sein, der an diese im Grunde einfache Lösung dachte. Ein anderes Beispiel: Bei der Belagerung einer Burg fiel ihm auf, daß in regelmäßigen Abständen ein Furagiertrupp auf grauen Pferden die Feste verließ. Darauf baute er seinen Eroberungsplan. Er stattete eine gleich starke Gruppe seiner Leute ebenfalls mit grauen Pferden aus und hielt sie in Bereitschaft. Als eines Nachmittags der Furagiertrupp die Burg verließ und davontrabte, jagte diese Gruppe in gestrecktem Galopp auf die Festung zu, ein starkes Aufgebot von Rudolfs Reiterei auf ihren Fersen. Die Wache gab Alarm, die Festungstore wurden heruntergelassen, um die grauen Reiter aufzunehmen, und schlossen sich wieder vor den Nasen der „Verfolger". Die Eindringlinge machten mit der überraschten Wachmannschaft kurzen Prozeß und öffneten Rudolfs Streitmacht die Tore. – Man sieht also, daß dieser Habsburger ebenso listenreich wie phantasievoll und mutig war.

Die Nachricht von seiner Wahl wurde Rudolf überbracht, als er gerade Basel belagerte, mit dessen Bischof er in Fehde lag. Eine Ironie der Geschichte wollte es, daß der Bote ein Hohenzoller war: Friedrich von Zollern, Burggraf von Nürnberg, der somit als erster sein Knie vor dem ersten Habsburger auf dem Königsthron beugte. Sechs Jahrhunderte später sollte einer seiner entfernten Nachfahren – Bismarck stand ihm zur Seite, Moltke an der Spitze seiner Armeen – Österreichs Führungsanspruch in Deutschland für immer zunichte machen.

Als der Bischof von Basel von den Ereignissen erfuhr, rief er aus: „Sitz fest, Herre Gott, oder Rudolf wird auch nach Deinem Thron langen!"

Links: Rudolf I.
Oben: Ottokar Přzemysl, König von
Böhmen. Er erwarb und eroberte weite
Ländereien von der Adria bis zum
Erzgebirge und stellte sich bis zu seinem
Tod (1278) gegen die Wahl Rudolfs.

Was Rudolf selbst betrifft, so war er nach seiner Krönung in Aachen, die weitgehend den Charakter eines Sakraments hatte, wie verwandelt. „Ich bin nicht der, den
ihr voreinst gekannt", läßt Grillparzer ihn in „König Ottokars Glück und Ende"
sagen. Als Gesalbter des Herrn, meinte er damit, sei er von nun an dem Dienst des
Christentums geweiht. Ohne Zweifel glaubte er das auch. Doch seine Worte sollten auch
im weltlichen Bereich prophetische Bedeutung haben.

Sosehr die Bürger von Basel bereit, ja erpicht darauf waren, für ihren Bischof
gegen einen Grafen von Habsburg zu kämpfen, so wenig Lust verspürten sie, gegen
den gewählten König aufzutreten. Und so ging es auch manchem anderen, der früher
gegen Rudolf zu Feld gezogen war. Die Mystik der Krone genügte, um den habsburgischen und den angrenzenden Gebieten Frieden zu bürgen, und Rudolf konnte
sich größeren Aufgaben zuwenden.

Da gab es nämlich einen anderen, von Rudolf grundverschiedenen Fürsten, der fest
mit seiner Wahl zum deutschen König gerechnet hatte: Ottokar II. Přzemysl, König
von Böhmen. Böhmen war das einzige slawische Herrschaftsgebiet im Gefüge des
Reiches, und Ottokar war weitaus mächtiger als irgendeiner der deutschen Fürsten, die
ihn verständlicherweise nicht auf dem Hals haben wollten. Ottokar hatte in Mittel-
und Osteuropa ein gewaltiges Reich aufgebaut, das sich von der Adria im Süden bis
zum Erzgebirge im Norden erstreckte. Vor kurzem erst hatte er sich Österreich, die
Steiermark, Kärnten, die Krain und die Windische Mark einverleibt – jene Lande
also, die einst die Awarische Mark Karls des Großen gebildet hatten, den Grenzposten
des Abendlandes gegen die Bedrohung von Osten her. Ein gewaltiger Herr war dieser
Ottokar: den kleinen Grafen Rudolf mit seinen Ländereien nahm er einfach nicht
zur Kenntnis; er dachte nicht daran, ihm zu huldigen. Aus diesem Konflikt ist das
habsburgische Österreich entstanden, und hier liegt auch der Beginn der jahrhunderte-

Rudolf von Habsburg belehnt seine beiden Söhne Albrecht und
Rudolf „zu ungeteilter Hand" mit Österreich, Steiermark und Krain.

k doucques
pour ceste ma
tere plaisante
entammer et
mettre a effect
Il est asscavoir
que ce premier liure qui contient
en soy v chapittres est comme Vng

preambule et prologue pour leneu
dement et Instruction de toute ceste
presente euure Cest a entendre des
quattre Volumes des cronicques
dengleterre Jadis appellee la basse
hibernie Et depuis par diuerses
guerres et conquestes dicelle elle
asorti plusieurs noms Col Est

langen, beklagenswerten Auseinandersetzung zwischen Deutschösterreichern und Westslawen.

Rudolf handelte schnell. Er stellte ein Heer auf und marschierte die Donau hinunter gegen Wien. Dort angekommen, hielt er sich nicht lange damit auf, Gräben zu ziehen, Stollen zu schlagen und die Wiener auszuhungern. Wie immer, verfiel er auch hier auf die direkteste und wirtschaftlichste Methode: Sollten die Wiener die Stadttore ihrem Oberherrn nicht öffnen, so würde er sich zu seinem Leidwesen gezwungen sehen, die Weingärten zu zerstören, die sich damals wie heute an die sanften Hügel des Wienerwalds schmiegten. Die Wiener waren Realisten; sie öffneten ihre Tore. Ottokar erklärte sich bereit, seine österreichischen Besitztümer wieder herauszugeben – dazu gehörte auch der herrliche neue Dom zu St. Stephan in Wien, dessen Bau gerade begonnen worden war –, und zog sich nach Prag zurück.

Rudolf war ihm kein Unbekannter. Jahre zuvor hatte der Habsburger unter den Fahnen des Böhmenkönigs in dessen berühmtem Feldzug – dem „Kreuzzug", wie er genannt wurde – gegen die heidnischen Preußen gefochten. Als er nun wieder mit ihm zusammentraf, war er zweifellos beeindruckt von der Persönlichkeit und Kraft des hochgewachsenen Mannes mit der Hakennase, der letztlich sein Lehensherr war.

Österreich war ein erledigtes Reichslehen; Ottokar hatte keinen Rechtsanspruch darauf. Der Přemyslide war mit Margarete, der Schwester des letzten Babenbergerherzogs, verheiratet, und als dieser den Tod fand, war kein Kaiser da, der Ottokar die Besitznahme hätte streitig machen können. Auch jetzt hatte der Böhmenkönig nicht die Absicht, den Kampf aufzugeben. Im Augenblick blieb ihm freilich nichts anderes übrig, als einem Arrangement zuzustimmen; selbst einer Doppelhochzeit zweier seiner Kinder mit Rudolfs Sohn und Tochter würde er seinen Segen geben – er brauchte bloß Zeit, ein Heer aufzustellen, um diesem habsburgischen Gernegroß ein Ende zu bereiten. Er, Ottokar, war ein König und hatte die Hilfsquellen eines gewaltigen Machtbereichs hinter sich. Rudolf mochte zwar in Aachen zum König gekrönt worden sein, aber er war völlig davon abhängig, wieviel Soldaten er durch Schmeichelei, moralische Erpressung oder Zusicherung von Privilegien bei den deutschen Fürsten für seine Fahnen gewinnen konnte. Es würde ihm schwerfallen, gegen Ottokar genügend Truppen ins Feld zu schicken, um einer vernichtenden Niederlage zu entgehen – von einem Sieg ganz zu schweigen.

Und der neue deutsche König tat sich wirklich schwer. Ottokar gewann das Wettrüsten und wählte den Zeitpunkt zum Losschlagen. 1278 tauchte er mit einer furchterregenden Streitmacht in der Ebene jenseits der Donau bei Wien auf. Rudolf war zahlenmäßig klar unterlegen, aber es entsprach nicht seiner Art, auf Ottokars Angriff zu warten. Er schaffte seine Truppen über den Fluß und schlug die überraschten Böhmen in der Schlacht von Dürnkrut. Ottokar selbst wurde auf der Flucht gestellt und erschlagen. Der Träger der heiligen Krone hatte sich durchgesetzt. Und, noch wichtiger für die Zukunft: die Habsburger besaßen Österreich. Rudolf zog die Lande im Namen der Krone ein und gab sie bald darauf als Lehen an seine Familie weiter. Kärnten ging an Graf Meinhard II. von Tirol, den treuen Bundesgenossen gegen Ottokar; die anderen

Der Hof Karls des Kühnen war glanzvoller Mittelpunkt der europäischen Kultur. Die dort gepflegten überzüchteten Formen der Kunst und Unterhaltung fanden in Maximilian, der dank den entschlossenen Bemühungen seines Vaters Friedrich III. in das burgundische Herzogshaus eingeheiratet hatte, bald einen großen Befürworter.

Ländereien wurden den zwei Söhnen Rudolfs gemeinsam verliehen. Von nun an waren es Deutsche und nicht Slawen, die den Schlüssel zu Mitteleuropa in der Hand hielten.

Eine der Schlüsselstellungen war Wien. Es war vor allem eine Grenzfeste. Und das Marchfeld war traditionsgemäß ein Schlachtfeld. Es sollte weiterhin eines bleiben.

Wien liegt im Schutz der nordöstlichen Ausläufer der Alpen, in jenem Winkel, den die steilen, dicht bewaldeten Höhen mit der Donau bilden. Der Strom fließt viele Kilometer lang am Fuß der Vorberge der Alpen vorbei und wird von deren Gletscherwassern gespeist; hier, bei Wien, bahnt er sich seinen Weg in die weite, offene Ebene, an die praktisch ohne Übergang die ungarische Pußta anschließt. Kaiser Otto II. hatte die alte Ostmark Karls des Großen den Babenbergern verliehen. Die Burg der Markgrafen, später der Herzöge von Österreich stand in Klosterneuburg; vom Leopoldsberg aus schweift der Blick nach Osten, über die große Ebene, aus deren Tiefen seit eh und je räuberische Eindringlinge vorstießen – Hunnen, Awaren, Madjaren, als letzte die Türken. Schon die Römer hatten an der Donau ein bedeutendes Kastell erbaut; Kaiser Marc Aurel starb in Vindobona. Auch er kämpfte auf dem Marchfeld, gegen die Markomannen. Unter den salischen und staufischen Kaisern wandelten die Babenberger die Feste in eine Stadt von einiger Bedeutung und kultureller Ausstrahlung um. Walther von der Vogelweide sang an ihrem Hof seine Lieder. Das Donautal war nicht nur Heerstraße der Invasoren; auch die Kreuzritter zogen ihm entlang. Auf der Rückkehr vom Heiligen Land wurde Richard Löwenherz von dem Babenbergerherzog Leopold V. hier gefangengenommen und auf Schloß Dürnstein an der Donau eingekerkert. Mehr als zwei Jahrhunderte zuvor war diese Gegend, und mit ihr ganz Österreich und ein Großteil Bayerns, von den Madjaren überrannt worden; das war der Höhepunkt ihres gewaltigen Vorstoßes nach Westen gewesen, der sie von den Ufern des Ob, tief in Sibirien, bis nach Mitteleuropa geführt hatte. 955 endlich wurden sie von Otto dem Großen in der Schlacht auf dem Lechfeld bei Augsburg, einer der entscheidenden Schlachten der Geschichte, besiegt. Die Madjaren wurden Hunderte Kilometer weit nach Osten, in die ungarische Tiefebene getrieben, und die Babenberger hatten dafür sorgen müssen, daß sie sich von dort nicht mehr wegrührten. Nun übernahmen die Habsburger diese Aufgabe, und die Ungarn waren immer noch stark.

Die Verhältnisse in Osteuropa waren in der Tat äußerst bemerkenswert und ständig in Fluß. Nach dem Tode Ottokars verlor das slawische Königreich Böhmen seine Vormachtstellung. In weiter Ferne, hinter den Karpaten, war das russische Fürstentum Kiew vor kurzem von den Mongolen überrannt worden, die unter Batu, dem Enkel Dschingis Khans, bis nach Schlesien vordrangen und in Rußland das Reich der Goldenen Horde errichteten. Die ostslawischen Russen mit ihrer christlichen Kultur, den Bindungen an Byzanz und ihren engen Beziehungen zum Westen sollten nun für fast 250 Jahre, bis zum endgültigen Aufstieg des Moskowiterreiches im Jahre 1480, von Europa abgeschnitten bleiben.

Es gab noch andere alte slawische Königreiche. Polen, einst Lehensträger des Heiligen Römischen Reiches, war durch andauernde Machtkämpfe geschwächt und geteilt;

schließlich machten sich auf seinem Gebiet zuerst die Mongolen, dann der Deutsche Ritterorden breit. Bulgarien geriet gegenüber Serbien ins Hintertreffen. Zu Beginn des 14. Jahrhunderts erreichte Serbien seinen Höhepunkt unter dem Heldenkönig Stefan Duschan; er plante die Eroberung von Byzanz, starb aber noch vor den ersten Vorbereitungen. Die Madjaren, deren Vormarsch nach Westen zurückgeschlagen worden war, bildeten unter dem später heiliggesprochenen Stephan um das Jahr 1000 das Königreich Ungarn; im 13. Jahrhundert erhielten sie eine fortschrittliche Verfassung. Sie blieben eine dauernde Gefahr für Österreich – das zeigte sich zweihundert Jahre nach Rudolf I., als sie Wien eroberten und den Habsburgerkaiser Friedrich III. aus der Stadt jagten. Mit einem Wort: als die Habsburger sich in Österreich festsetzten, war nicht abzusehen, wie sich die Dinge entwickeln würden. Alles war im Fluß, und es stand ganz und gar nicht fest, daß eine deutsche Fürstenfamilie auf die Dauer über Madjaren oder Slawen herrschen sollte.

Was das übrige Europa betraf, so bildete Deutschland auch unter seinem neuen Herrscher einen Wirrwarr von sich gegenseitig befehdenden Fürstentümern. Es gelang Rudolf nicht einmal, die Krone für seinen Sohn Albrecht zu sichern; erst 1298 konnte er – als Nachfolger Adolfs von Nassau – den Thron besteigen. Doch nach Albrechts I. Tod im Jahre 1308 gab es über hundert Jahre keinen Habsburger als König – die Königswürde fiel abwechselnd den Häusern Luxemburg und Wittelsbach zu.

Hoch im Norden blieb der Kampf Schwedens um die Vormachtstellung vorerst ohne Auswirkung; doch viel später einmal sollte es ein Schwedenkönig sein, Gustav Adolf, der dem fanatischen Unterfangen eines Habsburgers, ganz Deutschland für Rom zurückzugewinnen, Widerstand leistete. Im Süden, in Italien, begann die Zeit der Despoten. Die Niederlande waren noch nicht geeint. Die Schweiz existierte noch nicht; erst nach Rudolfs Tod taten sich die drei „Urkantone" zusammen, die den Kern des unabhängigen schweizerischen Staatsgebildes formten. Aber im Westen waren bereits Ansätze des modernen Europa zu erkennen. In Frankreich und England tendierte die Entwicklung zum geeinten Nationalstaat, mit dem sich der König identifizierte. Während Rudolfs Regierungszeit unterwarf Eduard I. von England die Waliser. Der schreckliche Kampf zwischen dem französischen König in Paris und dem Grafen von Toulouse; der nach außen hin ein Religionskrieg war, hatte im Jahre 1229 sein Ende gefunden; er brachte die Ausrottung der albigensischen Ketzer und die Blutbäder von Montpellier und Béziers, mit denen die tatsächliche Einigung von Nord- und Südfrankreich – *langue d'oïl* und *langue d'oc* – besiegelt wurde. Der Hundertjährige Krieg stand noch bevor; während er ausgefochten wurde, festigten die Habsburger ihre Macht in Österreich und bereiteten sich auf den großen Schritt vor. Das südliche Spanien bis zum Tajo war nach wie vor, seit fünfhundert Jahren schon, in den Händen der Mauren; aber weiter nördlich hatte Kastilien sich kürzlich Leon einverleibt – nur Aragon erhielt sich seine kümmerliche Unabhängigkeit weitere zwei Jahrhunderte lang. Die Türken hatten noch nicht die Meerenge nach Europa überquert, und die Staatsidee des mächtigen Osmanenreiches – dieses sollte 1453 Konstanti-

nopel erobern, den Balkan aufsaugen, die Macht Serbiens brechen, Ungarn überrennen und sogar bis zu den Wällen von Wien vordringen – war noch nicht geboren.

Das war das Europa zu jener Zeit, da die Habsburger ihre Macht allmählich aus-
zubauen begannen. Sie trugen viele familiäre Streitigkeiten aus. In Graz und Innsbruck bildeten sich neue Machtzentren. Während dieser Zeit nahmen sie im
allgemeinen kaum auf die größeren geistigen und politischen Bewegungen in Europa
Bedacht, und ein Habsburger nach dem anderen verschwendete seine Energien vergeblich im Kampf gegen die Schweizer, deren Nationalbewußtsein seit geraumer Zeit
erwacht war. Diese kriegerischen Auseinandersetzungen zogen sich über viele Jahrzehnte hin; die Sage von Wilhelm Tell ist mit ihnen ursächlich verbunden.

Der interessanteste Habsburger im 14. Jahrhundert war Rudolf IV., der Stifter.
Als Herzog von Österreich erwarb er Tirol und gründete 1365 die Wiener Universität,

Die Ermordung König Albrechts I. durch seinen Neffen Johann
Parricida, 1308, unweit der Habsburg *(rechts im Hintergrund)*. Der
Tod Albrechts gab den Feinden der Habsburger Gelegenheit, der Macht
des Hauses Einhalt zu gebieten.

nach Prag (1348) die zweite im deutschen Sprachgebiet. So wurde schon damals, obgleich Wien in vieler Hinsicht noch Grenzstadt war, der Grundstein für seine spätere Rolle als kultureller Mittelpunkt des künftigen Reiches gelegt. Unter Rudolf dem Stifter wurde auch mit dem Ausbau des Domes zu St. Stephan begonnen, das Mittelschiff erweitert und ihm seine heutige Form gegeben. Und seit seinem (gefälschten) „Privilegium maius" waren die Habsburger mit einem bedeutend inhaltsreicheren „Freiheitsbrief" versehen als durch das „Privilegium minus" Friedrich Barbarossas. Dennoch wurden ihre Lande nach Rudolfs Tod geteilt. Es sollte noch viele Jahre dauern, bis Kaiser Maximilian I. unbestrittener Herr über sämtliche Besitztümer der Habsburger wurde und sie außerordentlich vergrößerte.

Damals, im ausklingenden Mittelalter, nahm die Landkarte Europas ungefähr jene Gestalt an, die bis zum 20. Jahrhundert weiterbestehen sollte. Man war viel unterwegs; Kaiser, Könige, Fürsten, Fürstbischöfe, Ritter und Kriegsleute unternahmen ununterbrochen die unglaublichsten Feldzüge und Reisen. Sie zogen, prächtig gewappnet, auf schweren Streitrössern einher, neue Bündnisse eingehend und diese wieder aufkündigend; hier verbanden sie die ihnen von ihrem kaiserlichen, königlichen oder fürstlichen Herrn auferlegte Pflicht mit der Verfolgung eigener Interessen; dort wieder hielten sie an, um ihre Truppen in Schlachtordnung aufzustellen, ihre schweren Rüstungen anzulegen und irgendeinen Feind zu bekämpfen. Und gab es gerade keine Schlacht, so trafen sie in Turnieren aufeinander. Um irgendeiner vorteilhaften Eheschließung willen reisten sie oft über holprige Straßen und verschneite Pässe von einem Ende Europas zum andern, errichteten sie überall ihre silbernen Zelte, ließen ihre Wimpel und Banner im Winde flattern, deckten die Tafel mit Gold- und Silbergeschirr, das sie im Gepäck mitführten, als wär's ein Zirkus auf der Reise. Während die Fürsten im allgemeinen ihre Würde wahrten, gab es bei ihren ungebärdigen Gefolgsleuten Tumulte und Handgemenge, lärmende Streitigkeiten, Duelle, Mord und Totschlag.

Der Kaiser des Heiligen Römischen Reiches war zumindest als deutscher König nach wie vor eine wichtige Persönlichkeit, und die sieben Kurfürsten, die ihn wählten, verfügten über wirkliche Macht. Als Albrecht I., der zweite Habsburger auf dem Thron, 1308 ermordet wurde, folgte ihm der Graf von Luxemburg, der Sprache und seiner Erziehung nach mehr ein Franzose, als Heinrich VII. auf den Thron. Das war der Herrscher, zu dem der im Exil lebende Dante und die Partei der Ghibellinen in Italien aufblickten, von dem sie aufs neue die Durchsetzung der Reichsgewalt gegen die Guelfen, die Anhänger des Papstes, erwarteten – ein Beweis, wie stark die Idee des Reiches unter den besten Köpfen der Zeit immer noch lebendig war. Doch Heinrich konnte die ihm gestellte Aufgabe nicht bewältigen. Nach seinem Tode folgte ihm im Jahre 1313 der Wittelsbacher Ludwig der Bayer auf den Königsthron.

Inzwischen starben die Herrscherdynastien in Osteuropa allmählich aus. Nach dem Ende der Přemysliden, der Nachfolger Ottokars, fiel Böhmen an Johann, den Sohn

Kaiser Heinrichs VII., der 1310 zum König gekrönt wurde. Johann hatte für Böhmen wenig übrig. Er ließ Prag Prag sein und begann von Fürstenhof zu Fürstenhof, von Kampf zu Kampf zu ziehen, bis er schließlich – seit seinem frühen Mannesalter blind, was ihn aber nicht vom Kämpfen abhielt – 1346 in der Schlacht von Crécy fiel, in der sein Verwandter, Philipp VI. von Frankreich, von den Engländern unter dem Kommando des Schwarzen Prinzen eine vernichtende Niederlage einstecken mußte – eine der eindrucksvollsten Episoden des großen Kampfes zwischen Frankreich und England, der als Hundertjähriger Krieg bekannt ist.

Im damaligen Europa war eben, wie schon erwähnt, alles in Bewegung, und die Herrscherhäuser waren beliebig untereinander „austauschbar". Gerade wie die Grafen von Luxemburg nun in Prag herrschten, so waren nach dem Aussterben der Arpaden in Ungarn die Anjou diesen auf den Thron gefolgt, und bald sollte Ludwig der Große einer seiner Töchter das Königreich Polen übertragen. Unser heutiges Europa wirkt geradezu provinziell im Vergleich zu jenem Europa des späten Mittelalters, das kaum nationale Grenzen kannte, sondern bloß die persönlichen Besitztümer von Fürsten, die alle durch enge Familienbande miteinander verknüpft waren. Wäre nicht der Mongolensturm erfolgt, so hätte auch das weite russische Hinterland, trotz seiner Abgeschiedenheit, eine Eingliederung in diese Art der Politik erfahren. Man darf nicht vergessen, daß im 11. Jahrhundert eine englische Prinzessin einem russischen Fürsten von Kiew vermählt wurde.

Das Interesse der Luxemburger an Böhmen ist nicht ohne Bedeutung. Es führte direkt zur Herrschaft der Habsburger in Prag. Der blinde König Johann, der bei Crécy fiel und der Überlieferung nach die drei Straußenfedern und das Motto „Ich dien" in seinem Wappen führte (von ihm übernahm sie der Schwarze Prinz als Embleme des Prince of Wales), dieser König Johann hatte einen Sohn, Karl, dem das Glück günstiger gesinnt war als seinem Vater. Er kam in Prag zur Welt, war aber seiner Art nach noch sehr französisch und ehelichte die Tochter des französischen Königs. Nichtsdestoweniger begann er sein Erbe nach besten Kräften zu nutzen und bemühte sich sehr um die Förderung von Handel und Kultur in Böhmen. Karl war es auch, der 1348 die berühmte Karlsuniversität gründete, die erste deutsche Universität, die allerdings schon knapp zwei Menschenalter später zum Hort des nationaltschechischen Hussitentums wurde. 1355 wurde er als Nachfolger Ludwigs des Bayern zum Kaiser gekrönt; er erließ die berühmte „Goldene Bulle", die – für immer, wie man glaubte – die Zusammensetzung, die Rechte und Pflichten des Wahlkollegiums der sieben Kurfürsten bestimmte, in deren Händen die Entscheidung über die Zukunft des Reiches lag. Dieses Kollegium bestand aus vier weltlichen Fürsten (dem König von Böhmen, dem Herzog von Sachsen, dem Markgraf von Brandenburg und dem Pfalzgraf bei Rhein) und drei geistlichen (den Erzbischöfen von Mainz, Köln und Trier). Der Pfalzgraf vom Rhein war der Truchseß, der Sachse der Marschall, der Brandenburger der Kämmerer und der Böhme der Mundschenk. Die Herzöge von Österreich gehörten nicht zu den Kurfürsten – erst später, als Könige von Böhmen, hatten die Habsburger Sitz und Stimme.

Rudolf IV. von
Österreich, im Volks-
mund „der Stifter" ge-
nannt, der Gründer der
Wiener Universität und
Förderer vieler
anderer Hochstätten
der Kultur. Er unter-
breitete seinem
Schwiegervater, Kaiser
Karl IV., das
(gefälschte) „Privilegium
Maius", kraft dessen
die Habsburger zu
Erzherzogen erhoben
wurden. Leider starb
dieser rührige Politiker
bereits mit 26 Jahren.

Rechts: König Sigismund von Böhmen bei der Einführung in sein Amt.

Rechts unten: Karl IV. von Luxemburg, König von Böhmen.
Links unten: Das Krönungsbankett nach der Wahl Karls IV. zum Kaiser des Römischen Reiches. Illumination einer Kopie von Karls „Goldener Bulle" aus dem Jahr 1356, die die Wahl, die Privilegien und die Pflichten der deutschen Könige regelte und bis zur Auflösung des Reichs (1806) Gültigkeit hatte.

Gegenüberliegende Seite, links: Das Konzil von Konstanz.
Gegenüberliegende Seite, rechts: Die Verbrennung des Johann Hus.
Kaiser Sigismund hatte den böhmischen Theologen, der sich für die Reform der Kirche und für den tschechischen Nationalismus einsetzte, freies Geleit zum Konzil von Konstanz im Jahre 1415 zugesichert; Hus wurde jedoch festgenommen und als Ketzer auf dem Scheiterhaufen verbrannt.

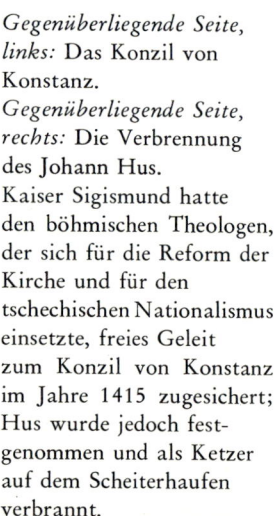

Auf Karl IV. folgte dessen Sohn Wenzel als König von Böhmen und als Reichs-
oberhaupt; er war so untüchtig und unbeliebt, daß ihn die vier rheinischen Kurfürsten
absetzten und sein Halbbruder Sigismund die Herrschaft ausübte. Sigismund nahm
Wenzel zweimal gefangen und bestieg 1411 den deutschen Thron. Dieser Sigismund
war mit der Tochter Ludwigs des Großen verheiratet, der Königin – oder vielmehr
„dem König" von Ungarn, wie sie laut altem madjarischem Brauch genannt wurde.
Kaiser Sigismund war eine gewaltige Persönlichkeit, eine Kämpfernatur und von Anbeginn in Glaubenssachen verwickelt. Um die Wende des Jahrhunderts war der Skandal
um das Papsttum untragbar geworden (es gab damals nicht weniger als drei ver-
schiedene Päpste, die einander befehdeten), und Sigismund machte es sich zu seiner
ersten Aufgabe, diesem Zustand ein Ende zu setzen. Zur selben Zeit hatte er mit der
schwierigen Angelegenheit des Johannes Hus fertigzuwerden – jenes böhmischen
Priesters, der, angeregt durch die Lehren Wyclifs, zum Reformator und zum tschechischen Nationalhelden geworden war. Sigismund sicherte ihm freies Geleit zu, damit
er sich auf dem Konzil zu Konstanz 1415 persönlich gegen die Anklage der Ketzerei
verteidigen könne, und als dann Hus in Konstanz festgenommen, vor Gericht gestellt
und zum Tod auf dem Scheiterhaufen verurteilt wurde, warf man dem Kaiser Verrat
vor. Der Märtyrertod des böhmischen Reformators löste eine nationale Erhebung in
dessen Heimat aus; es folgten die blutigen Hussitenkriege, die sich über 17 Jahre hin-
zogen, ein blühendes Land verheerten und den Haß weiterschwelen ließen. Durch
seine Heirat war Sigismund Herrscher von Ungarn geworden; bei der Niederschlagung
des Aufstandes der tschechischen Nationalisten und Protestanten stützte er sich sehr
auf die Hilfe der Ungarn, und aus jenen Tagen stammt das andauernde schlechte
Einvernehmen zwischen Tschechen und Madjaren, das später durch andere Ereignisse
immer wieder neue Nahrung finden sollte. Sigismund erhielt tatkräftige Hilfe durch
den Herzog von Österreich, den Habsburger Albrecht V. Und dies war denn auch der
Grund dafür, daß nach Sigismunds Tod im Jahre 1437 der Habsburger als Albrecht II.
zum deutschen König gewählt wurde. Von da an blieb die Kaiserkrone (mit einer
kurzen Unterbrechung 1742–1745) bis zur Auflösung des Heiligen Römischen Reiches
im Jahre 1806 im Besitz der Habsburger. In der Demütigung der Tschechen und
dem Eintreten für die katholische Orthodoxie gegen eine große Reformbewegung,

Links: Dem Kaiser Friedrich III.
muß der Fuß amputiert werden –
einer der vielen Unglücksfälle
im Leben dieses vom Pech
verfolgten Herrschers. Illustration
aus einem zeitgenössischen
Manuskript.
Rechts: Friedrichs Wahlspruch
A.E.I.O.U. auf den Chorsäulen
des Stephansdoms in Wien:
*Austriae Est Imperare Orbi
Universo.*

einem Vorläufer der eigentlichen Reformation, liegen also die Wurzeln für den
Ausbau der habsburgischen Macht.

Damals aber, nach der Wahl Albrechts im Jahre 1438, sah die Zukunft der Habsburger
alles andere als rosig aus. Ein Jahr später starb Albrecht – er führte gerade einen Feldzug

gegen die Türken – an der Ruhr: übermäßiger Genuß von Wassermelonen mag dazu beigetragen haben. Sein Sohn Ladislaus kam erst nach Albrechts Tod zur Welt (daher der Beiname Postumus, der Nachgeborene) und starb mit achtzehn Jahren. Inzwischen war das Herzogtum Österreich Albrechts Neffen Friedrich zugefallen. Mit dessen Wahl zum deutschen König Friedrich III. – 1452 wurde er in Rom zum Kaiser gekrönt – im Jahre 1440 begann eine über fünfzig Jahre dauernde Regierungszeit, die voll von Schmach und Unbill war. Friedrich war so schwächlich, unentschlossen und lethargisch, daß er sich nicht einmal seines jüngeren Bruders, Albrecht VI., erwehren konnte, der bis zu seinem Tode 1463 ununterbrochen Ansprüche auf Österreich geltend machte. Friedrich III. erhob seinerseits Ansprüche auf die Throne Böhmens und Ungarns, war aber einfach nicht imstande, ihnen Nachdruck zu verleihen. Doch es sollte noch schlimmer kommen: er verlor Österreich und Teile der Steiermark an Matthias Corvinus, den neuen aggressiven Ungarnkönig, den Sohn von Johann Hunyadi. Dieser ungarische Feldherr war unter Kaiser Sigismund in den Hussitenkriegen großgeworden, hatte Wladislaw III. von Polen auf den ungarischen Thron gesetzt, und als Wladislaw in der vernichtenden Niederlage gegen die Türken bei Varna im Jahre 1444 fiel, war Hunyadi zum ungarischen Reichsverweser gewählt worden. Matthias Corvinus war einfach überall: im Osten schlug er die Türken zurück, im Norden überrannte er Böhmen, und schließlich drohte er, die habsburgischen Erblande zu vernichten. Er baute Ofen aus und reorganisierte die ungarische Universität. In seinen letzten Regierungsjahren vertrieb er Friedrich aus Wien, machte die Stadt zu seiner Residenz und ließ das Dach des Stephansdomes mit den ungarischen Farben schmücken.

Man kann sich einfach nicht vorstellen, wie Friedrich es fertigbrachte, die ungarische Bedrohung – und noch viele andere – zu überleben. Möglicherweise ist die Erklärung einfach die, daß es ihm in erster Linie – ja vielleicht sogar ausschließlich – aufs Überleben ankam. Alle Anzeichen deuten darauf hin, daß er einen extrem niedrigen Metabolismus hatte, wodurch er imstande war, Niederlagen und Erniedrigungen, die einen lebhafteren Mann umgebracht hätten, zu ertragen.

Und er war intelligent. Enea Silvio Piccolomini, dieser brillante, wißbegierige Karrierist unter den Humanisten, der spätere Papst Pius II., fand es angebracht, als junger Mann in Friedrichs persönliche Dienste zu treten. So kommt es, daß der Herrscher in Pinturicchios großen Fresken über das Leben Pius' II. in der Piccolomini-Kapelle im Dom von Siena aufscheint und sich zumindest auf diese Weise Unsterblichkeit erworben hat. Enea Silvio ergriff für seinen hoffnungslosen Herrn und Meister lautstark Partei. In einer Ansprache an die Deutschen faßte er die Situation ein für allemal zusammen:

„Obwohl ihr den Kaiser als euern König und Herrn anerkennt, ist seine Herrschaft nicht gesichert; er hat keine Macht; ihr gehorcht ihm nur, wenn euch der Sinn danach steht, und das ist selten genug der Fall. Ihr alle strebt nach Freiheit; weder Fürsten noch Stände geben ihm, was ihm zusteht; er hat keine Einkünfte, keine Schätze. So kommt es, daß ihr in ständigem Krieg und Feindseligkeiten lebt; daher auch Mord,

Links: Der junge Maximilian, Sohn des unglückseligen Friedrich III., brachte diesem den einzigen Triumph seines Lebens. Dem bildschönen Jüngling (das Porträt zeigt ihn im Alter von 13 Jahren) wurde am burgundischen Hof von jedermann Bewunderung zuteil, vor allem seitens der Prinzessin Maria. *Gegenüberliegende Seite, links und rechts:* „Weißkunig" heißt die von Maximilian in der Tradition ritterlicher Lehrgedichte verfaßte Autobiographie, die Hans Burgkmair mit Holzschnitten ausstattete. Das Buch bringt Episoden aus Maximilians Leben und beweist die enge Verbundenheit des Herrschers mit Wissenschaft, Kultur und Sport.

Brandschatzung und Tausende Übel, die daher rühren, weil es an der höchsten Autorität mangelt."

Der künftige Papst übertrieb nicht. Friedrich hatte weder Macht noch Geld. Er war der letzte Kaiser, der in Rom gekrönt wurde, und er war nicht einmal in der Lage, die Reise nach Rom – sie führte durch Länder, deren höchster weltlicher Herrscher er war – mit einer Begleitmannschaft anzutreten, die stark genug gewesen wäre, die Person des Kaisers im Ernstfall auch nur gegen die kleinste Räuberbande zu verteidigen, der es in den Sinn gekommen wäre, ihn zu überfallen. Aber wenn er auch keine Macht, kein Geld, keine Leute hatte: der Nimbus der Kaiserkrone war so stark, daß er nicht behelligt wurde.

Das Seltsame an diesem wunderlichen Mann war eine Art von begeistertem, störrischem Optimismus, mit einem Schuß Mystizismus und Wunderglaubigkeit, der letzten Endes berechtigt war, weil das Wunder tatsächlich eintrat. Das ist gewissermaßen Friedrichs Verdienst. Er war der erste Habsburger, der von der hohen, unentrinnbaren und schicksalshaften Aufgabe seiner Familie erfüllt war. Er verlor Böhmen, er verlor Ungarn, er verlor selbst Österreich, er wurde aus Wien vertrieben, er hatte am Ende keinen roten Heller – und dennoch zehrte er von einer Vision künftiger Größe. Er wies zu seiner eigenen Genugtuung nach, daß er ein direkter Abkömmling des Königs Priamos von Troja war. Auf alles, was er besaß, ließ er die geheimnisvolle Devise „A. E. I. O. U." einkerben oder einmeißeln. In seinem 1437 begonnenen Notizbuch ist auf der ersten Seite – allerdings als späterer Nachtrag – von der Hand des Kaisers die Version „Austriae Est Imperare Orbi Universo" – „Alles erdreich ist Österreich unterthan" – eingetragen; für jemanden in Friedrichs Lage war das wohl der ausge-

fallenste Wahlspruch, den man sich denken kann. Doch abgesehen davon, daß er
alle Fährnisse überwand, brachte Friedrich zwei Dinge in seinem Leben zuwege:
Er zeugte einen Sohn, Maximilian, der alle seine Vorgänger in den Schatten stellen
sollte, und er bereitete mit wahrhaft bemerkenswerter Voraussicht den Boden für die
Heirat dieses Maximilian mit Maria von Burgund, durch die die Habsburger Anschluß
an die Hauptentwicklung der europäischen Geschichte fanden. Wie durch ein Wunder
war das Geschlecht dem politischen Untergang entronnen; von nun an ging es nur
mehr aufwärts.

2

Das burgundische Erbe: Maximilian I.

Maximilian I. wurde der „letzte Ritter" genannt, und er trug diesen Namen zu Recht. Er liebte es, als Repräsentant des Rittertums aufzutreten und wollte auch im Gedächtnis der Nachwelt als solcher weiterleben; er ist – einer jener seltenen Fälle in der Geschichte – ein Herrscher, der seine eigenen Memoiren schrieb. Außerdem hinterließ er ganze Stöße persönlicher Korrespondenz, eine faszinierende und einnehmende Lektüre. In Österreich gab es lange Zeit nichts seinesgleichen: erst viel später, in der zweiten Hälfte des 18. Jahrhunderts, war es Kaiserin Maria Theresia, die in ihrer Art Ähnlichkeit mit ihrem entfernten Vorfahren hatte. Sie glich ihm in Lebensfreude, Lebhaftigkeit und auch in der Gesprächigkeit, verfaßte Memoranden (ihr „politisches Testament") und überhäufte ihre Familie mit einem unaufhörlichen Strom von Ratschlägen, Neuigkeiten, Zärtlichkeiten, Aufmunterungen, Ermahnungen, Anekdoten und kritischen Bemerkungen.

Maximilian war fröhlich, humorvoll, unbekümmert; ein Mensch, der es liebte, gesehen zu werden und der über sich selbst lachen konnte:

„Ich habe ziemlich viel getanzt, in Turnieren mit der Lanze gefochten und den Fasching genossen. Ich habe den Damen den Hof gemacht und große Gunst geerntet, ich habe sehr viel und herzlich gelacht. Aber beim Turnier bin ich so oft hingefallen, daß ich kaum noch Mut habe. Übrigens wird mich keine Dame nur von Herzen lieben ... Nun ist Fastenzeit, und ich weiß nicht, was ich beichten soll, denn alles, was ich in diesem Fasching getan habe, spricht für sich selbst."

Maria Theresia schrieb in ganz ähnlichem Ton, aber zu ihrer Zeit war das Thema Reiten, Tanz und Kartenspiel. Maximilian, den drei Jahrhunderte von ihr trennten, hätte ihr gefallen. Sie beide waren die einzigen regierenden Habsburger, die sich dem Leben in die Arme warfen, als wollten sie es verschlingen. Aber in beiden steckte sehr viel mehr als bloß diese Lebensfreude.

Maximilian, so wie wir ihn kennen – grüblerisch, mit herabgezogenen Lidern – tritt uns in dem großen Porträt aus dem Jahre 1519 entgegen, das Dürer im sechzigsten Lebensjahr des Kaisers, zwei Monate vor dessen Tod, gemalt hat. Die scharfe Hakennase hat er vom ersten Rudolf; auch zeigt sich bei ihm die gewisse Verformung von Unterkiefer und Lippe, die durch die scheinbar unverwüstlichen Gene einer polnischen

Cimburgis von Masowien, die Gemahlin Erzherzogs Ernst des Eisernen und Großmutter Maximilians I., war wegen ihrer außerordentlichen Körperstärke bekannt. Sie hat die berühmte „Habsburgerlippe" in die Familie gebracht.

Prinzessin in die Familie gebracht worden waren: Cimburgis von Masowien, die trotz allem wegen ihrer Schönheit berühmt war und in die sich Maximilians Großvater, Herzog Ernst, leidenschaftlich verliebte. Der Herzog war ein derart kräftiger Mensch, daß er unter dem Namen „Ernst der Eiserne" in die Geschichte einging; auch Cimburgis war so stark, daß sie mit bloßen Händen einen Nagel in die Wand treiben konnte. Vielleicht war dieses außergewöhnliche Elternpaar allein schon der Anlaß für das introvertierte und zurückgezogene Wesen Friedrichs III. Maximilian geriet der Großmutter nach: er konnte mit seinen Händen ein Hufeisen geradebiegen.

Maximilian war erst vierzehn, als sein Vater ernsthaft daranging, seinen großen Plan zu verwirklichen. Burgund war eine europäische Großmacht. Es umfaßte damals jene Gebiete, die von dem früheren Königreich übriggeblieben waren, also etwa das heutige Burgund mit Dijon als Hauptstadt, die Franche-Comté mit dem Zentrum Dôle, den Großteil der reichen Länder von Flandern, Brabant und Luxemburg und die entlegenen Provinzen der Pikardie und des Artois. Karl der Kühne von Burgund, ein begabter, rücksichtsloser, kultivierter und unerhört ambitionierter Mann, mußte sich damit abfinden, daß er niemals Frankreichs Thron besteigen würde, worum sich schon sein Vater, Philipp der Gute, dessen kühle und berechnende Gesichtszüge von Roger van der Weyden so treffend festgehalten worden sind, eifrigst bemüht hatte. (Derselbe Philipp nahm die Jungfrau von Orléans gefangen und lieferte sie den Engländern und dem Scheiterhaufen aus.) Schließlich anerkannte Philipp die Lehenshoheit des französischen Königs. Dies sollte jedoch nicht bedeuten, daß auch sein Sohn auf alle Träume von Macht und Größe verzichtete. Ganz im Gegenteil; als dieser während der letzten zwei Lebensjahre seines Vaters de facto Regent war, kämpfte er gegen die Franzosen, errang anfänglich Siege, eroberte manche Gebiete zurück, die sein Vater verloren hatte, und nahm die Tochter des französischen Königs zu seiner ersten Frau.

34

Karls Tochter aus dritter Ehe mit Margarete von York, der Schwester Eduards IV. von England, sollte Maximilians Gemahlin werden. Karl der Kühne hatte schon einmal in Deutschland intrigiert, um seine Kandidatur um die Kaiserkrone durchzusetzen. Als ihm dies nicht gelang, konzentrierte er seine Bemühungen auf die Erhebung des Herzogtums Burgund zum Königreich. Dies aber war einzig und allein Sache des Kaisers. Nur er durfte in Europa mit „Majestät" angesprochen werden; er allein konnte einen neuen König ernennen: dies gehörte zu den wenigen unangreifbaren Machtbefugnissen, die ihm noch blieben.

Karl von Burgund war als Herrscher weitaus mächtiger als Friedrich von Österreich, und er war unvergleichlich reicher. Doch trotz all seiner Macht und all dem Pomp und Glanz des burgundischen Hofes, trotz der prachtvollen Gemälde und Gobelins der Flämischen Schule, trotz der güldenen Kostbarkeiten, den herrlichen Rüstungen, der funkelnden Pracht seiner Gewänder mußte er vor einem Kaiser ohne Geld und Fortüne das Knie beugen. Der einzige gewinnbringende Besitz des Kaisers, die Silber- und Kupferminen in Tirol, waren den Fuggern in Augsburg verpfändet, die damals schon den Grundstein zu ihrem erstaunlichen Höhenflug gelegt hatten, der sie zu den führenden Bankiers Europas und zur Lebensader der habsburgischen Macht emporheben sollte.

Der Kaiser borgte sich von den Fuggern Geld aus, damit er dem Herzog von Burgund in Trier begegnen konnte, um die Verlobung seines Sohnes zu besprechen. Es war ein pompöses Schauspiel. Karl brachte in einem langen Wagenzug den größten Teil des burgundischen Schatzes von Brüssel, Brügge und Gent nach Trier. Der Kaiser konnte dem nur die Würde seiner Persönlichkeit entgegensetzen — und den ausnehmend stattlichen vierzehnjährigen Maximilian, dem alle Herzen zuflogen. Sogleich wurden die

Gegenüberliegende Seite, links:
Philipp der Gute, Herzog von Burgund, bei der Überreichung eines Buches durch Simon Nockart. Unbekannter Meister der flämischen Schule.
Gegenüberliegende Seite, rechts:
Karl der Kühne; Porträt von Roger van der Weyden. Er trägt den Orden vom Goldenen Vlies, der 1429 von seinem Vater gestiftet wurde.
Links: Zeitgenössische Zeichnung anläßlich des Zusammentreffens des blutjungen Paares Maximilian und Maria von Burgund.

Verhandlungen aufgenommen, rauschende Feste und Gelage umrahmten sie, und alles war im besten Fahrwasser. Karl war von dem positiven Ausgang der Gespräche so felsenfest überzeugt, daß er alle Vorkehrungen für seine Krönung als König von Burgund treffen ließ und bereits seine neue Krone in Auftrag gab. Da brach Friedrich ganz plötzlich, ohne jegliche Vorwarnung, die Gespräche ab, kehrte nach Österreich zurück und ließ alles in Schwebe – sei es, daß Karl ihm zu hart zugesetzt hatte oder daß dem Kaiser beunruhigende Nachrichten oder Gerüchte über burgundische

Intrigen mit Habsburgs Feinden zu Ohren gekommen waren. Das schien das Ende der Pläne Friedrichs; in Wirklichkeit aber war es das Ende Karls.

Karl war wütend; in seinem Zorn griff er zu den Waffen. Ein Eroberungsfeldzug gegen Frankreich sollte seine südlichen Gebiete mit seinen reichen Ländern im Norden verbinden. Aber der Plan schlug fehl. In mehreren Schlachten hintereinander wurde Karls Streitmacht von den Franzosen unter Ludwig XI., ihrem scharfsinnigen, kaltblütigen, zähen und verschlagenen Herrscher, geschlagen. Einmal hielt Karl seinen Erzfeind schon in Péronne gefangen, ließ ihn aber seltsamerweise wieder frei. 1477 fiel der Burgunder, vierundvierzig Jahre alt, in der Schlacht bei Nancy. Sein Leichnam blieb auf dem Schlachtfeld und wurde von Wölfen zerrissen. In seiner Verzweiflung hatte Karl zuvor, ohne jegliche Bedingung, der Verlobung Maximilians mit Maria zugestimmt, um sich der kaiserlichen Hilfe zu versichern. Doch sein Tod bedeutete das Ende von Burgund als selbständige Macht. Das war der Grundstein zu Habsburgs Herrschaft und der Beginn des großen Kampfes zwischen Österreich und Frankreich, der jahrhundertelang die politische Bühne Europas beherrschte, während die Engländer das europäische Gleichgewicht wahrten und ihr Empire aufbauten.

Kurz nach Karls Tod hatte es den Anschein, als ob das Verlöbnis nie zu einer Heirat führen würde. Frankreich triumphierte; Ludwig wollte ganz Burgund besetzen, die junge Prinzessin unter seinen persönlichen Schutz nehmen und sie mit dem Dauphin, dem späteren Karl VIII., der eben neun Jahre alt war, verheiraten. Nur dem ungebrochenen Willen Marias und der geschickten, resoluten Taktik ihrer Mutter ist es zu verdanken, daß sie sich behaupten konnten. Die Flamen, unangenehme Untertanen und ständig auf ihre Unabhängigkeit bedacht, verspürten wohl keine Liebe zu den Herzögen von Burgund, hatten aber gewiß noch weniger Interesse daran, von Frankreich aufgesogen zu werden. Ohne ein Präjudiz für ihre eigenen zukünftigen Pläne zu schaffen, unterstützten sie ihre junge Prinzessin – und Maximilian. Die Hochzeit fand statt. Habsburg trat ein kostbares Erbe an. Gleichzeitig erbte es aber auch die Feindschaft Frankreichs.

Ein entscheidender Augenblick in der Entwicklung Europas, noch dazu ein zukunftweisender, war die erste Schlacht von Guinegate, einem kleinen Dorf im Pas-de-Calais, von Wien aus gesehen am anderen Ende Europas, wo der junge Maximilian im Jahre 1479 die Franzosen besiegte – seine militärische Feuertaufe. 1513 war Guinegate neuerdings Kampfschauplatz: Hier focht Maximilian gegen Ende seines Lebens gemeinsam mit dem jungen englischen König Heinrich VIII. in der „Sporenschlacht", die deshalb so heißt, weil die französische Kavallerie ihren Pferden die Sporen gab und in vollem Galopp floh. Es war dies ein kleiner und unbedeutender Krieg, der keine Entscheidung brachte, doch er war wesentlich für das sich abzeichnende französisch-österreichische Verhältnis: Er bedeutete den Beginn jener bemerkenswerten und unter beiderseitigem Mißtrauen unterhaltenen Partnerschaft zwischen Österreich und England, die im Spanischen Erbfolgekrieg mit den großen Siegen Marlboroughs und des Prinzen Eugen ihren Höhepunkt fand.

Maximilian mußte mit Frankreich um Burgund kämpfen, er mußte auch mit seinen

Triumphwagen mit den Figuren Maximilians und Marias von Burgund;
Ausschnitt aus dem Festzug zur Feier der Inbesitznahme des burgundischen
Erbes durch Maximilian I. Holzschnitt von Albrecht Dürer.

stets aufsässigen Untertanen in den Niederlanden um seine eigene Stellung kämpfen, ja einmal wurde er sogar von den Bürgern von Brügge gefangengesetzt. Und er focht auch anderswo: beispielsweise unternahm er einen schlecht geplanten Einfall in Italien; ferner marschierte er auf Wunsch seines Vaters nach dem Tode des Matthias Corvinus 1490 quer durch Europa nach Wien, um die Ungarn aus den habsburgischen Ländern zu vertreiben. Aber obwohl er immer wieder zu den Waffen greifen mußte, war er doch kein großer Kriegsheld. Gewiß, er war tapfer, aber er war nicht der geborene Heerführer. Die Kriegszüge, die er unternahm, waren entweder hastige Reaktionen auf tatsächliche oder drohende Aggressionen oder aber gleichsam Nebenprodukte der zahlreichen Maßnahmen zur Sicherung der habsburgischen Position. Die Trümmer unvollendeter Pläne säumen seine ungestüme Laufbahn. Er liebte zu sehr das Leben und war zu unbeständig in seinen Entschlüssen, wenn auch hart und zäh in kritischen Momenten, als daß er einen langfristigen, sorgfältig ausgearbeiteten Plan zur militärischen Machtausweitung seines Reiches getroffen hätte, wodurch er ein für allemal zum unanfechtbaren Herrn von Mitteleuropa geworden wäre.

Abgesehen davon hatte er kein Geld. Wie sein Vater und später einmal sein Enkel war er auf die Augsburger Handelshäuser der Fugger und Welser angewiesen, die ihm aus der Klemme halfen, wenn es für sie opportun war – das heißt, solange sie ihn brauchten, damit er ihre Besitztümer, Investitionen und langfristigen Finanzoperationen beschützte. Aber sie ließen kein Geld aus, wenn es für Maximilian darum ging, die Hilfe deutscher Fürsten für Unternehmungen zu erkaufen, die nur im Interesse der Habsburger lagen – wie beispielsweise ein aussichtsreicher Plan, die Bretagne durch Heirat zu erwerben.

Wenn er gerade keinen Krieg führte, ging Maximilian auf die Jagd und auf Turniere – zuerst am reichen Hof von Burgund, später dann in Innsbruck, das er zu seiner Hauptstadt machte. Auch Musik und Dichtkunst hatten an seinem Hof eine Heimstätte. Maximilian war es, der den später als „Wiener Sängerknaben" bekannten Chor gründete, dem Haydn und Schubert angehören sollten und der, auch nach dem Ende der Monarchie, bis auf den heutigen Tag besteht. Er umgab sich mit Philosophen, Wissenschaftlern und war offensichtlich stolz darauf, allen etwas geben zu können: er sprach die Sprache seiner rauhen Kriegsleute, maß sich mit seinen Rittersherren in unzähligen Tjosten, nahm an ihren derben Scherzen und Vergnügungen teil – und doch mußten diese oft die Zurücksetzung dulden, daß der Kaiser einen Maler oder Versedrechsler mit Beweisen seiner Huld überschüttete und jenen weit über sie erhob. Maximilian stand dem jungen Martin Luther, der damals gerade dabei war, sich einen Namen zu machen, mit Wohlwollen gegenüber – obwohl dieser in seinem Kampf gegen den Ablaßhandel als Ziel seiner Angriffe ausgerechnet den Erzbischof von Mainz gewählt hatte, einen der sieben Kurfürsten, dessen Unterstützung Maximilian dringend bedurfte, um die Thronfolge für seinen Enkel durchzusetzen und zu sichern. Luther bewunderte den Kaiser, er hinterließ in seinen Schriften manche Anekdote, die Maximilian so zeigt, wie er sich selber gerne sah. Ein Beispiel: Einmal brach der Kaiser unvermutet in lautes Lachen aus. Einer seiner Gefährten fragte ihn verwundert, was denn so komisch sei. „Ich mußte gerade daran denken", antwortete der Kaiser, „auf welch seltsame Art es dem Herrn gefallen hat, das höchste geistliche und weltliche Amt zu verteilen: das eine an einen ausschweifenden Trunkenbold von Papst, das andere an einen Gemsenjäger . . ."

Doch hinter der Fassade überschäumender Aktivität, mit der er öfters sich selbst entgegenwirkte, verbargen sich zwei Wesenszüge, die Maximilian von seinem Vater geerbt hatte. In privatem Kreis hing er seinen Träumen nach, und nach dem Tod seiner zweiten Gemahlin vertraute er seiner Tochter Margarete an, er wolle danach trachten, zur Kaiserkrone auch die Papsttiara zu erwerben und auf diese Weise die ganze Christenheit unter einem einzigen obersten Herrscher zu vereinen:

„Da Wir aus verschiedenen Gründen es nicht für gut finden, zu heiraten, haben Wir beschlossen, niemals wieder an der Seite eines nackten Weibes zu liegen. Und morgen senden Wir [den Bischof von Gurk] nach Rom zum Papst, einen Weg zu finden . . ., um Uns als Koadjutor anzunehmen, so daß Wir nach seinem Tode sicher sein können, die Papstwürde zu erlangen, Priester zu werden und später ein Heiliger, den Ihr nach Unserem Tode verehren könnt." Er würde nichts weiter brauchen als eine gewisse Summe Geldes, um die Kardinäle zu bestechen. Den Brief unterschrieb er „mit der Hand Deines guten Vaters Maximilian, zukünftiger Papst".

Kein Wunder, daß er schwer zu begreifen war, daß seine Zeitgenossen so viele widersprüchliche Aussagen über seinen Charakter machten, daß sie nicht wußten, wann sie ihn ernst nehmen sollten und wann nicht. Er war ein Herrscher, der sehr gut in ein etabliertes Machtschema gepaßt hätte, doch so etwas gab es damals nicht. Er war ein Mann, der Grenzen brauchte, doch es fehlten ihm die Beständigkeit und auch die materiellen Mittel, seine eigenen Grenzen zu setzen. Aber in einem entscheidenden Punkt bewies er seine willensstarke, echt habsburgerische Hartnäckigkeit: Er erkannte, daß die Zukunft seines Hauses in den Heiraten seiner Kinder und Kindeskinder lag. Der Überlieferung nach war es Matthias Corvinus, der das berühmte Distichon, das den Heroiden (13/84) Ovids nachgebildet ist, verfaßte:

> Bella gerant alii, tu felix Austria nube!
> Nam quae Mars aliis, dat tibi regna Venus.

> Kriege laß andere führen!
> Du, glückliches Österreich, heirate!
> Den andern gibt Mars, dir Venus
> die Mehrung des Reiches.

Der Ungarnkönig dachte besonders an die burgundische Heirat. Es war Maximilian selbst, der alte Haudegen, der sich als der größte Heiratsvermittler entpuppte – und das in einer Zeit, da die Hauptbeschäftigung der fürstlichen Diplomatie darin bestand,

Links: Matthias Corvinus, König von Ungarn. Dieser nationalistische Madjar, ein mächtiger Kriegsmann und weitblickender König, fiel in Österreich ein, vertrieb Friedrich III. und machte Wien zu seiner Hauptstadt.
Rechts: Maximilians Burg in Innsbruck. Gemälde von Albrecht Dürer.

eine wohlüberlegte Heirat einzugehen. Aber selbst er konnte nicht voraussehen, welch ungeheure Folgen die erste seiner großen Transaktionen haben sollte.

Maria von Burgund hatte zwei Kinder, Philipp und Margarete. Sie war erst fünfundzwanzig, als sie starb. Gemeinsam mit ihrem Gemahl war sie in den Auen unweit Brügge auf eine Beizjagd gegangen; ihr Pferd stürzte und begrub die Fürstin unter sich. Maximilian war von dem Verlust tief getroffen. Damals war er seinem Untergang näher wie nie zuvor, denn Gent und Brügge erhoben sich gegen ihn. Sie waren der hohen Kosten und der unsicheren Aussichten in dem dauernden Krieg mit Frankreich müde, ebenso der deutschen Kriegsknechte Maximilians. Und sie waren reich und stolz. Maria hatte ihnen einen kleinen Sohn hinterlassen, den sie in ihre Obhut nehmen wollten, bis er die Herrschergewalt über sie ausüben konnte. Rasch arrangierten sie sich mit Ludwig XI.: Frankreich sollte alle umstrittenen Gebiete behalten, die sich im Augenblick in seiner Hand befanden, ferner sollte die kleine Margarete dem französischen König übergeben und mit dem Dauphin vermählt werden; als Mitgift würde sie weitere burgundische Lande in die Ehe mitbringen.

Doch damit hatten Gent und Brügge den Bogen überspannt. Die übrigen burgundischen Provinzen waren anderer Meinung. Sie schlossen sich Maximilian an und streckten ihm die Mittel vor, um die Rebellion niederzuwerfen. Maximilian gelang es, die Obhut über seinen Sohn Philipp wiederzuerlangen, und er überließ den Kleinen dessen Großmutter Margarete von York, die ihn in Mecheln aufzog. Seine Schwester Margarete jedoch war fort, offenbar für immer. Sie war nach Frankreich gebracht worden und empfing im Schloß von Amboise an der Loire die einer künftigen Königin von Frankreich gebührende Erziehung. Tatsächlich ist sie nie Königin geworden; doch ein abwechslungsreiches und langes Leben lag vor ihr.

Das alles ereignete sich im Jahre 1482. Drei Jahre später, als Maximilian in Burgund

alle Hände voll zu tun hatte, kam für Vater Friedrich in Wien der letzte Schicksalsschlag: der ungarische König fiel in sein Land ein und besetzte Wien. Wollte das Haus Habsburg überleben, mußte etwas geschehen, und zwar schnell. Die deutschen Fürsten verlangten nach einem neuen Kaiser, der Stärke und Entschlossenheit zeigte, der all die Eigenschaften besaß, die Friedrich fehlten. Friedrich war an die siebzig. Maximilian erst sechsundzwanzig, in seinen Augen noch ein Jüngling. Aber wenn die Thronfolge gesichert werden sollte, so mußte man sofort handeln. Der alte Mann, der eigentlich niedergeschlagen hätte sein sollen, gab sich nach wie vor gelassen und gefaßt. „Rerum irrecuperabilium summa felicitas est oblivio" – „Das höchste Glück liegt im Vergessen des Unwiederbringlichen" – war einer seiner Lieblingssprüche, und er lebte danach. Doch unter dem Druck der eisernen Notwendigkeit konnte selbst er sich zum Handeln aufraffen. Er beschloß, seinen Sohn zum römischen König krönen zu lassen und ihm damit die Kaiserwürde zu sichern. Vater und Sohn trafen einander zum erstenmal nach acht Jahren – seit Maximilian nach Flandern gezogen war, um Maria zu heiraten. Die offizielle Wahl ging in Frankfurt glatt vonstatten, wenn auch Karl VIII., der neue französische König, die Kurfürsten mit Bestechungen für sich zu gewinnen suchte. Es folgte die Krönung in Aachen, und der junge Maximilian nahm im Prunk seines Amtes auf dem Kaiserstuhl Karls des Großen Platz.

Doch selbst jetzt gab es Schwierigkeiten. Als er nach ausgedehnten Krönungsfeierlichkeiten nach Flandern zurückkehrte, hatten die Bürger wieder die Waffen gegen ihn erhoben. Diesmal war Brügge an der Reihe, wo man ihn festnahm, unter Hausarrest stellte und vier Monate lang gefangenhielt. Die Kurfürsten erhoben Einspruch, der Papst drohte Brügge mit dem Bann, und Ferdinand und Isabella von Spanien rüsteten eine Flotte zu Maximilians Befreiung aus. Es war eine höchst delikate Situation – der zukünftige Kaiser gefangen! Aber Brügge war damals die größte und prächtigste Stadt Europas und auch die hochmütigste, mit über 100.000 Einwohnern doppelt so groß wie Brüssel, Hauptort der Textilindustrie und Zentrum des westeuropäischen Kapitalmarkts. „Hier gibt es Hunderte", schrieb im 14. Jahrhundert die junge Braut Philipps des Schönen von Frankreich, „die königlicher wirken als ich." In Brügge stiftete Philipp der Gute zur Feier seiner Hochzeit mit Isabella von Portugal im Jahre 1429 den Orden vom Goldenen Vlies, und als eine seiner ersten Maßnahmen nach dem Tode Karls des Kühnen ernannte Maximilian sich selbst zum Großmeister dieses Ordens, dessen Kapitel seinen Sitz im Dom zu Brügge hatte. Mit einem Wort: wenn auch die Bedeutung der Stadt als Handelsplatz allmählich im Abnehmen war – vor allem wegen der Versandung des Flusses Zwyn; der Handel verlagerte sich mehr und mehr nach Antwerpen –, so erinnerte Brügge doch wegen seines Reichtums und Ansehens an ein kleines Königreich. Und so zwang die Stadt Maximilian die öffentliche Anerkennung des Friedens von Arras aus dem Jahre 1482 ab und ließ ihn dann endlich frei.

Doch nun raffte sich der siebzigjährige Friedrich III. zu einer überraschenden Energieleistung auf: an der Spitze eines gewaltigen kaiserlichen Heeres marschierte er gegen Flandern, zwang Brügge und Gent zur Huldigung und erklärte Maximilians Zugeständnis für null und nichtig, weil er es nicht freiwillig gegeben hatte.

Noch eine Demütigung stand Maximilian bevor. 1489 – Matthias Corvinus saß

nach wie vor in der Wiener Hofburg, Friedrich III. gab sich in Linz ganz seinen Träumen, halbwissenschaftlichen Arbeiten und seiner Alchimie hin – wollte Maximilian wieder heiraten; er brachte ein Verlöbnis mit Anne de Bretagne zustande, der Erbin jenes Herzogtums an der fernen Atlantikküste, dem es bisher gelungen war, sich dem Zugriff Frankreichs zu entziehen. Dieses Verlöbnis löste den Schlußakt jener Komödie aus, die in ihrer Lächerlichkeit in der Geschichte königlicher Hochzeiten kaum ihresgleichen hat.

Im ersten Akt durchkreuzte Maximilian durch seine Hochzeit mit Maria von Burgund die Pläne Ludwigs XI., der Maria als Braut für den Dauphin vorgesehen hatte, einen neunjährigen Knaben, der zehn Jahre jünger war als die burgundische Erbin. Den zweiten Akt bildete nach dem Tod Marias die Entführung ihrer Tochter Margarete, die als zukünftige französische Königin im Schloß von Amboise aufgezogen wurde. Inzwischen war Ludwig XI. gestorben, und nun, dritter Akt, angesichts der Gefahr, daß die Bretagne an Habsburg fallen könnte, sandte die ältere Schwester des Dauphin, die Regentin von Frankreich, ihren Bruder nach Rennes, um sich der dreizehnjährigen Herzogin zu bemächtigen. Maximilian konnte seiner Verlobten nicht zu Hilfe eilen, denn die deutschen Fürsten verweigerten ihm Geld und Truppen. Anne mußte sich fügen, Karl VIII. ließ sich auf kein Risiko ein und vermählte sich auf der Stelle mit ihr. Margarete, für die man nun keine „Verwendung" mehr hatte, wurde ihrem Vater zurückgegeben. Sie war ein heiteres und lebhaftes Geschöpf; später wurde sie mit Juan von Aragon vermählt. Auf dem Weg in ihre neue Heimat kam ein heftiger Sturm auf, und es hatte den Anschein, das Schiff würde mit Mann und Maus untergehen. Margarete verlor aber nicht den Kopf; statt zu klagen, verfaßte sie einen eleganten Zweizeiler und steckte das Stück Papier in ein Medaillon, das sie an einer Kette an ihrem Handgelenk trug:

Ci-gît Margot, la gente demoiselle
Qui eut deux maris, et qui mourut pucelle.

Hier ruht Margot, das edle Fräulein,
Das zwei Gatten hatte und als Jungfrau starb.

Am Ende war es Maximilian anscheinend leid, mit Fürsten zu tun zu haben, und er beschloß, statt auf Territorialgewinn auf Bargeld zu achten. Vielleicht war er auch über die gähnende Leere der Staatskassen erschrocken, die er 1493, beim Tode seines Vaters, vorfand. Jedenfalls brauchte er dringend Geld, und um dieses zu beschaffen, unternahm er schnell eines jener exzentrischen Wagnisse, die ihn zeit seines Lebens auszeichneten. Maximilian, Abkömmling eines alten Geschlechts, Großmeister des höchsten Ordens des Rittertums, entfachte einen europäischen Skandal, indem er Bianca Maria Sforza ehelichte, die Tochter des Herzogs von Mailand, dessen Großvater, ein von Bauern abstammender Condottiere, die Visconti vertrieben hatte. In den nächsten vierhundert Jahren sollte es nicht mehr vorkommen, daß ein regierender Habsburger

Albrecht Dürers berühmtes Bild „Madonna im Rosenhag" zeigt die Krönung Maximilians durch die Heilige Jungfrau, ein Hinweis auf die ihm von Gott auferlegten Pflichten als Kaiser des Römischen Reiches. Links sieht man den Papst knien, während Dürer selbst, an einem Baum lehnend, rechts im Bild zu erkennen ist.

seine Gemahlin außerhalb der erlauchtesten fürstlichen Familien wählte. Aber Maximilian hatte einen guten Schritt getan: Bianca Maria brachte als Mitgift 300.000 Golddukaten mit in die Ehe, außerdem noch Juwelen und Gewänder, Gold, Silbergeschirr und Haushaltsgegenstände (ihr Nachttopf war aus Silber, ihre Handarbeitsnadeln aus Gold). All diese Kostbarkeiten wurden in Maultierladungen über den schneebedeckten Brenner nach Innsbruck geschafft.

Bianca war, wie von der Tochter eines hinaufgekommenen Despoten kaum anders zu erwarten, von hoffnungsloser Extravaganz. Ihr Vater allerdings war ein großer Förderer der Künste: kein Geringerer als Leonardo da Vinci wurde mit der Ausstattung der Zeremonie betraut, die als Hochzeit *per procuratorem* in Mailand stattfand. Und Maximilian war zuwenig Geschäftsmann, als daß er seiner Frau die Verfügungsgewalt über ihre Mitgift entzogen hätte; zusammen, aber nicht gemeinsam, brachten sie in kürzester Zeit das Vermögen durch – nicht gemeinsam deswegen, weil Maximilian sich für Bianca nicht erwärmen mochte, die es fertigbrachte, noch mehr Geld als er selbst auszugeben, und das auf die verrückteste Weise. Sie hatten keine Kinder. So mußte sich ihr Gemahl genau überlegen, was er mit dem einzigen Aktivposten, der ihm blieb – seinen eigenen Kindern –, beginnen sollte.

Frankreich war unter König Karl VIII. immer aggressiver geworden; um es einzukreisen, schloß Maximilian im Jahre 1495 ein feierliches Bündnis mit Spanien. Zur Besiegelung dieses Bündnisses verlobte er seinen Sohn Philipp und seine Tochter Margarete, die nach acht Jahren in Frankreich nun wieder nach Mecheln zurückgekehrt war, mit Juana und Juan, zwei Kindern Ferdinands und Isabellas. In der großen Kirche von St. Gudula zu Brüssel wurde ein feierliches Eheversprechen gegeben. Es sollte den Ruhm des Hauses Habsburg seinem Höhepunkt zuführen.

Bianca Maria Sforza, Maximilians I. zweite Gemahlin, brachte in ihre Ehe das Geld mit, das ihr Gatte benötigte, um seinen aufwendigen Lebensstil zu finanzieren. Ihre eher bescheidene Abkunft schien ihn wenig zu berühren.
Gegenüberliegende Seite: Maximilian I. und seine beiden Gemahlinnen (*rechts* Maria von Burgund). Relief am „Goldenen Dachl" in Innsbruck.
Umseitig links: Eine Szene aus dem „Tiroler Jagdbuch": Maximilian I. bei der Rotwildjagd.
Umseitig rechts: Maximilian I.; Porträt von Albrecht Dürer, knapp vor des Kaisers Tod.

POTENTISSIMVS MAXIMVS ET INVICTISSIMVS CÆSAR MAXIMILIANVS
QVI CVNCTOS SVI TEMPORIS REGES ET PRINCIPES IVSTICIA PRVDENCIA
MAGNANIMITATE LIBERALITATE PRÆCIPVE VERO BELLICA LAVDE ET
ANIMI FORTIDVDINE SVPERAVIT NATVS EST ANNO SALVTIS HVMANÆ
M·CCCC·LIX·DIE MARCII·IX·VIXIT ANNOS·LIX·MENSES·IX·DIES·XXV
DECESSIT VERO ANNO·M·D·XIX·MENSIS IANVARII DIE·XII·QVEM DEVS
OPT·MAX·IN NVMERVM·VIVENCIVM·REFERRE VELIT·

Spanien stand damals an der Schwelle zur Großmacht. 1469 heiratete Isabella von Kastilien Ferdinand von Aragon; fünf Jahre später erbte sie den Thron von Kastilien und Leon, 1479 war Ferdinand König von Aragon. Die Mauren im Süden wurden immer weiter zurückgedrängt, und nach dem Fall von Granada im Jahre 1492 war Spanien praktisch geeint. Endlich ihrer größten Last und Sorge ledig, wandten sich Ferdinand und Isabella anderen Angelegenheiten zu. Im selben Jahr noch entsandten sie Kolumbus auf seine erste Entdeckungsfahrt. Er war ihnen lange schon in den Ohren gelegen, aber der Kampf gegen die Mauren, die Ausrottung der Ketzer und die gewaltsame Bekehrung der Juden in ihrem Reich hatten das Herrscherpaar voll und ganz in Anspruch genommen.

Das Zeitalter der Entdeckungen war angebrochen. Dem Beispiel Heinrich des Seefahrers folgend, erforschten die Portugiesen die Westküste von Afrika und setzten sich auf den Azoren fest. Der Genuese Kolumbus war nicht nur an das spanische Herrscherpaar herangetreten, sondern auch – allerdings erfolglos – an Heinrich VII. von England und Karl VIII. von Frankreich, den Gegner Maximilians. Daß er schließlich die Spanier dazu brachte, ihn zu unterstützen, war einer jener merkwürdigen Zufälle, die den Gang der Weltgeschichte verändern und die bequeme Annahme ad absurdum führen, alles geschehe so, wie es geschehen soll. Mexiko und Peru wären früher oder später ohnehin der Alten Welt anheimgefallen; doch die blutige Eroberung durch die fanatischen Spanier und die Aufzwingung des katholischen Glaubens spanischer Prägung hätten ihnen möglicherweise erspart bleiben können. Zweihundert Jahre lang sollte die Stärke Spaniens auf den Schätzen aus der Neuen Welt beruhen; ihnen hatte das Land seine Stellung als Europas gewaltigste und gefürchtetste Macht zu verdanken.

Gegenüberliegende Seite: Maximilians prunkvolles Grab in Innsbruck, ein Mahnmal kaiserlicher Prachtentfaltung. Den Sarkophag umgeben die Statuen tatsächlicher oder erfundener Ahnen des „letzten Ritters". *Oben:* Christoph Kolumbus verabschiedet sich von Ferdinand von Aragon und Isabella von Kastilien.

Jenes Spanien allerdings, mit dem sich Maximilian durch die Heirat seiner Kinder verband, ließ von all dem noch nichts erkennen. 1496, im Jahr der Vermählungen, war Kolumbus noch auf seinen Entdeckungsreisen unterwegs. Zwanzig Jahre sollten vergehen, bevor Cortez an der Küste Mexikos landete, und weitere zwanzig, bis Pizarro Peru heimsuchte. Zu dieser Zeit aber war Spanien bereits habsburgisch: Maximilians Enkel Karl hatte 1516 den spanischen Thron bestiegen. Sein Großvater war damals noch am Leben; er wußte, daß nach seinem Tod Karl Kaiser und Herr über halb Europa sein würde.

Aber bis es soweit war, gab es eine Reihe anderer Zufälle. Philipp, Maximilians Sohn, war ein gutaussehender (er ist in die Geschichte als „Philipp der Schöne" eingegangen) und begabter junger Mann, bei dem alles nach seinem Kopf gehen mußte. Schon als er nach seiner offiziellen Mündigkeitserklärung im Alter von sechzehn Jahren Herrscher von Burgund wurde, kam er mit seinem Vater in Konflikt und wollte nicht gestatten, daß das Land in den nicht endenwollenden Streit mit Frankreich hineingezogen werde. Doch der Streit wurde beigelegt, und Philipp richtete sich mit seiner spanischen Gemahlin Juana häuslich ein.

Es war eine schwierige Ehe. Philipp war fröhlich, extrovertiert und weiblichen Reizen nicht unzugänglich. Juana hingegen, von ihrer Großmutter her erblich belastet, war schwermütig, fanatisch religiös und gleichzeitig von unkontrollierbarer Sinnlichkeit. Der Körper ihres Gemahls wurde für sie im allerwörtlichsten Sinn Gegenstand der Anbetung. Dem armen Philipp wurde die Angelegenheit bald zu viel; er konnte ihrer Eifersuchtsanfälle nur Herr werden, indem er sich weigerte, das Lager mit ihr zu teilen. Auch Juanas Bruder, Juan, war geschlechtlich überreizt, und zwar so arg, daß er von seiner Frau Margarete – die nach ihrer gefahrvollen Seereise endlich glücklich gelandet war – einfach nicht lassen wollte. Seine Mutter Isabella war so besorgt, daß sie ihre neue Schwiegertochter bat, ihrem Gemahl gegenüber Zurückhaltung zu üben, denn er sei, so fürchtete sie, im Begriff, sich zu übernehmen. Zuviel Liebe könnte ihn noch ins Grab bringen. Und tatsächlich – nach achtzehn Monaten Ehe war Juan tot. Seine Nachfolge als Thronerbe trat die ältere seiner Schwestern an, die mit einem portugiesischen Prinzen verheiratet war. Doch binnen kurzer Zeit starb auch sie, und unmittelbar darauf ihr kleiner Sohn. Und so kam es, daß die jüngere Schwester, Juana, Herzogin von Burgund und Philipps unselige Gemahlin, plötzlich Erbin des spanischen Reiches war. Sie hatte bereits drei Kinder geboren, zwei Töchter und den Sohn Karl; weitere folgten. Nun lag es durchaus im Bereich des Möglichen, daß Karl eines Tages die Königswürde übernehmen sollte. Doch immer noch hing viel vom Zufall und vom Glück ab: Denn wenn Ferdinand Isabella überlebte, noch einmal heiratete und einen Erben zeugte ... Isabella starb tatsächlich vor ihrem Gemahl, aber das Glück blieb den Habsburgern gewogen.

Isabella starb im Jahre 1504. Lange vor ihrem Tod wußte sie, daß Juana nicht imstande war, die Thronfolge anzutreten. Die Mutter war entsetzt über die geistige und körperliche Verfassung Juanas, als diese gemeinsam mit ihrem

Gemahl 1501 nach Spanien kam, um als Thronfolgerin ihren Eid vor den Cortes, der Ständevertretung, zu leisten. Philipp kehrte wieder in die Niederlande zurück; Juana blieb in Spanien, wo sie bald echte Anzeichen von geistiger Zerrüttung zeigte. Schließlich ließ man sie wieder zu ihrem Gemahl nach Brüssel reisen. Dort war ihr Benehmen von solch rasender Heftigkeit – sie fiel über Philipps damalige Geliebte her und wollte sie umbringen –, daß man sie in ihren Zimmern einsperren mußte. Dessenungeachtet hatte sie mit Philipp ein weiteres Kind. Isabella hatte unterdessen ihr Testament geändert und Ferdinand als Regenten eingesetzt. Sofort nach ihrem Tod eilten Philipp und Juana nach Madrid, um ihre Rechte anzumelden. Ferdinand war mit größter Eile eine neue Ehe eingegangen. Seine zweite Gemahlin, Germaine de Foix, war jung und hübsch. Die Lage war äußerst kritisch. Doch Philipp gewann die Cortes für sich. Ferdinand entsagte der Regentschaft und zog sich mit seiner Gemahlin nach Neapel zurück.

   Und nun kam es zum letzten in dieser außergewöhnlichen Kette von Todesfällen: Philipp starb. Manche Historiker behaupten, Juana habe ihn in einem Anfall

Links: Margarete von Burgund, die Tochter Maximilians I., als heilige Katharina in Hans Memlings „Mystischer Hochzeit".
Rechts oben: Philipp der Schöne, Maximilians Sohn, ein ehrgeiziger und mit allen Vorzügen der Natur bedachter Habsburgersproß.
Rechts unten: Johanna die Wahnsinnige, Gemahlin Philipps des Schönen und Mutter Karls V.

von Eifersucht vergiftet; andere wieder sind der Meinung, Ferdinand sei der Täter gewesen. Wie dem auch war – Ferdinand kam von Neapel zurück, um die Regentschaft zu übernehmen, und Juana fiel für immer in geistige Umnachtung. Als „Johanna die Wahnsinnige" ist sie in die Geschichte eingegangen. Ferdinand ließ sie auf einem Schloß internieren, wo sie noch fast fünfzig Jahre in völliger Abgeschlossenheit dahindämmerte. Sie hatte von einem Prinzen sagen hören, der vierzehn Jahre lang im Grab lag und dann wieder zum Leben erwacht war. Und so hielt sie vierzehn Jahre lang neben dem offenen Sarg ihres geliebten Philipp Wacht.

Unterdessen standen ihre ältesten vier Kinder, darunter der zukünftige Karl V., in Mecheln unter der Obhut ihrer Tante Margarete, die beinahe Königin von Frankreich geworden wäre. Später ehelichte sie, wie bereits berichtet, den spanischen Thronerben, danach Prinz Philibert von Savoyen, und als auch dieser sie früh zur Witwe machte, wurde sie von ihrem Vater Maximilian 1509 zur Regentin der Niederlande bestellt. Auf diesem Posten war sie sehr tüchtig. Früher einmal hatte der niederländische Maler Hans Memling in seiner herrlichen „Mystischen Hochzeit" Margarete im Brautschmuck als hl. Katharina und ihre Großmutter Margarete von York in Trauerkleidung als hl. Barbara verewigt. Nun trug Margarete von Burgund die Witwentracht, und ihr oblag die Erziehung des künftigen Königs von Spanien und römischen Kaisers. Ja mehr als das: in ihrer Obhut befanden sich auch die zukünftige Königin von Dänemark, die zukünftige Königin von Portugal und, vor allem, die zukünftige Königin von Ungarn.

Die ungarische Hochzeit war das wichtigste und schwierigste Unternehmen in Maximilians Heiratspolitik. Ihre Folgen wirkten bis ins zwanzigste Jahrhundert nach. Als Maximilian die Ungarn nach dem Tode Matthias' Corvinus aus Österreich wieder hinausgedrängt hatte, schloß er mit dem neuen Ungarnkönig Wladislaw II. einen Vertrag, demzufolge die Stephanskrone an Habsburg fallen würde, wenn kein männlicher Erbe da sein sollte. Und als es so weit war, hing alles an einem seidenen Faden. Die ungarischen Aristokraten pochten auf ihre verbrieften Rechte. Doch schließlich setzte sich Maximilian durch – bei dieser Gelegenheit gab er seine kleine Enkelin Maria einem ungeborenen Kind zur Braut, als hätte er gewußt, daß es tatsächlich ein Knabe werden würde: der Thronerbe Prinz Ludwig. Er kam zu früh zur Welt; seine Mutter starb bei der Geburt, was unter den Umständen nicht überraschte. Man erhielt das winzige Kind am Leben, indem man es in die geöffneten Körper frisch getöteter Tiere steckte.

Schließlich und endlich erreichte Maximilian, was er wollte. 1506 wurde ein doppelter Ehekontrakt aufgesetzt: Ludwig sollte Maria, Maximilians Enkelin, heiraten, und seine Schwester Anna einen der beiden Enkel, entweder Karl oder Ferdinand. Doch selbst dann gab es noch genug Schwierigkeiten. Maximilian war wie immer in peinlichster Geldverlegenheit. Außerdem wurde er krank. Zuletzt konnte er der Prinzessin Anna nicht einmal den versprochenen Bräutigam präsentieren: Karl war schon vergeben (er war mit Prinzessinnen aus halb Europa verlobt, bevor er dann Isabella von Portugal heiratete); Karls jüngerer Bruder, Ferdinand,

war in Spanien geboren und am spanischen Hof erzogen worden; sein Großvater, Ferdinand von Aragon, hatte den festen Entschluß gefaßt, ihn als seinen Nachfolger in Spanien zu halten. Schließlich kam es zu einem außergewöhnlichen Vergleich. Der Kaiser, schon bald an die sechzig, gab das feierliche Versprechen ab, er selbst werde die zwölfjährige ungarische Prinzessin heiraten; die Ehe sollte aber ungültig sein, wenn einer der beiden Enkel Maximilians sich innerhalb eines Jahres zur Heirat mit Anna entschlösse. So kam es, daß – im Jahre 1515 – bei der Trauungszeremonie im Wiener Stephansdom Maximilian neben der kleinen Prinzessin kniete. Bei demselben Anlaß tauschten die zwei neunjährigen Kinder – Ludwig von Ungarn und Maria, die Enkelin des Kaisers – die Ringe.

Wie sich dann herausstellte, starb Ferdinand von Aragon innerhalb des nächsten Jahres. Sein Enkel Ferdinand konnte nun, wenn er wollte, die ungarische Prinzessin heiraten. Und er wollte. Damit stand dem Aufstieg der Habsburger nichts mehr im Wege.

Die Mittel dazu beschafften die Fugger. Maximilian schuldete ihnen bereits ein Vermögen, aber sie brauchten den Kaiser immer noch. Im Augenblick waren sie daran interessiert, die ungarischen Silberminen, deren Produktion den Preis ihres eigenen Tiroler Silbers drückte, unter ihre Kontrolle zu bekommen. Und sie waren so reich, daß ihnen der gesellschaftliche Rang wichtiger war als weitere Millionen. Maximilian erhob alle drei Brüder – die Enkel des Augsburger Webermeisters, der die Dynastie begründet hatte – in den Adelsstand. Sie waren überzeugte Katholiken, scharfe Gegner Luthers und der Reformation, der sie schadeten, wo sie nur konnten. Abgesehen von den persönlichen Darlehen an die Habsburger engagierten sie sich stark in der erfolglosen Kampagne gegen Venedig, die Maximilian auf Bitte des Papstes Julius II. unternahm. Nach dem Tode des Kaisers war es allein ihrer Hilfe zu verdanken, daß Karl – trotz der phantastischen Bestechungsgelder des

Der ungarische König Wladislaw, der Nachfolger Matthias Corvinus'.
Durch seinen mit Maximilian abgeschlossenen Heiratsvertrag fiel Ungarn schließlich an die habsburgische Krone.

französischen Königs – das Rennen um die Kaiserkrone machte. Ohne die Fugger – und das kann man mit fast absoluter Sicherheit sagen – hätten es die Habsburger am Ende des Mittelalters nie zu einer derartigen Machtfülle gebracht. Die geschäftlichen Unternehmungen der Fugger brachten es mit sich, daß diese Familie jeden Winkel des europäischen Handels- und Finanzwesens kannte. Ihr Einfallsreichtum und ihre Geschäftstüchtigkeit kannten keine Grenzen, ihr Reichtum war gar nicht abschätzbar. *Sie* waren die Königsmacher. Als Kaiser Karl V. im Jahre 1530 am Reichstag zu Augsburg teilnahm, war er bei den Fuggern zu Gast: bei dieser Gelegenheit soll Anton Fugger einen kaiserlichen Schuldschein vor den Augen des überraschten und dankbaren Kaisers zum Feueranzünden verwendet haben. Später einmal wurde Karl stolz der ganze französische Kronschatz gezeigt. „Da gibt es einen Weber in Augsburg", sagte er, „der könnte all das hier und noch einiges dazu aus seiner eigenen Tasche zahlen."

Maximilian starb am 12. Januar 1519, im Alter von sechzig Jahren, in Wels. Er starb, wie er gelebt hatte: prächtig anzuschauen und ohne einen Pfennig. Seine letzte Ruhe fand Maximilian in Wiener Neustadt; der herrliche, von 28 Erzstandbildern umgebene Kenotaph in der Hofkirche zu Innsbruck, den sich der Kaiser selbst bauen ließ, blieb leer. Seine beiden Enkelinnen, die bei ihm aufwuchsen, hatten ihm die alten Tage verschönt; Tage, in denen er immer wieder an Brügge dachte, wo seit dreißig Jahren seine erste Gemahlin, Maria von Burgund, ruhte. Maximilian hinterließ ein Österreich, dessen Geschichte während der nächsten Jahrhunderte durch den Kampf mit zwei Mächten geprägt werden sollte: Frankreich im Westen, das junge Osmanische Reich im Osten. Die Türken hatten 1453 Konstantinopel erobert und bedrohten nun den venezianischen, ja den ganzen italienischen Handel; außerdem stießen sie zielstrebig und erfolgreich über den Balkan und die Donau flußaufwärts gegen Wien vor. Und noch eine andere, geistige Kraft wirkte in den letzten Jahren des Kaisers: die Reformation. Wesentlich unbemerkter von der übrigen Welt ging 1480 die Abschüttelung des Tatarenjochs durch die Moskowiter unter Iwan III. vor sich; ein Ereignis, dessen Auswirkungen gewaltig sein sollten. Niemand wußte etwas über Rußland, aber Maximilian, stets auf der Suche nach Verbündeten, erfuhr genug: er erkannte, daß Iwan ein Fürst war, mit dem man rechnen mußte. Und bevor Maximilian starb, kam es zum Austausch von Gesandtschaften zwischen dem letzten Kaiser des Mittelalters und dem ersten russischen Zaren.

Jakob Fugger, „der Reiche"; Porträt von Albrecht Dürer. Das weltbekannte Bankhaus war lange Zeit mit den Habsburgern eng verbunden: ihnen verdankte es seinen Aufstieg; dafür finanzierte es ihre Unternehmungen.

3

Das Reich, in dem die Sonne nicht unterging: Karl V.

Karl war neunzehn, als sein Großvater starb. Er war schüchtern und leicht verletzbar, keineswegs ein Gelehrter, versessen auf die Jagd, spät entwickelt, aber klug genug, um recht schnell die Grundzüge wie die Feinheiten staatsmännischer Kunst und Diplomatie zu begreifen. Er war ein Mann, der seine eigenen Fehler einsah, und er tat dies sein ganzes Leben lang, wenn er auch manchmal aus diesen Fehlern die falschen Schlüsse zog. Karl war einer der bemerkenswertesten Herrscher, die je gelebt haben, doch seine ganze Laufbahn sollte die Grenzen aufzeigen, die selbst den talentiertesten und nach außen hin mächtigsten Männern gesteckt sind. Karls Großvater Maximilian hatte versucht, die habsburgische Hausmacht im Rahmen der mittelalterlichen Welt, die am Auseinanderbrechen war, zu konsolidieren. Sein Enkel erbte gewaltige Gebiete; er war zunächst noch auf die finanzielle Unterstützung der Fugger angewiesen, denn er begann seine Regierung in der gleichen Armut, in der sein Großvater starb. Aber im Lauf der Jahre kam er in den Besitz unsagbarer finanzieller Mittel, die nicht nur die Schätze der Neuen Welt, sondern auch die Reichtümer der Niederlande umfaßten, denn wenn auch Gent und Brügge den Zenit ihres Wohlstandes bereits überschritten hatten, so waren jetzt Antwerpen und Brüssel auf dem Weg nach oben, und die Niederlande als Ganzes brachten Handel und Industrie auf einen in der Geschichte bisher unerreichten Höhepunkt.

Mit einem Wort: Karl war dazu ausersehen, der Neuzeit, die eben in ihren Anfängen stand, entscheidende Impulse zu verleihen. Im Jahre 1519, als er zum Kaiser gewählt wurde, befand sich Magellan auf seiner großartigen Weltumseglung, die ihm das Leben kosten sollte; Cortez war darangegangen, Mexiko zu erobern. Wenige Jahre lang konnte man wirklich wieder von der einen Welt träumen, der Welt Karls des Großen, die sich nun auch über die Meere erstreckte. Karl konnte sich kurze Zeit der Hoffnung hingeben, eine einheitliche Christenheit zu schaffen, die um den ganzen Erdball reichte. Es gelang ihm nicht. Man kann die Geschichte seines Lebens als den mißglückten Versuch des reichsten und mächtigsten Mannes der Welt sehen, eine übernationale geistliche und weltliche Ordnung zu etablieren. Und man kann die Geschichte unserer modernen Welt als das Ergebnis dieses Mißerfolges betrachten; ein Mißerfolg, der noch größer wurde durch die Versuche Geringerer, das zu erreichen, was Karl nicht gelang. Die Folge davon war, daß sich mächtige und kampfstarke Staaten entwickelten, darunter das Habsburgerreich.

Einzug des späteren Kaisers Karl V. in Brügge.

Ganz links: Karl, Sohn Philipps des Schönen und Johanna der Wahnsinnigen, im Alter von sieben Jahren; Zeichnung von Hans Holbein d. J. Der kleine Karl wurde in Flandern erzogen.
Links: Karls Bruder Ferdinand hingegen wuchs am spanischen Hof auf.
Gegenüberliegende Seite: Bei ihrer ersten Begegnung in Spanien schlossen die beiden Brüder sofort Freundschaft und bewiesen der Welt, wie sehr sie vom Bewußtsein der Sendung des Hauses Habsburg erfüllt waren.

Der junge Karl hatte ein schmales Gesicht; die Habsburgerlippe war so stark ausgeprägt, daß sie beim Sprechen behinderte und sein Mund stets offenstand (später ließ er sich einen Bart wachsen, mit dem er sehr gut aussah). Er war zäh und sehnig, hatte lange, schlanke Beine. Seine Erziehung war entmutigend. Als er sechs Jahre alt war, starb sein Vater und hinterließ ihm Burgund. Seine Mutter Juana lebte in Spanien, so daß er im Alter von zehn Jahren Mittelpunkt eines winzig kleinen, aber sehr reichen Hofes in Brüssel war und an den Sitzungen des Staatsrats teilnahm. Er hörte zu viel auf seinen Gouverneur und Erzieher, den Sieur de Chièvres. Karl war wohl wesentlich intelligenter als alle seine mächtigen und gelehrten Berater, aber sie brachten ihn, schneller als er es merkte, in ernste Schwierigkeiten.

Als Karl siebzehn war, wurde beschlossen, den Prinzen von Flandern nach Spanien zu schicken, damit er dort für sein Erbe eintrete. Seine Lieblingsschwester Eleonore, die spätere Königin von Portugal, begleitete ihn. Der stürmischen See wegen ließen sich die Geschwister ausschiffen, sobald sie Land sahen; die übrige Flotte segelte weiter. Sie landeten an der wilden asturischen Küste und brauchten volle zwei Monate, ehe sie sich nach mühseliger und oft gefahrvoller Reise über die Berge nach Valladolid durchschlagen konnten. Das war ein passender Auftakt zu einem Leben, in dem Reisen eine große Rolle spielten – langsame, mühsame Reisen über elende Straßen, verfallene Bergpässe, gefährliche Furten. So zäh und ausdauernd Karl auch war: all diese Fahrten, die er, seinem Traume nachjagend, unternahm – ein Traum, der nie in Erfüllung gehen sollte –, brachten schließlich seine Kräfte zum Erlahmen. Kein Herrscher ist mehr unterwegs gewesen als er.

Die erste Reise im Alter von siebzehn Jahren war eine Prüfung für ihn. Zuerst mußte

Karl seine Mutter besuchen, die ihre Tage unter erbärmlichen äußeren Umständen und in geistiger Zerrüttung zubrachte, dann seinen jüngeren Bruder Ferdinand, den er noch nie gesehen hatte, einen liebenswürdigen, sehr stattlichen Jungen von vierzehn Jahren, der seinem Wesen und der Erziehung nach ganz Spanier war. Die Spanier selbst waren der Ansicht, daß Ferdinand ihr künftiger Herrscher sein solle und nicht der fremde, unbekannte Prinz aus dem Norden.

Ferdinand war unkompliziert, freundlich und offen. Weder die Schmeicheleien der spanischen Höflinge, mit denen er aufgewachsen war, noch die Pracht, die ihn umgab, waren ihm in irgendeiner Weise zu Kopf gestiegen; auch nicht das Bewußtsein, daß sein Großvater mütterlicherseits, Ferdinand von Aragon, ihn zum Erben ganz Spaniens ausersehen hatte, oder die Tatsache, daß ihn stets der Jubel des Volkes umbrandete, während man seinem älteren Bruder gegenüber recht zurückhaltend war. Ferdinand schien über keinerlei persönlichen Ehrgeiz zu verfügen. Wenn man bedenkt, welch beklagenswerte Kindheit er gehabt hatte – eine Zeitlang verbrachte er mit seiner geistesgestörten Mutter auf Schloß Tordesillas, dann folgte seine Erhebung durch seinen Großvater –, so ist es bemerkenswert, daß er von dem habsburgischen Gefühl der Einzigartigkeit und des Auserwähltseins bereits derart erfüllt war, daß es einfach undenkbar für ihn schien, sich mit irgendeiner Partei gegen seinen älteren Bruder zu

verbinden; einen Bruder, den er zwar nie gesehen hatte, der aber zweifelsohne Oberhaupt des Hauses war, dem er, Ferdinand, angehörte und das über alle anderen Dynastien gestellt war. Trotz seiner fröhlichen und anspruchslosen Natur hatte Ferdinand ein explosives Temperament (vielleicht hing das mit seinem roten Haar zusammen?) und konnte, wenn es darauf ankam, so eigensinnig sein wie irgendein anderer Habsburger. Aber erst nach vielen Jahren freundschaftlicher Koexistenz begann er sich gegen seinen Bruder zu wenden; Anlaß für diesen bitteren Zwist war die Nachfolge. Aber selbst dann kämpfte Ferdinand nicht für sich selbst, sondern für seinen Sohn Maximilian gegen Karls Sohn Philipp.

Lange Zeit ging alles gut. Karl gab sich die größte Mühe, seinen jüngeren Bruder als seinesgleichen, als seinen Vertrauten zu behandeln. Durch ihr persönliches Verhalten führten die beiden jungen Prinzen die Bosheiten und Sticheleien, die Intrigen und Konterintrigen ad absurdum, die zwischen Karls prunksüchtigen und arroganten burgundischen Höflingen und den spanischen Granden blühten. Aber bald wurde Karl eines klar: Wollte er Spanien fest in die Hand bekommen und seine Stellung im Land festigen, mußte Ferdinand vom Schauplatz abtreten. Und mehr noch: bereits damals sah er ein, daß er eines Tages jemand brauchen würde, der sich in Österreich niederlassen und den mitteleuropäischen Besitzungen der Habsburger eine feste, einheitlichere Gestalt geben sollte. So wurde also der eifrige Junge in die Niederlande geschickt, um vorerst einmal in Brüssel das Leben außerhalb Spaniens kennenzulernen.

Ein Jahr später starb sein Großvater, der alte Kaiser Maximilian, und nun begann der harte Kampf um die Kaiserkrone. Maximilian starb im Glauben, daß die Versprechungen, die er den Kurfürsten für hohe Summen abgekauft hatte, fast automatisch die Thronfolge seines Enkels sichern würden. Er hätte es besser wissen müssen. Seit seiner eigenen Wahl war es in Europa zu einschneidenden Veränderungen gekommen. Frankreich und Spanien waren zu Großmächten aufgestiegen. England versuchte unter Heinrich VIII., an dessen Seite Kardinal Wolsey stand, das Gleichgewicht zwischen Frankreich und Spanien zu erhalten und auf diese Weise eine entscheidende Rolle als Schiedsrichter Europas zu spielen. Die Tage, da ein mittelloser Habsburger hoffen konnte, die sieben Kurfürsten so weit zu bringen, daß sie seine Ansprüche auf die Kaiserkrone unterstützten, waren vorbei. Franz I. von Frankreich, dem die wachsende Macht Spaniens ein Dorn im Auge war, beschloß, alles zu tun, um die Habsburger zu schwächen. Daher bewarb er sich selbst um die Krone – ein Eröffnungszug in dem neuen Spiel um die Macht. Und Wolsey, dessen Ehrgeiz es war, Papst zu werden, sah nicht ein, warum sein Herr und Meister Heinrich VIII. nicht selbst nach der Kaiserkrone greifen sollte, wenn es gelänge, die Partie zwischen Karl und Franz in der Schwebe zu halten. Es gab noch andere Kandidaten von geringerer Bedeutung, die gewählt zu werden hofften, wenn die Kurfürsten – wie schon öfters in der Vergangenheit – es vorziehen sollten, einen Schattenkaiser zu wählen, der leichter zu lenken und zu beeinflussen wäre als einer der neuen „Großen". Ludwig von Ungarn zum Beispiel und dessen Onkel Sigismund von Polen waren beide unter diesen Bewerbern.

Doch der tatsächliche Kampf wurde zwischen Karl und Franz ausgefochten. Franz war reich, er hatte das ungeheure Vermögen seiner Mutter Louise von Savoyen hinter sich. Karl war arm, aber ihn unterstützten die Fugger. Eine Zeitlang sah es so aus, als wäre es ein reiner Kampf der Geldbörsen. Die Schmiergelder des französischen Königs waren schwindelerregend hoch. Er ließ keinen Zweifel darüber aufkommen, daß er jedes Angebot Karls halten und überbieten werde. Er konnte es sich auch leisten. Papst Leo X. aus dem Hause Medici, der Gönner Raffaels, der gewaltige Summen für seine Kunstwerke ausgab und darüber seine Hirtenpflichten so vernachlässigte, daß das Papsttum seine Einbuße an Autorität niemals wieder wettmachen konnte, bemerkte dazu recht zynisch, daß die Kaiserkrone versteigert und an denjenigen gehen werde, der am meisten für sie biete. So weit kam es aber nicht. Gewiß hätte sich Karl ohne das Geld der Fugger und ohne die Energie, Entschlußkraft und organisatorische Begabung seiner bemerkenswerten Tante Margarete, der Regentin der Niederlage, nie als Bewerber halten können. Aber der entscheidende Faktor war schließlich etwas, das weder der Franzose noch der Engländer – und vielleicht nicht einmal Karl selbst – ins Kalkül gezogen hatten: die Verehrung, die die Deutschen ihrem toten Kaiser Maximilian entgegenbrachten, und die Abneigung, die sie den französischen Ansprüchen gegenüber empfanden. Die öffentliche Meinung fand einen Verfechter in Kurfürst Friedrich dem Weisen von Sachsen-Wittenberg, der nicht nur seine eigene Kandidatur (er sagte ganz richtig, daß ein starker Kaiser vonnöten wäre, um Europa angesichts der Türkengefahr zu einen), sondern auch alle Bestechungsgelder ausgeschlagen hatte. Nun überlegte sich selbst der habgierigste der Kurfürsten, der Brandenburger, die Sache noch einmal, obwohl ihm Franz I. das Amt des Statthalters von Deutschland und eine französische Prinzessin mit reicher Mitgift als Braut versprochen hatte. Und sogar die Fürsprache des Papstes für Franz blieb erfolglos. Die Deutschen wählten ihren eigenen Kaiser, und all die Intrigen, die Bestechungen, die Einschüchterungsversuche waren umsonst gewesen. Karl triumphierte – einstimmig wurde er zum Kaiser gewählt.

Er war zwanzig, und er trat sein hohes Amt mit tiefem, religiösem Ernst an. Karl war ein echter Habsburger, das heißt, er hatte sein Teil an habsburgischer Besitzgier mitbekommen. Aber im Gegensatz zu irgendeinem anderen Herrscher seiner Zeit verkörperte er in seiner Person die Wiederbelebung des Traumes von einer vereinten Christenheit; und für die Erfüllung dieses Traumes war er bereit, sich voll und ganz aufzuopfern.

Doch es war zu spät. 1517 hatte Luther seine 95 Thesen an die Schloßkirche zu Wittenberg geschlagen, und seither war seine Anhängerschaft in ganz Deutschland gewachsen, wozu Papst Leos X. Tolerierung ärgster Korruption ein gerüttelt Maß beitrug. Als Karl im Jahre 1520 in Aachen gekrönt wurde, waren die Dinge so weit gediehen, daß das Papsttum all seine Macht einsetzen mußte, um Luther zum Schweigen zu bringen. Die erste große Aufgabe des jungen Kaisers nach seiner Inthronisation war, im strahlenden Glanz seiner weltlichen Macht rheinaufwärts nach Worms zu reiten, um dort am Reichstag persönlich jenem Mönch gegenüberzutreten, der im Begriff war, den Anspruch von Papst und Kaiser, für die Gesamtheit der Christen auf der ganzen Welt zu sprechen und zu handeln, auf ewig und allezeit zu erschüttern. 1534, also 14 Jahre nach der Kaiserwahl, an der er als Bewerber aufgetreten war, ohne von der Sache recht überzeugt zu sein, sollte auch Heinrich VIII. mit dem Papst brechen – es ging um seine Scheidung von Katharina von Aragonien, der Tochter Ferdinands und Isabellas und Tante des jungen Kaisers – und England aus der Gemeinschaft der katholischen Völker herauszuführen. Wolsey blieb auf der Strecke. Und 1536 sollte der Allerchristlichste König von Frankreich sich mit einem mohammedanischen Potentaten und Eroberer verbünden, mit Sultan Soliman dem Prächtigen, den sein Triumphzug bis vor die Mauern Wiens führte. Damit zeigte sich zum erstenmal, beinahe leitmotivisch, eine Konstellation, die sich in den nächsten zwei Jahrhunderten immer wieder ergeben sollte. Jedermann weiß, daß es – soweit es angebracht ist, einem Herrscherhaus eine Aufgabe zuzuschreiben – zweihundert Jahre lang die geschichtliche Aufgabe der Habsburger war, zwischen Türken und Westeuropa zu stehen. Fast jeder aber vergißt, daß Frankreich, das stets so stolz als der Gralshüter europäischer Kultur hingestellt wird, zweihundert Jahre lang die Türken in ihren wiederholten Versuchen, die habsburgische Feste zu überrennen und zu zerstören, aufstachelte und unterstützte.

Während seines langen und mühevollen Herrscherlebens mußte Karl V. zusehen, wie die Einheit der Christenheit auseinanderbrach. Und diese Erkenntnis, die wie eine schwere persönliche Niederlage auf ihm lastete, war letztlich der Grund für seine Abdankung nach fast vierzig Jahren unablässigen Kampfes. Er war der „erwählte Römische Kaiser" und die erlauchteste Persönlichkeit seines Zeitalters; er herrschte über ein Imperium, dessen Ausdehnung ebenso schwindelerregend war wie seine Bedeutung und sein rasch wachsender Reichtum. All das reichte Karl nicht. Der junge Kaiser hatte sich von der Krönung weg zu seinem Treffen mit Luther begeben, ganz im Bewußtsein seiner hohen Aufgabe, die Christenheit zu einigen. Doch dies war ihm nicht gelungen. Es war gewiß schön und edel von Karl gewesen, seine Dynastie zu den Höhen weltlicher Macht und irdischen Glanzes zu führen. Ihr gegenüber hatte er das Seine getan, und er war froh, daß sie blühte und gedieh. Aber nun war er 56 Jahre alt und ein enttäuschter, müder Mann.

Bei der Verfolgung seines mittelalterlichen Traumes setzte Karl den Verstand und das Verhalten eines Menschen der Moderne ein. Tizians großes Porträt zeigt ihn voller Weisheit, hart errungener Lebenserfahrung, Illusionslosigkeit, gemildert durch Humor und Ironie; um seine Lippe spielt halb belustigte, halb verächtliche Nachsicht gegenüber einstiger Anmaßung und Extravaganz. Will man sich jedoch ein Bild von dem Mann machen, der Luther gegenübertrat und ihn mit der Reichsacht belegte, der den König von Frankreich gefangennahm und ihn acht Monate lang einkerkerte, der den Papst und dessen Truppen in der Engelsburg einschloß und ihn demütigte, dann ist es besser, jenes Porträt zu betrachten, das Hans Holbein d. J. zwanzig Jahre früher gemalt hatte. In diesem Gesicht steht noch kein Leid geschrieben, nur Aufmerksamkeit und Wachsamkeit. Der runde Kopf mit dem kurzgeschnittenen Haar, dazu die lange Raubvogelnase und die harte, eckige Kinnlade lassen klar den Zug herrischer Gewalttätigkeit,

Rechts oben: Papst Leo X.; Gemälde von Raffael.
Während seiner Amtszeit wurde der korrupten
römisch-katholischen Kirche durch Martin Luther
ein entscheidender Schlag versetzt.
Links oben: Der junge Karl V.; Gemälde von
Hans Holbein d. J.
Links: Die Unterschrift Kaiser Karls V.

ja sogar Grausamkeit erkennen, der bei der Behandlung seiner Gefangenen zutage
trat. Doch hinter diesem Mantel der Wachsamkeit und Unbarmherzigkeit liegt in den
Augen auch etwas Zurückhaltung, Träumerei. Diese beiden Meisterwerke, die den
mächtigsten Mann des 16. Jahrhunderts zu Beginn und gegen Ende seiner Herrschaft
zeigen, sind eine einmalige Illustration der Begrenztheit und der Eitelkeit menschlichen
Strebens – und auch des Muts und der Stärke, die ihm zugrundeliegen.

Als der junge Karl V. 1521 in Worms Luther gegenüber saß, war ihm Fanatismus jeglicher Art fremd. Er wußte geradeso gut wie sonst jemand, daß in Rom eine Reform
dringend vonnöten war und daß Papst Leo X. eine an sich durch und durch ver-

faulte Institution vollends ins schlechteste Licht gerückt hatte. Karl hatte Luthers
Weg genau verfolgt: wie er nach Rom zog, um dem Papst persönlich gegenüberzutreten,
wie er im Triumph zurückkehrte und die Bannbulle öffentlich verbrannte. Und hatte
Verständnis dafür, daß die Leute diesen unbeugsamen Rebellen, der einem korrupten,
erpresserischen ausländischen Machtanspruch entgegentrat, zu ihrem Idol erhoben.
Er aber, Karl, verkörperte die Autorität. Er wäre sofort bereit gewesen, an der Einberufung eines Konzils mitzuwirken, das die Situation der Kirche überprüfen und
radikale Reformen vorschlagen sollte. Er hätte auch der Ansicht zugestimmt, daß der
Christenheit mit dem Kauf von Ablaßzetteln nicht zum besten gedient war, und auch
nicht damit, daß man all seine Verhaltensmaßregeln aus den Händen priesterlicher
Beichtväter empfing, sondern besser dem eigenen Gewissen folgte. Aber etwas völlig
anderes war es, die Grundlagen der Kirche öffentlich in Frage zu stellen und ihr
jede Autorität abzusprechen. Und darum überließ Karl die Angelegenheit nicht den
Abgesandten des Papstes, sondern sprach selbst, kraft seiner gesalbten Majestät:

„Ich stamme von einer langen Linie christlicher Kaiser der edlen deutschen Nation und
der Katholischen Könige von Spanien ab, den Erzherzogen von Österreich und den
Herzogen von Burgund, die alle bis in den Tod treue Söhne der heiligen römischen
Kirche waren. Sie verteidigten den Glauben um der Ehre Gottes willen und verteidigten
ihn zur Rettung der Seelen... Ich habe beschlossen, den Glauben zu behaupten, den
diese meine Vorfahren gehalten haben. Ein einziger Mönch, der sich gegen die tausend-
jährige Christenheit stellt, muß ein Irrtum sein. Ich bin entschlossen, meine Länder,
meine Freunde, mein Blut, mein Leben und selbst meine Seele dafür einzusetzen."

Der Mönch von Wittenberg wurde offiziell in Acht und Bann getan. Von nun an war Luther außerhalb des Gesetzes, und jeder konnte ihn ungestraft töten. Trotzig holperte er in seinem berühmten zweirädrigen Karren aus Worms hinaus. Kaum hatte er die Stadt verlassen, als ihn Kurfürst Friedrich der Weise von Sachsen, der ihn sehr bewunderte, auf die Wartburg bei Eisenach in Thüringen in Sicherheit bringen ließ – derselbe Friedrich der Weise, der kaum zwei Jahre zuvor beim großen Kampf um die Kaiserkrone treu hinter Karl gestanden und jede Bestechung zurückgewiesen hatte. Und nun stellte sich dieser rechtschaffene alte Mann gegen ihn und bestätigte damit endgültig die Spaltung der Kirche, die mehr als hundert Jahre lang den Kontinent erschüttern sollte; halb Europa ging dabei in Trümmer, und stets war ein Habsburger der erste Streiter für die Sache Roms.

Es sollte nie ein offener, ehrlicher Kampf sein. Ob Karl V. versuchte, die Flut der Reformation einzudämmen, ob sein Großneffe Ferdinand II. als Haupt der Gegenreformation in den Dreißigjährigen Krieg zog: so inbrünstig sie für den einen, wahren Glauben stritten, sie wurden doch durch dynastische Konflikte und Krisen in Richtungen gedrängt, die ihre ursprünglichen Ziele so entstellten, daß religiöser Eifer bloß ein Mittel wurde, um die Dynastie zu erhalten und zu vergrößern. Auch Frankreich war ein katholisches Land, doch Franz I. war in seinem Groll über die Zurücksetzung bei der Kaiserwahl fest entschlossen, Habsburgs Macht zu schwächen, koste es, was es wolle: in derselben Woche, als die neue, katastrophenschwangere Entwicklung in Worms Gestalt annahm, erklärte er den Krieg. England war noch katholisch, doch Heinrich VIII., stets auf seinen Vorteil bedacht, unterstützte Frankreich halben Herzens – obwohl aus der großen Allianz, die Franz I. im Jahre zuvor angestrebt hatte, nichts geworden war. 1525 verlor Franz I. die Schlacht von Pavia gegen die kaiserlichen Truppen, wurde gefangen und nach Madrid gebracht. Acht Monate lang schmachtete er im Kerker, ohne den Lösegeldforderungen nachzugeben; seinem Gegner Karl V. trug dies den Ruf unnachsichtiger Grausamkeit ein. Endlich willigte Franz ein, den besetzten Teil Burgunds – einschließlich Dijon, wo die Burgunderherzoge begraben lagen – herauszugeben, gemeinsam mit Karl gegen die Türken zu ziehen und Eleonore, die Schwester des Kaisers, zu ehelichen.

Doch er hatte nicht die Absicht, seine Versprechungen zu halten. Schon im Gefängnis verhandelte er heimlich mit Abgesandten des Sultans. Kaum war er wieder daheim, brachte er rasch eine bemerkenswerte Allianz zusammen, die sich gegen den Mann richtete, der die Christenheit einigen wollte. Diese sogenannte „Heilige Liga" von Cognac bestand neben Frankreich aus England, Mailand, Venedig und der schweizerischen Eidgenossenschaft. Das Ganze hatte den Segen seiner Heiligkeit Clemens VII., des neuen Papstes, eines Vetters Leos X. Und zur selben Zeit war Europa – vor allem Venedig, von den österreichischen Landen der Habsburger und dem christlichen Königreich Ungarn ganz abgesehen – immer ärger durch den direkten Angriff der Türken bedroht.

Die siegreiche kaiserliche Armee in der Schlacht von Pavia, 1525.
Franz I., der französische König, verlor die Schlacht und schmachtete acht
Monate in Madrid als Gefangener Karls. Gravur in Glas auf einem
Siegel Karls V.

Die Liga löste sich bald wieder auf. Inzwischen stand das kaiserliche Heer, das Franz I. besiegt hatte, in Italien, ohne Sold und Verpflegung; es wandte sich gegen seinen Befehlshaber und marschierte gegen Rom: ein wilder, undisziplinierter Haufen, der auf Kriegsbeute und Plünderung aus war und an dessen Spitze sich ausgerechnet der Konnetabel von Bourbon gesetzt hatte, der ehemalige Oberbefehlshaber der Truppen Franz' I., der seinen königlichen Herrn und Halbbruder im Augenblick der Niederlage verlassen und sich der kaiserlichen, habsburgischen Sache verschrieben hatte. Eine weitere Ironie der Geschichte war die Tatsache, daß viele Landsknechte im kaiserlichen Heer Anhänger Luthers waren, die im Papst den Antichrist sahen. Im Mai 1527 erschienen sie vor den Toren Roms. Der Bourbone, an seinem weißen Mantel weithin erkennbar, fiel beim ersten Sturmlauf durch eine Arkebusenkugel (später brüstete sich Benvenuto Cellini, der Goldschmied, er selber habe den Schuß abgefeuert), und nun war niemand da, der die Schar der Mordbrenner, die die Stadt überrannten, in Zaum hätte halten können. Zehn Tage lang plünderte, vergewaltigte, brandschatzte, mordete die Soldateska; sogar der Papst und seine Kardinäle wurden in ihrer Zufluchtsstätte, der Engelsburg, aufgestöbert. Das war der berüchtigte Sacco di Roma.

Karl V. hatte mit alldem nichts zu schaffen. Er war weit weg, in Madrid. Aber er und niemand anderer war es, der den Papst gefangenhielt. Jetzt war er obenauf. Ganz Italien gehörte ihm – seit dem letzten großen Hohenstaufen war dies keinem Kaiser mehr gelungen. Der Papst war auf seine Gnade angewiesen, und im Februar 1530 krönte genau dieser Papst ihn in einer glanzvollen Zeremonie zu Bologna (denn Rom, zerstört, von der Pest heimgesucht, war ein einziges riesiges Grab).

Frankreich war niedergeworfen. Karl war gerade dreißig Jahre alt; Herr Spaniens, Italiens, der ungeteilten Reichtümer Burgunds, der österreichischen Lande, Kaiser

Links: Karl V. im Wortwechsel mit Papst Clemens VII.; Fresko im Palazzo Vecchio, Florenz.
Rechts: Der *Sacco di Roma*, die Plünderung Roms, im Jahre 1527. Die kaiserlichen Truppen, vorwiegend Deutsche und Spanier, verwüsteten die ehemalige Hauptstadt der antiken Welt.

des Heiligen Römischen Reiches. Seine Konquistadoren rafften die Schätze der Neuen Welt zusammen – man möchte meinen, er habe einen unüberbietbaren Höhepunkt der Macht erreicht. Doch das war eine Illusion. Frankreich, wohl gedemütigt, war immer noch ein furchtbarer Gegner. In Deutschland breitete sich das Luthertum mit unglaublicher Geschwindigkeit aus; das Edikt von Worms (1521) war ein bloßes Stück Papier, und Karl hatte weder die Absicht noch die Mittel, in Deutschland einen Bürgerkrieg zu führen. Überdies bedrohten die Türken nach wie vor Wien.

Die erste große Entscheidung zugunsten der Türken war die Schlacht von Mohács in der ungarischen Tiefebene gewesen. Als die Heere Solimans des Prächtigen 1526 die Donau aufwärts gegen Ofen zogen, fanden sie sich König Ludwig II. von Böhmen und Ungarn an der Spitze eines Heerbanns von 25.000 Rittern gegenüber. Auf der Seite des Sultans standen an die 500.000 Mann, die sich in der brütenden Augustsonne ungehindert über die trockene Ebene ergossen. Sie fegten über das weite, leere Land, soweit das Auge reichte. Wie ein stahlgepanzerter Heuschreckenschwarm stießen sie aus der Tiefe vor, unter dem donnernden Feuer unzähliger Kanonen, deren Räder aneinandergekettet waren. Kaum ein Ungar überlebte diesen fürchterlichen Tag. Die meisten blieben auf der Walstatt, erschlagen. Zweitausend Gefangene wurden tags darauf niedergemacht. Ludwig selbst fiel. Das war das Ende Ungarns als selbständiges Königreich – und das Vorspiel zur Herrschaft der Habsburger.

Direkt vom Wormser Reichstag war Karls jüngerer Bruder Ferdinand nach Innsbruck geritten, um von dort aus über die österreichischen Erblande zu herrschen, und gemäß dem großangelegten Plan seines Großvaters Maximilian heiratete er Anna von Ungarn und Böhmen. Zur selben Zeit vermählte sich Annas Bruder Ludwig mit Maria, der

Schwester Karls und Ferdinands, wie Maximilian es vorgesehen hatte. Die Abmachung lautete, daß Ferdinand, als dem Schwager König Ludwigs, die Kronen Böhmens und Ungarns zufallen sollten, stürbe dieser ohne Erben. Und genau das war nun eingetroffen.

Böhmen war Wahlkönigreich, und Ferdinands „Wahl" war sehr schnell unter Dach und Fach gebracht. Die Ungarn setzten ihm mehr Widerstand entgegen. Johann Zapolya, der alte Bewerber um die ungarische Krone, verfügte über ein Heer, das bei Mohács nicht zum Einsatz gekommen war. Mit französischer Schützenhilfe ließ er sich zum König von Ungarn wählen. Doch Ferdinand zog mit einem Reichsheer nach Ofen und warf ihn hinaus. Das alles ereignete sich in einer Ruhepause, die sich die Türken gönnten. Die Türken in Mitteleuropa waren, wie die Mongolen in Rußland, Mordbrenner großen Stils. Sie drangen in mehreren großen Angriffswellen ein, und wenn der Winter kam, brachen sie ihre goldenen Zelte ab und zogen sich zurück. Zur Zeit der Schlacht von Mohács hatten sie sich Serbien und das östliche Ungarn einverleibt, aber sie blieben nicht dort. Drei Jahre später, im Mai 1529, fluteten sie wieder gegen Ofen und weiter bis vor die Wälle Wiens. Diesmal war auch Zapolya mit seinem Heer im Gefolge des Sultans. Während die Hauptmacht an die Belagerung Wiens ging, streiften Stoßtrupps das Donau- und Ennstal aufwärts, weit ins Landesinnere. Sie kamen bis Regensburg, eine breite Straße von Blut und Zerstörung hinter sich lassend.

Drei Wochen lang hielten 16.000 Mann unter Graf Niklas Salm die Stadt gegen 250.000 Belagerer. Der Winter setzte früh ein. Am 17. Oktober begann es zu schneien; der Feind brach seine Zelte und die Belagerung ab und wich tief nach Ungarn zurück. Drei Jahre später, 1532, war es wieder so weit. Doch diesmal stand Ferdinand nicht allein da. Karl V., auf dem Höhepunkt seiner Macht, kam seinem Bruder mit einem imposanten internationalen Aufgebot zu Hilfe; die türkischen Horden zogen sich wieder zurück und ließen nur einen Haufen irregulärer Reitertrupps im Land, die sengten und mordeten, wo sie nur konnten. Daraufhin schloß Ferdinand jene ungute Abmachung mit der Pforte, die ihm immer wieder vorgeworfen wurde: Gegen die Bezahlung eines Jahrestributs von 30.000 Dukaten erkaufte er sich vom Sultan einen modifizierten Waffenstillstand. Was hätte er sonst tun können? Er war König von Ungarn, aber halb Ungarn war von den Türken besetzt, und der Großteil der ungarischen Aristokratie und Gentry fand die Herrschaft der Moslems nicht unangenehm. Die übrigen verließen ihre Besitzungen und die alte Hauptstadt und zogen in den äußersten Westen des Landes, wo sie, keine sechzig Kilometer von Wien entfernt, Preßburg zum Sitz ihres Reichstags wählten.

Das war die Geburt des neuen mitteleuropäischen Reiches der Habsburger, und Ferdinand, Erzherzog von Österreich, König von Ungarn und Böhmen und später, nach der Abdankung seines Bruders Karl V., Kaiser, war also der Vater einer neuen Großmacht.

Wien war damals eine typische Grenzstadt, eingezwängt zwischen starken Mauern. Graz in der Steiermark, Innsbruck in Tirol, Prag in Böhmen – in jeder dieser Städte lebte es sich angenehmer und behaglicher. Die Türkengefahr blieb während der nächsten

Nachdem es Karl gelungen war, sich Papst Clemens VII. botmäßig zu machen, ließ er sich von ihm 1530 in Bologna krönen. Karl war der letzte Kaiser, der von einem Papst gekrönt wurde.

eineinhalb Jahrhunderte virulent. Erst 1683 wurde die ungeheure, furchtbare Armee des Großwesirs Kara Mustafa vor den Mauern Wiens geschlagen und fast zur Gänze aufgerieben; erst dann konnten die Einwohner Wiens endlich frei atmen, konnte sich die Stadt endlich ausdehnen und jene lang aufgeschobene, glänzende Entwicklung nehmen, die in der Pracht und im Prunk des Hochbarock ihren Ausdruck fand. Zu jener Zeit hatte Spanien seine Großmachtstellung mehr und mehr eingebüßt, und einige Jahre nach 1683 ging es für die Habsburger für immer verloren.

In den Jahren nach dem Sacco di Roma konnte man sich am Hof Karls V. in Madrid noch immer in der Hoffnung wiegen, daß eine neue europäische Ordnung im Entstehen begriffen war. Der Kaiser selbst, distanziert, schlicht und ohne Überschwang, seit 1526 mit Isabella von Portugal vermählt, die er innig liebte, und von dem uns nur ein Laster überliefert ist – eine unmäßige Leidenschaft für üppige und ausgefallene Speisen –, war sich der Wichtigkeit des Schaugepränges wohl bewußt. Auch wenn er müde war, zeigte er sich seiner Umwelt pflichtbewußt als glänzender Mittelpunkt der für seine Zeit so charakteristischen Turniere, Festumzüge, Prozessionen und Paraden. Der Hof Karls V. war bis zu einem gewissen Grad kosmopolitisch. Aus

70

Burgund, Italien, Deutschland und anderen Ländern sandte der Adel seine Söhne. Der alte burgundische Orden vom Goldenen Vlies wurde zum internationalen Rangabzeichen kaiserlicher Exklusivität. Auch außerhalb Spaniens waren die Habsburger überall zu finden. Margarete, die geliebte Tante, hielt nach wie vor die Niederlande für den Kaiser. Seine Schwestern waren inzwischen Königinnen von Frankreich, Portugal, Böhmen und Ungarn, Dänemark, Norwegen und Schweden geworden. Katharina von Aragonien, seine Tante mütterlicherseits, war noch mit dem König von England vermählt. Karls Bruder Ferdinand, der in Innsbruck, Graz und Wien residierte, arbeitete damals noch in vollkommener Übereinstimmung mit ihm zusammen. Und Isabella gebar ihm 1527 einen Sohn und Erben. Aber da war der Feind Frankreich; nach wie vor eine gewaltige Macht. Und Deutschland zersplitterte sich hoffnungslos im Religionskampf.

1526, ein Jahr vor dem Sacco di Roma, wurde zu Speyer ein Reichstag abgehalten. Die päpstliche Partei war durch den Konflikt zwischen Papst und Kaiser (der diesmal nicht anwesend war) hoffnungslos geschwächt, und die Lutheraner setzten weitgehend ihren Willen durch. Das Edikt von Worms, das über Luther die Reichsacht ausgesprochen hatte, wurde aufgehoben, und man kam überein, daß all die zahlreichen deutschen Kleinstaaten das Recht haben sollten, ihre eigene Religion zu wählen.

Zu diesem Zeitpunkt war Luther eine Persönlichkeit von eminenter politischer Bedeutung geworden. Viele deutsche Fürsten hatten seine Partei ergriffen, nicht nur, weil er einem italienischen Papst und einem allzu mächtigen Kaiser trotzte, nicht nur, weil sein dramatisches Eintreten für eine persönlichere Form der Religion besonders im Norden denkende Menschen ansprach, sondern auch aus einem anderen Grund: war Luther auch ein Rebell des Gewissens – seine autoritäre Persönlichkeit machte ihn zum passenden Gefährten und Berater von Fürsten, die nicht nach absoluter Herrschaft strebten. Und auch Luther selbst war auf die Fürsten angewiesen, denn die niederen Klassen, die ihm gefolgt wären, hatte er sich entfremdet, als er anläßlich der verheerenden Bauernkriege der Jahre 1524–1525 den Fürsten schärfste Maßnahmen „Wider die räuberischen und mörderischen Rotten der Bauern" empfahl. Außerdem war aus dem einsamen Kämpfer des Reichstages zu Worms, dem edlen Streiter gegen päpstliche und kaiserliche Gewalt, eine Führerpersönlichkeit geworden; von seinem ursprünglichen Versuch, die katholische Kirche zu reformieren, war er nun dazu übergegangen, eine eigene Oppositionskirche zu errichten. Luther brauchte die Unterstützung der weltlichen Autorität, um Ordnung und Einheit unter seinen Gefolgsleuten durchzusetzen. Mit anderen Worten: er war dabei, eine

Gegenüberliegende Seite: Die· erste Belagerung Wiens durch die Türken unter Sultan Soliman des Prächtigen (1529). Der Stephansdom ragt in der Mitte aus dem Meer der türkischen Zelte heraus.
Links: Als Herausforderung an die Horden Solimans befestigte die Wiener Bevölkerung die türkischen Embleme, Halbmond und Stern, an der Turmspitze des Doms.

Isabella von Portugal, die Gemahlin Karls V.;
Gemälde von Tizian, um 1539. Tizian traf
Karl V. 1532 in Bologna, wurde sein
Hofmaler und später sein Freund.
Gegenüberliegende Seite: Karl V. nach der
Schlacht von Mühlberg, 1547; Gemälde von
Tizian.

institutionalisierte Religion zu gründen, die eng mit jenen Fürsten zusammenarbeiten
sollte, die ihr die Unterstützung zusagten. Nach dem Reichstag zu Speyer konnte er
offen ans Werk gehen.

Drei Jahre später, 1529, knapp bevor Karl aus den Händen des besiegten Papstes
die Apotheose der Krönung erfuhr, entschloß sich der Kaiser zu einem letzten
Versuch, die Kirchenspaltung beizulegen, solange noch die Möglichkeit dazu bestand.
Er berief einen zweiten Reichstag nach Speyer ein. Und diesmal waren die Parteigänger Roms in der Übermacht. Das Übereinkommen, jeder deutsche Staat könne
seine eigene Religion wählen, wurde zurückgenommen. Das Luthertum selbst in
Acht und Bann zu tun, wagte man nicht; die Staaten jedoch, die sich zu ihm bekannt
hatten, wurden angehalten, in ihrem Bereich den Katholiken Schutz angedeihen
zu lassen und deren Kirchen, Klöster und Schulen finanziell zu unterstützen.
In den katholischen Staaten hingegen wurde das Luthertum formell verboten.

Luther und seine Anhänger, die in der Minderzahl waren, deponierten einen formellen
Protest. Dieser richtete sich nicht gegen die Doktrin Roms. Er richtete sich überhaupt
nicht gegen Doktrinen. Es war ein Protest dagegen, daß ein Reichstag die Beschlüsse
eines anderen Reichstages einfach umstieß, also ein Protest gegen eine Angelegenheit
der Reichspolitik. Vor allem war es ein Protest gegen den Zwang, den eine Mehrheit
über eine Minderheit in Sachen des religiösen Gewissens ausübte. Das war die
Geburtsstunde des Protestantismus.

Karl gab noch immer nicht nach. Er war sich darüber im klaren, daß ihm nun
nicht ein einzelner Ketzer gegenüberstand, sondern eine weitverbreitete, anti-
autoritäre Protestbewegung, die ihren Ausdruck im Aufkommen verschiedener
Sekten fand, von denen manche Gewalt auf ihr Banner geschrieben hatten und die
sich alle untereinander befehdeten. Der treffliche Ulrich Zwingli aus Bern hatte über
einen Punkt der Kirchenlehre mit Luther gebrochen – er bestand darauf, daß das Abend-
mahl „ein Mahl wie jedes andere" sei. Ein Jahr später fiel er im Kampf, doch schon
bereitete sich in Paris der junge Calvin vor, die Flamme weiterzutragen. Die Wieder-
täufer hatten die Niederlage im Bauernkrieg und die Hinrichtung ihres Führers
Thomas Münzer überstanden. Bald darauf setzten sie sich unter Johann Bockelson

von Leyden in den Besitz der Stadt Münster in Westfalen und hielten sich dort zwei Jahre. Sie gründeten das „Königreich Zion", führten Polygamie und Gütergemeinschaft ein. Die Reformbewegung war unter ihrem ersten Anführer verantwortungsbewußt, ordnungsliebend und bereit, mit den weltlichen Machthabern zusammenzuarbeiten; die nunmehrigen Auswüchse bewirkten, daß sowohl die lutherischen Fürsten als auch der Kaiser auf die Einberufung eines großen Konzils drangen, um eine von allen anerkannte Doktrin auszuarbeiten und höchst notwendige Reformen zu sanktionieren.

Doch nicht einmal Karl V. konnte den Papst, der einmal sein Gefangener gewesen war, zu diesem Schritt bewegen. So verstrich die goldene Gelegenheit, und Jahre vergingen, bevor der Kaiser 1541 endlich zum Reichstag nach Regensburg einlud. Hier betrat neben Melanchthon der junge Calvin zum erstenmal die europäische Bühne. Das Gespräch zwischen Vertretern von Katholiken und Protestanten endete damit, daß am Ende der Besprechungen beide Seiten weiter voneinander entfernt waren denn je. Der Nachfolger Papst Clemens' VII., Paul III., berief im Jahre 1545 ein Konzil nach Trient – fünfzehn Jahre zu spät.

Das Konzil von Trient tagte – mit Unterbrechungen – achtzehn Jahre lang. Wegen der Pest wurde es nach Bologna verlegt. Seine Tätigkeit wurde unterminiert durch die Versuche Karls V. und später seines Bruders und Nachfolgers Ferdinand I., die zu einem Kompromiß gelangen wollten. Aber weder Katholiken noch Protestanten waren zu einem solchen bereit. Statt seiner Rolle als beratende Versammlung der ganzen Christenheit gerecht zu werden, entwickelte sich das Konzil zu jenem Instrument, das für die folgenden Jahrhunderte die Doktrin und die Institutionen der katholischen Kirche festlegte. Im Februar 1531 schlossen einige protestantische Fürsten Deutschlands unter Kurfürst Johann Friedrich von Sachsen den Schmalkaldischen Bund, um dem kaiserlichen Druck zu begegnen und ihre Machtstellung zu sichern. Angesichts dieser formellen militärischen Allianz war der Kaiser gezwungen, den Bund entweder zu zerschlagen oder sich mit der Teilung Deutschlands abzufinden. 1546 erklärte er den Krieg, und am 24. April 1547 errang er bei Mühlberg einen scheinbar entscheidenden Sieg, den er vor allem der hervorragenden Feldherrnkunst des Herzogs Moritz von Sachsen verdankte, der sich, obwohl selbst Protestant, aus persönlichem Ehrgeiz dem Kaiser angeschlossen hatte und dafür mit der Kurfürstenwürde belohnt wurde. Der Schmalkaldische Bund brach auseinander, Karl V. triumphierte. Aber nicht lange. Die Kräfte der Reformation waren zu stark, als daß sie in einer einzigen Schlacht gebrochen werden hätten können. Außerdem waren sie nun mit dynastischen Ambitionen verknüpft. Plötzlich – Karl war gerade in Innsbruck – wurde ihm gemeldet, daß Moritz die Seiten gewechselt, sich an seinen protestantischen Glauben erinnert, gleichzeitig aber an einer unheiligen Allianz mit dem katholischen König von Frankreich gearbeitet habe. Bevor Moritz eine Armee sammeln konnte, war der von schrecklichen Schmerzen geplagte kranke Kaiser über den verschneiten Brennerpaß geflohen. Sein Bruder Ferdinand schloß 1552 mit Moritz den Passauer Vertrag, und nun war der Weg zum Augsburger

Martin Luther; Gemälde von Lukas Cranach d. Ä., Hofmaler des sächsischen Kurfürsten. Cranach hatte Luther am Hof Friedrichs des Weisen kennengelernt und entwarf für ihn propagandistische Holzschnitte.

Religionstrieden von 1555 frei, der es jedem deutschen Fürsten und jeder freien Reichsstadt überließ, die ihnen genehme Religion ungehindert zu wählen. Ein Jahr darauf nahm Karl im Schloß der Herzöge von Brabant zu Brüssel Abschied. Der Traum, den er sein Leben lang verfolgt hatte, lag in Scherben; er selbst, 56 Jahre alt, war müde und verbraucht, sein Haar weiß, sein Körper von Schmerzen gepeinigt. Das Königreich Neapel-Sizilien war bereits auf seinen Sohn Philipp übertragen worden, den er mit Maria Tudor von England, der Tochter Heinrichs VIII., vermählt hatte. Hier nun, in demselben Schloß, wo Karl einst als fünfzehnjähriger Knabe niedergekniet war, um die Herzogswürde zu empfangen, umgeben von seinen Rittern und dem Adel in all seiner Pracht, setzte er die umständliche und langwierige Prozedur der Machtübergabe in Gang.

„Wenn ich meinen Tränen freien Lauf lasse, ihr Herren, glaubet nicht, daß ich den Verlust der Macht beweine, derer ich mich in diesem Augenblick begebe. Ich weine, weil ich das Land meiner Geburt und meine treuen Lehensmänner verlassen muß."

Im Jahre 1555 erreichte Karl V. in Augsburg eine
Einigung mit den deutschen Fürsten, die es
jedem von ihnen freistellte, die Religion seines
Landes zu bestimmen *(cuius regio, eius religio)*.

Fünfunddreißig Jahre lang hatte Karl gekämpft und gelitten für den Traum des einen Europa, der einen Welt. Doch er ließ zwei Welten zurück, die einander voll Zorn in Waffen gegenüberstanden. Nur mehr eine Reise stand ihm bevor: die nach dem Kloster San Geronimo de Yuste im Herzen Spaniens. Er hatte noch zwei Jahre zu leben. Mit Askese hatten diese aber nichts zu tun. Er umgab sich mit allem Luxus; ein kleiner Hofstaat von fünfzig Mann sorgte für ihn; er trotzte seiner Gicht und aß weiter üppige, erlesene Speisen, die, in Eis und Nesseln verpackt, auf Maultierrücken herbeigeschafft wurden: Austern und Fische von der Atlantikküste, Pasteten, Wild und Mehlspeisen aus den Niederlanden. Karl lebte inmitten seiner Bücher, seiner Kostbarkeiten, Tapisserien, Gemälde, seiner phantastischen Uhrensammlung. Er lebte wie ein König, ohne aber die Verantwortung eines solchen tragen zu müssen, und er lebte ohne Sorge, angenehmer als je zuvor, während draußen die Welten aufeinanderprallten.

Nach der Schlacht von Mühlberg im Jahre 1547 war Tizian nach Augsburg gekommen; er malte den Kaiser zu Pferd, in voller Rüstung, die Lanze im Arm, gegen den Hintergrund eines dunklen, fahlen Himmels. Es war ein Augenblick des höchsten Triumphes für Karl; aber das Gemälde, eines der hervorragendsten Meisterwerke abendländischer Kunst, hat etwas Prophetisches an sich: Auf schwarzem Pferd, in schwarzer Rüstung die Gestalt des Kaisers, ergraut und trutzig, ein Ritter ohne Furcht und Tadel, hinter dem wilde Wolken dräuen. Es ist aber auch das Bild eines Mannes, der verloren ist – siegreich in der Schlacht, doch besiegt von unsichtbaren Kräften, die er nicht begreifen konnte.

Abraham ·D·B· f^t
Lufrinck· ex

4

Das spanische Jahrhundert: Philipp II. und seine österreichischen Vettern

Karl V. hinterließ nicht nur ein tief gespaltenes Europa, sondern auch ein geteiltes Erbe. Sein Bruder Ferdinand war Kaiser. Aber sein Sohn Philipp war König von Spanien. Philipp war auch König von Neapel-Sizilien, Herzog von Mailand, Herr der Franche-Comté und aller Reichtümer der Niederlande. Er herrschte über die Barbareskenstaaten, über Tunis, die Kanarischen und Kapverdischen Inseln, über die Philippinen und die Molukken. Ihm unterstanden Mexiko und Peru, Westindien und große Teile des nordamerikanischen Kontinents. Philipp war unvergleichlich reicher und mächtiger als sein kaiserlicher Oheim. Es war daher Karls Plan gewesen, daß Philipp nach Ferdinands Tod Kaiser werden solle.

Dies führte zum einzigen Zwist zwischen Karl und Ferdinand. Es war ein bitterer Zwist, den sie vor allem in Augsburg in einer persönlichen Auseinandersetzung ausfochten, die sich 1551/1552 mehrere Monate lang hinzog. Ferdinand, der nie irgendwelche Forderungen an Karl gestellt hatte, überraschte und verärgerte seinen Bruder, als er darauf bestand, die Kaiserkrone solle an seinen eigenen Sohn Maximilian fallen. Karl aber war unbeugsam: nach Ferdinand müsse Philipp Kaiser werden. Der Gedanke war vernünftig. Mit fortschreitendem Alter hatte Karl immer mehr einsehen müssen, daß angesichts der Spaltung Deutschlands die wahre Machtbasis der Habsburger in Spanien lag. Er selbst hatte keine nationalen Bindungen: er stand über den Nationen. Aber die Macht lag bei den neuen Nationalstaaten. Spanien und die Niederlande hatten Frankreich in der Zange. Zur Stärkung der Niederlande brauchte er ein Bündnis mit England, das noch immer seinen Brückenkopf Calais hielt und ebenfalls die Niederlande als seinen natürlichen Bundesgenossen gegen Frankreich ansah. Daher Karls Befriedigung, als es ihm gelang, Philipp 1553 mit der englischen Königin Maria der Katholischen zu verheiraten.

Durch den Beschluß, den Rest seines Lebens in Spanien zu verbringen, führte Karl V. jedermann die Bedeutung dieses Landes vor Augen. Für Philipp war diese ohnehin selbstverständlich. Durch Geburt und Erziehung war er Spanier; die hochmütige Reserviertheit des spanischen Granden entsprach seinem Naturell. Als Jüngling war Philipp nicht von einnehmendem Wesen. Seinem Vetter Maximilian von Österreich hingegen flogen alle Herzen zu: er hatte etwas von der Fröhlichkeit, dem Charme, der Großzügigkeit und auch der Wißbegierde seines glorreichen Urgroßvaters Maximilian I. Der Entschluß Karls V., Philipp eines Tages zum Kaiser zu machen, wurde ganz

Philipp II. folgte seinem Vater Karl auf den spanischen Thron; seiner Erziehung verdankte er das stolze, höfische, durch und durch spanische Wesen. Auf dieser Abbildung trägt er die spanische Hoftracht.

Hernan Cortez, der Eroberer Mexikos, unterwarf mit Feuer und Schwert
weite Teile der Neuen Welt der spanischen Krone und der kaiserlichen
Autorität.

gewiß durch seinen Groll und seinen Kummer darüber bestärkt, daß alle Welt –
Spanien ausgenommen – Maximilian seinem eigenen Sohn vorzog. Denn Philipp war
introvertiert, etwas kränklich, in keiner Weise eine prächtige Erscheinung; niemand,
der ihn kannte, mochte ihn leiden, aber das schien ihm nichts auszumachen. Dennoch:
in den Porträts, die Tizian in Philipps Jugend von ihm malte, ist eine gewisse Stärke
deutlich sichtbar, erste Anzeichen jener Unbeugsamkeit, auch sich selbst gegenüber,
die seine künftige Größe ahnen lassen. Ohne Zweifel war Philipp von schwerblütiger
Natur. Es besteht auch kein Zweifel darüber, daß er sich dazu zwang, nicht darauf
zu achten. Seine Kälte war zum Teil die Folge seiner Selbstdisziplin, die sich zur Besessenheit ausweitete. Philipps Briefe an Familienmitglieder, die er liebte, zeigen spon-
tane Wärme, Zärtlichkeit und Unmittelbarkeit – genau das Gegenteil zu dem Eindruck,
den er nach außen vermittelte. Doch sein Privatleben ging nur ihn selbst etwas an. Er
war König von Spanien. Die Aufgabe, die er sich selbst gestellt hatte, war, das Reich
in eine absolute Monarchie zu verwandeln. In seinem Herrschaftsbereich gab es viele

Links oben: Philipp Montmorency, Graf Hoorn.
Oben Mitte: Der Herzog von Alba.
Rechts oben: Protestanten in den Niederlanden
bei der Abhaltung eines Gottesdienstes
außerhalb der Stadt.
Links: Lamoral Graf von Egmont, zusammen
mit Hoorn ein Opfer der Blutjustiz
Herzog Albas (1568).

Völker, aber er war – anders als sein Vater – dieser Vielfalt nicht froh. Die ausgedehnten Gebiete waren seiner Ansicht nach nur dazu da, Spanien Tribut zu zollen – und Spanien, das war er selbst. Philipp war ein fanatischer Katholik. Sein ganzes Leben kämpfte und trachtete er, den alleinseligmachenden Glauben zu verbreiten. Er war es, der diesen Glauben verteidigte und aufrechterhielt, und selbst Rom sollte sich ihm, dem höchsten christlichen Herrscher, beugen. Philipp tat nichts ohne Zustimmung seiner geistlichen Berater; aber er sorgte dafür, daß diese seinen Aktionen zustimmten: er setzte ihnen die Sache lang und breit auseinander – und was blieb ihnen anderes übrig, als schließlich ja zu sagen?

Jeder andere Monarch seiner Zeit beging willkürliche und verräterische Akte der Gewalt. Philipp machte eine Philosophie daraus, daß der Zweck die Mittel heilige. Er wußte genau, was er tat. Als er beispielsweise im Jahre 1570 die Ermordung des

Barons de Montigny, des Gesandten der Niederländer Egmont und Hoorn, anordnete und verbreiten ließ, der Baron sei eines natürlichen Todes gestorben, versuchte er erst gar nicht, sich selbst oder seinen Vertrauten gegenüber vorzugeben, das Ganze sei ein beklagenswerter Unfall gewesen. Als er gezwungen war, seinen unglückseligen Sohn und Thronerben Don Carlos einzukerkern, machte er keine Umstände. Es hieß, daß Don Carlos im Kerker „an seinen eigenen Exzessen" gestorben sei. Das mag zutreffen. Ebenso möglich ist es, daß Philipp Befehl gab, seinen Sohn zu ermorden. Er war einer solchen Tat durchaus fähig. Er wäre auch durchaus fähig gewesen, dies öffentlich zuzugeben. Sollte er Don Carlos wirklich töten haben lassen, so lag der einzige Grund, warum er es nicht bekanntgab, in seiner wohlüberlegten Überzeugung, man könne den Menschen nicht zumuten, die Gründe zu verstehen, warum Könige bisweilen eigene Familienmitglieder töten müssen. Wie anders war dagegen sein furchtbarer Zeitgenosse Iwan der Schreckliche! Und wie anders auch – wenn man schon davon spricht – Heinrich VIII. von England...

Philipp hatte keinen Spaß am Morden, er war alles andere als ein Sadist. Er mordete, wenn er nach langen und sorgfältigen Erwägungen zur – richtigen oder falschen – Einsicht kam, daß die Staatsräson es verlange. Es bereitete ihm kein Vergnügen, in seinem heimatlichen Spanien einem Autodafé beizuwohnen, genausowenig wie es ihm Vergnügen bereitete, den Herzog Alba auf die Niederländer zu hetzen und ihn seine Grausamkeiten begehen zu lassen. Gelegentlich lag Sengen und Brennen einfach im Interesse des Staates. Bei anderer Gelegenheit wieder, so fand Philipp, war denselben Interessen durch eine Demonstration der Milde besser gedient. So stellte er sich beispielsweise mit Nachdruck dem Eifer seiner englischen Gemahlin entgegen, Ketzer dem Scheiterhaufen zu überantworten. Er war – und in keinem geringeren Sinn als der Sonnenkönig – der Staat. Doch er diente Gott, so wie *er* es verstand, und hätte lieber alle Torturen auf sich genommen, als einen Tag auf die Beichte verzichten zu müssen.

Links: Maria die Katholische, Königin von England und erste Gemahlin Philipps II., war eine kränkliche und geplagte Frau. Als das Kind, das ihren geliebten Gemahl bewogen hätte, an ihrer Seite zu bleiben, nicht kam, konzentrierte sie all ihre Energie auf die Verfolgung protestantischer „Ketzer" in England.

Gegenüberliegende Seite: In den Niederlanden fand Philipps Politik der Unterwerfung der Protestanten und der holländischen Nationalisten in dem Herzog von Alba einen eifrigen und grausamen Vollstrecker.

Philipp, dieser bleiche, kleinwüchsige, schlanke Potentat mit den langsamen und würdevollen Bewegungen, stets in Schwarz gekleidet, das nur von der schmalen weißen Halskrause und den Spitzenärmeln unterbrochen war, jener Herrscher, der um seinen Hals als einzigen Schmuck das Goldene Vlies trug, aber nicht an der breiten goldenen Ordenskette, sondern gleich einem Monokel, an einem dünnen, schwarzen Band – dieser Mann ist als eine kalte, unmenschliche, schreckliche Gestalt auf uns gekommen, als ein Mensch ohne Emotionen, ohne Verständnis, ohne Mitgefühl, dafür lethargisch, vorsichtig, ja fast zaghaft, ängstlich darauf bedacht, keine Persönlichkeit von besonderer Begabung um sich zu haben. Philipp – das ist der unversöhnliche Ausdruck katholischer Bigotterie in einem bigotten Zeitalter.

Aber dieses Bild reicht nicht aus. Philipp war der erste wirklich „berufsmäßige" Herrscher über einen Nationalstaat. Seine Aufgabe war es, das Reich zu festigen und dessen weitverstreute Teile zusammenzuhalten – zur größeren Ehre Spaniens, seiner selbst und Gottes. Alles, was er tat, war darauf aufgebaut, und mit unerhörter Sparsamkeit der Mittel erreichte er sein Ziel. Er erhob seine Stimme kaum über ein Flüstern, das zwang die Leute zum Zuhören. Er hatte es nicht nötig, finster zu blicken – er konnte einen mit einem ganz leichten Lächeln erstarren lassen – „ein Lächeln, scharf wie eine Messerklinge . . . ." Er hielt sich seine mächtigsten Granden vom Leibe; nicht daß er Angst vor ihnen gehabt hätte – er fürchtete nur Gott. Doch er traute ihnen ganz einfach nicht – und hatte recht damit: sie hätten, wären sie dazu in der Lage gewesen, seine Macht beschnitten. Er trug die alleinige Verantwortung vor Gott. Umgeben von seinen Beichtvätern, konzentrierte er alle Geschäfte des Reiches auf seine Person. Die Arbeit verrichteten Männer niedrigen Standes, die er zu Staatsdienern heranzog und als solche behandelte.

Philipp war tatsächlich der fähigste Mann in seinem Reich, schon allein deshalb, weil sich in ihm ein ränkevoller, scharfer und äußerst empfindlich reagierender Verstand

Don Juan d'Austria, natürlicher Sohn Karls V. und Held der Seeschlacht von Lepanto (1571).

mit ganz außerordentlichem Gleichmut verband. Wenn ein Verhängnis über ihn kam, dann schob er es nicht einmal mit einem Achselzucken weg, sondern sah ihm kurz ins Antlitz, schätzte es genau ab und machte sich daran, die Trümmer aufzulesen und von neuem zu beginnen. So klagte er nicht, als 1588 seine große Armada, die den lange vorbereiteten, entscheidenden Schlag gegen England führen sollte, völlig vernichtet wurde. „Ich habe meine Schiffe gegen Menschen ausgesandt", bemerkte er, „und nicht gegen Wasser und Winde. Gott sei gedankt, daß ich eine neue Flotte vom Stapel lassen kann." Was er denn auch tat.

Maria von England war ihm völlig gleichgültig, obwohl sie ihn liebte. Aber als er nach ihrem Tod vergeblich um die Hand der neuen Königin Elisabeth anhielt, wandte er sich von England nach Frankreich und vermählte sich mit Elisabeth von Valois, der er ein zärtlicher und innig liebender Gatte war. Das landläufige Bild, das man sich von Philipp macht, ist das des Einsiedlers im riesigen, düsteren Escorial, der in der Zurückgezogenheit seiner Privatgemächer seine Ränke spinnt und, ohne sich vom Fleck zu rühren, die Staatsgeschäfte von seinem Schreibtisch aus erledigt. In Wirklichkeit war Philipp recht viel unterwegs: überall tauchte er auf in seinem kurzen, schwarzen Mantel und dem bekannten, gleichfalls schwarzen Hut, der seine frühzeitig kahl gewordene Stirn verbarg. Die grüblerische Düsterkeit, die er während seiner langen Herrschaft verbreitete, stand in krassem Gegensatz zu dem Prunk, dem Glanz und der Großartigkeit seiner Schatzflotten, dem Gold und Silber und den exotischen Kostbarkeiten, die aus der Neuen Welt über den Atlantik strömten. Tatsächlich hatte er seine Laufbahn im Glanz einer persönlichen Ruhmestat begonnen: In der Schlacht von St. Quentin (1557) gegen die Franzosen und den mit ihnen verbündeten Papst Paul IV., einen erklärten Feind Spaniens, hatte er ganz Europa durch seine hervorragende und kraftvolle Feldherrnkunst überrascht. Die englische Königin, seine Gemahlin und Bundesgenossin, verlor zwar mit Calais ihren letzten Brückenkopf auf dem Kontinent, er aber hatte den Papst und Heinrich II. von Frankreich zu seinen Füßen. Anders als sein viel gewinnenderer und weltoffenerer Vater war er überhaupt nicht nachträgerisch, und als guter Katholik empfand er es als unpassend, dem Heiligen Vater gegenüber seinen Vorteil auszunutzen. Nichtsdestoweniger hatte er bewiesen, daß

Umseitig: Die spanische Armada vor Calais. Die riesige Flotte hatte Fußtruppen für die Invasion Englands an Bord.

er nicht bloßer Erbe eines großen Reiches war, sondern selbst eine gewaltige Persönlichkeit.

Diese gewaltige Persönlichkeit sollte über das Goldene Zeitalter Spaniens den Vorsitz führen und gleichzeitig die Saat des Niedergangs pflanzen. Philipps Tragödie wurzelte in seinen großen Fähigkeiten als Herrscher und in seinem übergroßen Selbstvertrauen: er wollte nicht einsehen, daß er ein System der absolutistischen Herrschaft errichtete, die seinem Volk Fesseln auferlegen, die freie Entwicklung der menschlichen Gefühle und Begabungen hemmen und in den Händen eines weniger Großen nichts als Schaden anrichten würde. Anderseits hatte er kein Verständnis für konstruktive Wirtschaftspolitik und zwang seinem Land ein Steuersystem auf, das zum Ruin führen mußte. Die Schätze, die aus Amerika hereinströmten, schufen die Illusion grenzenlosen Reichtums, die hervorragenden Leistungen spanischer Generale und die ausgezeichnete Ausbildung der spanischen Infanterie die Illusion der Unbesiegbarkeit. Tatsächlich aber brachte es dieses Wirtschaftssystem mit sich, daß Spanien trotz aller importierten Reichtümer ohne Unterlaß in Geldschwierigkeiten war. Und im Laufe der Zeit begannen die verheerenden Überfälle der englischen Kaperschiffe den Zufluß der Reichtümer zu bedrohen.

Eigentlich war zunächst der Reichtum der Niederlande für Spanien von größerer Bedeutung gewesen als die Schätze der Neuen Welt. Um 1566 hatten die reichen Adeligen im Norden, die über die Einschränkung ihrer Macht und die Einführung der spanischen Inquisition erbost waren, das Volk zur offenen Rebellion aufgerufen. Philipps erste Reaktion war, Versöhnung zu suchen. Dann entschied er sich auf Anraten seines neuen Vizekönigs, des Herzogs von Alba, zu einer Politik der Unterdrückung. Es half nichts. Alba ging mit beispielloser Härte und Grausamkeit an seine Aufgabe, die Niederländer zu unterjochen, heran, doch es gelang ihm nicht, die Rebellion zu ersticken. Er erreichte damit nur, daß der Handel, auf den Spanien so lange angewiesen war, lahmgelegt wurde. Und es dauerte nicht lange, und England, Frankreich, ja sogar der Vetter in Österreich – die alle eifersüchtig waren auf Spaniens Größe und Macht – kochten am Feuer der weiterglimmenden Revolte ihr eigenes Süppchen. Nicht einmal der glorreiche Seesieg, den Don Juan d'Austria, der natürliche Sohn Karls V., im Jahre 1571 bei Lepanto über die Türken errang, konnte über das andauernde Debakel im Norden hinwegtäuschen. Und nun verlor Philipp zum erstenmal die Nerven. Die Niederlande mußten gehalten und unterworfen werden. Gehalten konnten sie werden, unterworfen nicht, solange andere Mächte ihnen Beistand leisteten. Grund allen Übels war, daß Europa kein Interesse daran hatte, die Unantastbarkeit Spaniens anzuerkennen. Man mußte es Europa erst begreiflich machen, man mußte dem Kontinent eine neue Ordnung geben, und zwar nicht unter der Kaiserkrone (die war bei den österreichischen Habsburgern in festen Händen: sie war nun eigentlich ein deutsches Attribut geworden), sondern unter Spanien und seinem großen Herrscher.

Jetzt begann die Phase seiner Regierung, die Philipps Bild in der Geschichte geprägt hat. Als er einmal seinen Entschluß gefaßt hatte, gab es kein Zurück mehr. Überall in Europa, in jedem einzelnen Staat begann er nun Unruhe zu stiften,

Außen links: Margarete von Parma, die natürliche Tochter Karls V., war den Niederlanden eine bemerkenswert gute Statthalterin.
Links: Alexander Farnese, Margaretes äußerst tüchtiger Sohn, setzte das Werk seiner Mutter im Auftrag Philipps II. fort.
Rechts: „Der Traum Philipps II." von El Greco: Philipp, wie üblich in Schwarz, kniet im Vordergrund vor der Hostie; sein Gesichtsausdruck zeugt von seiner trotz aller Sorgen unbeirrbaren Frömmigkeit.

spann er seine Intrigen, wie sie in diesem Ausmaß – mit gleicher Skrupellosigkeit und bewußter Doppelzüngigkeit – bis in die Tage des russischen Kommunismus beispiellos geblieben sind. Dann griff er an. Zuerst nahm er 1580 Portugal in Besitz und eignete sich im Erbgang dessen Krone an. Dann arrangierte er 1584 die Ermordung Wilhelms von Oranien, des „Großen Schweigers", des Vorkämpfers der Niederländer. Dann, berstend vor Grimm, daß in Frankreich die Hugenotten in König Heinrichs III. von Valois Gunst standen, tat er sich mit der Partei des Herzogs Heinrich von Guise zusammen, und es gelang ihm, das Land in einen verheerenden Bürgerkrieg zu stürzen. Das war 1585. Unterdessen hatte sein Feldherr Alexander Farnese, der fähige und tüchtige Sohn seiner Halbschwester Margarete, einer natürlichen Tochter Karls V., in den Niederlanden solche Erfolge erzielt, daß England zu den Waffen griff, Truppen in die Niederlande sandte und die Freibeuter in den westindischen und spanischen Gewässern organisierte. Im Jahre 1588, nachdem Sir Francis Drake die spanische Flotte in Cadiz gedemütigt hatte, holte Philipp zum entscheidenden Schlag aus: Die große Armada stach in See. Sie hatte nicht die Aufgabe, eine Schlacht zu liefern, sondern hatte spanische Infanterie für eine geplante Invasion Englands an Bord und sollte unterwegs, in Holland, weitere Truppen aufnehmen.

Ein anderer wäre an der Katastrophe, die diese gewaltige Streitmacht ereilte, zerbrochen. Philipp begann ruhig und geduldig mit dem Aufbau einer zweiten großen Flotte, die eine weitere große Armee transportieren sollte. Er war inzwischen einundsechzig Jahre alt geworden, doch er tat, als würde er ewig leben. Es blieben ihm zwar noch zehn Jahre, aber die Gelegenheit, das elisabethanische England zu unterwerfen, war dahin. Nun hatte er alle Hände voll mit Frankreich zu tun. Mit der Ermordung König Heinrichs III. war Frankreich dem spanischen Herrschaftsanspruch preisgegeben. Nur der Wille und Mut Heinrichs IV. von Navarra standen als letztes Hindernis zwischen Philipp und seinem nunmehr höchsten Ziel. In diesem kritischen Augenblick starb Alexander Farnese, der einzige Mann in Spanien, der Heinrich als Feldherr überlegen gewesen wäre. Im Jahr 1593 schwor Heinrich seinem hugenottischen Glauben ab („Paris ist eine Messe wert"), erhielt

vom Papst die Absolution und konnte nun alle französischen Parteigänger unter seinem Banner vereinen.

Leider gab es nun keine natürlichen Kinder Karls V. – oder Kinder dieser Kinder – mehr, um die Niederlande für Spanien zu retten. Es war eine bemerkenswerte Reihe von Persönlichkeiten gewesen. Margarete von Parma hatte acht Jahre lang eine erfolgreiche Regentschaft geführt. Dann, nach den blutigen Mißerfolgen des Herzogs von Alba und dessen Nachfolgers Requesens, hielt Don Juan d'Austria die Stellung, und Alexander Farnese, der Sohn Margaretens, verbesserte die Lage. Nach Alexanders Tod jedoch brach alles auseinander. 1597 mußte Spanien den Staatsbankrott anmelden. 1598 starb Philipp, und nach entsprechendem Aufenthalt im Fegefeuer wurde er unter die himmlischen Heerscharen aufgenommen, vor denen er in El Grecos berühmtem Gemälde „Der Traum Philipps II. von Spanien" kniet – noch immer in seinem kurzen, schwarzen Mantel, der schwarzen Mütze, mit dem Goldenen Vlies... Keiner hat sich so intensiv für seinen Glauben eingesetzt wie er; keiner hat damit mehr Unheil angerichtet. Immerhin finden sowohl der Plebejer Johannes vom Kreuz als auch die hochgeborene hl. Theresa von Avila, die er beharrlich gegen den Zorn der kirchlichen Stellen schützte, Worte der Wärme für ihn.

Nach Philipps Tod herrschten die Habsburger in Spanien noch etwas mehr als hundert Jahre, aber die treibende Kraft war erloschen. Die Nachfolger Philipps bedienten sich wohl der ganzen Maschinerie der absoluten Monarchie, aber Philipp III. wie dessen Sohn Philipp IV. überantworteten ihre Macht zur Gänze eben jenen Leuten, die der große Philipp so kühl und entschlossen niedergehalten hatte. In die Herrschaft Philipps III. fiel die Vertreibung der letzten Mauren, wodurch die spanische Wirtschaft, die auf diese fleißigen Arbeitskräfte angewiesen war, völlig ruiniert wurde. Philipp IV. (1621–1665) hatte großes Interesse an dem unerhörten Aufschwung der Künste während seiner Regierungszeit. Velázquez war Hofmaler; in dieser Eigenschaft fertigte er die bezaubernde Porträtserie der Infantin Margareta Teresa, der Tochter Philipps IV. und zukünftigen Gemahlin Kaiser Leopolds I., an. Doch beide Philippe standen völlig unter der Fuchtel anderer: der eine unter der des Herzogs von Lerma, der andere unter der des Grafen von Olivares. Lerma setzte den Kampf mit den Niederlanden fort; Olivares verlor Portugal und den Roussillon und brachte Spanien so weit, daß es die Unabhängigkeit der General-staaten, des heutigen Hollands, anerkennen mußte.

Schließlich folgte 1665 auf Philipp IV. dessen halb blödsinniger Sohn Karl II.,

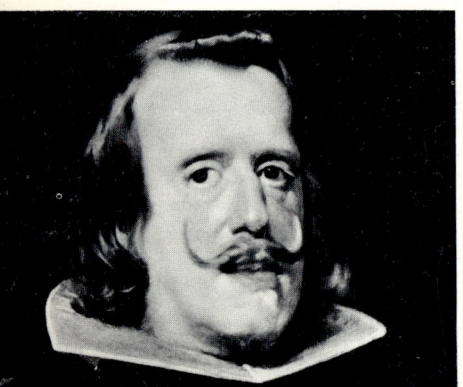

Links: Philipp IV. von Spanien; Porträt von Velazquez. Unter seiner Regierung kam es zu einer beachtenswerten kulturellen Blüte, gleichzeitig verloren die spanischen Habsburger viel von ihrer weltlichen Macht-stellung.
Gegenüberliegende Seite: Philipp II.; Gemälde von Tizian. Als ihn der Maler porträtierte, waren die Züge des Königs noch nicht in bekannter Art von Argwohn, Verbohrtheit und Erschöpfung geprägt.

der letzte spanische Habsburger. Er hatte keine Kinder. Dreißig Jahre lang war das einzige Interessante an seinem Leben sein voraussichtlicher Tod. Als er, mit einiger Verspätung, endlich starb, ging Europa in Flammen auf: das Haus Habsburg, das nunmehr ganz österreichisch war, kämpfte mit den Bourbonen um die Krone Spaniens – und verlor den Kampf.

Bemerkenswert ist, daß während dieser ganzen Zeit, vom Tod Philipps II. im Jahre 1598 bis zum Tod seines Urenkels im Jahre 1700, ganz Europa Spanien als eine Macht allerersten Ranges ansah. Das war der persönliche Ausstrahlung Karls V. und seines Sohnes sowie ihrer tatsächlichen Macht zuzuschreiben, ferner dem durchaus verdienten Ansehen, das Philipp II. den spanischen Waffen geschaffen hatte und das sein unmittelbarer Nachfolger weiterpflegte. Im Laufe der Zeit nahm die Bedeutung und Stärke der österreichischen Habsburger immer mehr zu. Aber kein Mensch achtete auf Österreich: aller Augen waren wie gebannt auf Spanien und dessen Verfall gerichtet, während langsam und unmerklich das Reich im Herzen Europas Gestalt annahm und zu einer der großen Mächte der Neuzeit wurde.

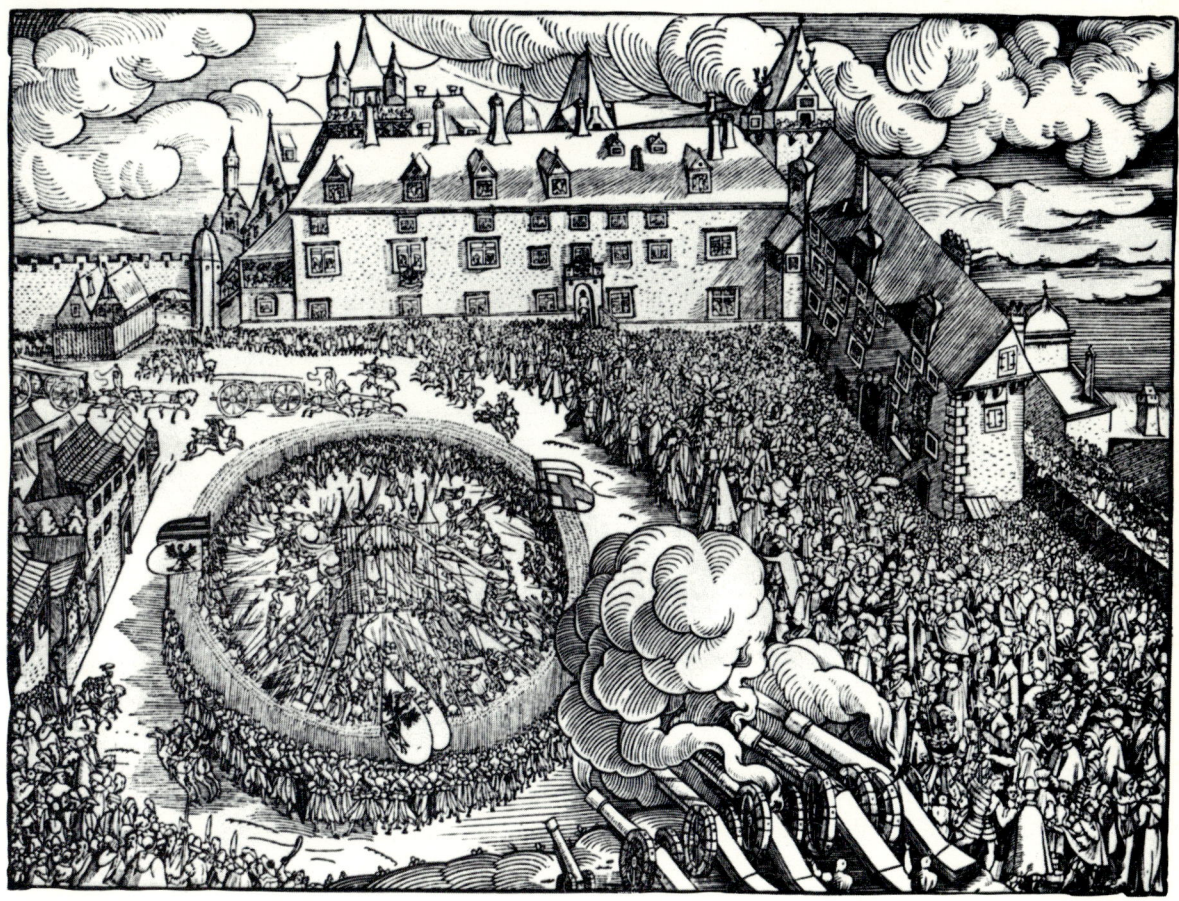

Gegenüber: Im Namen der katholischen Kirche begingen Philipps II.
spanische Truppen in den Niederlanden zahllose Grausamkeiten.
Rechts: Feierlichkeiten vor der Wiener Hofburg anläßlich der Rückkehr
Maximilians II., des Sohnes Ferdinands I., nach seiner Kaiserkrönung
in Frankfurt.

Für diese Vernachlässigung Österreichs gibt es viele Gründe. Die österreichischen Habsburger hatten zwar die Kaiserkrone inne, doch sie blickten mit Neid und Mißtrauen nach Spanien, wo der Hauptzweig der Familie saß. Man bemühte sich mit allen Mitteln, die Bande zwischen Madrid und Wien durch Heirat zu festigen. Ferdinand I. und sein Sohn Maximilian II. sandten ihre Kinder an den Hof nach Madrid, damit sie dort lernten, sich wie Könige zu benehmen. Außerdem trat von 1576 an bei den österreichischen Habsburgern ein merkbarer Mangel an kraftvoller Staatsführung zutage. Maximilian I., Karl V. und Philipp II. bildeten eine bemerkenswerte Folge von ausnehmend fähigen Herrschern, und auch in den natürlichen Kindern Karls V. Don Juan d'Austria und Margarete vom Parma sowie in deren Sohn Alexander Farnese sind noch durchaus Ansätze zu Herrscherpersönlichkeiten feststellbar. Ferdinand I. hielt sich gut; er erwies sich als fähiger Mitarbeiter seines kaiserlichen Bruders und machte Wien zu einer Hauptstadt, die sich sehen lassen konnte. Außerdem sorgte er für die Verbreitung seiner eigenen tiefen kulturellen Interessen, vor allem seiner passionierten Liebe zur Musik. Aber bei seinem Tod 1564 hatte er Bedenken, seine ganzen Besitzungen ungeteilt seinem ältesten Sohn Maximilian zu überlassen. Dieser erhielt Österreich, Böhmen und Ungarn; der eine seiner Brüder, Karl, bekam Innerösterreich (also die Steiermark, Kärnten, Krain, Görz und Friaul), der andere, Ferdinand, die gefürstete Grafschaft Tirol.

Das war zum Teil eine Rückversicherung. Ferdinand I. hatte mit Maximilian Schwierigkeiten gehabt. Zunächst war er ein wilder Junge gewesen, dann verfiel er in eine Art trotziger Auflehnung gegen seinen Oheim Karl V., weil dieser ihn von der Thronfolge ausschließen wollte und sein Vater Ferdinand nicht bereit war, etwas dagegen zu unternehmen. Was aber noch schlimmer war: zu seinem bekannt ausschweifenden Naturell gesellte sich ein lebhafter, wißbegieriger Verstand, der sehr stark zum Luthertum tendierte. Ferdinand war gewiß kein Fanatiker, und er hatte auch nichts gegen die Zulassung des Luthertums in seinen deutschen Ländern. Kaiser Karl V. war nun tot und konnte nicht mehr seinen Sohn Philipp forcieren, und die deutschen Fürsten gaben klar zu verstehen, daß sie einen Spanier nicht als Kaiser akzeptieren würden. Der logische Kandidat war Maximilian, doch sein Vater mußte ihn formell darauf aufmerksam machen, daß die Krone auf seinen jüngeren Bruder übergehen würde, sollte er, Maximilian, seinen Flirt mit dem Protestantismus weiterführen. Maximilian leistete im Jahre 1562 den feierlichen Schwur, als Katholik zu leben und zu sterben; 1562 wurde er in Frankfurt zum römischen König gewählt. 1564 starb Ferdinand, und Maximilian war Kaiser.

Er war ein sehr guter Kaiser, sobald er sich mit seiner neuen Würde zurechtgefunden hatte. Er hielt sein Wort und blieb dem katholischen Glauben treu, was seinen protestantischen Freunden das Leben nur leichter machte. Zur Verzweiflung seiner spanischen Gemahlin Maria, der Kusine aus Madrid – einem unattraktiven Wesen, das Maximilian in seinen „Rebellenjahren" höchst widerwillig geehelicht hatte – unterhielt er das ganze Leben lang weiterhin engste Beziehungen zu den protestantischen Untertanen, und als er 1576 in Regensburg bei vollem Bewußtsein

Rechts: Kaiser Maximilian II.
und seine Familie.
Links unten: Don Carlos,
der unglückliche Sohn
Philipps II., den sein Vater
einkerkern und vielleicht
sogar ermorden ließ.
Rechts unten: Die Unterschrift Philipps II. auf einem
Brief an Maximilian II., in
dem er ihm den Tod
Don Carlos' mitteilt.

starb, weigerte er sich standhaft, die Sterbesakramente zu empfangen. Seine Gemahlin, seine in Bayern verheiratete Schwester, sein Sohn Matthias, der päpstliche Nuntius und der spanische Gesandte – sie alle standen an Maximilians Totenbett und rangen um seine Seele. Umsonst. Nein, er wollte keinen Priester. „Mein Priester ist im Himmel", meinte er.

Damit war ihm ernst. Er hatte ein wildes Leben geführt und dann ein hohes Amt bekleidet, doch er glaubte an Gott und an Gewissensfreiheit. Einen päpstlichen Legaten beleidigte er einmal mit dem Ausspruch: „Ich bin weder ein Papist noch ein Evangelischer, sondern ein Christ..." In ganz Österreich, Böhmen und Ungarn herrschte völlige Toleranz. Abgesehen von einem kurzen Türkenkrieg verwendete Maximilian während der Jahre seiner Regierung seine Energien darauf, religiöse Zwistigkeiten in seinem Herrschaftsbereich beizulegen, wie es schon vor ihm sein

Oheim getan hatte, und er tat dies, soweit es seine Erblande betraf, mit weit größerem Erfolg als dieser. Seine aufgeklärte Geisteshaltung war ihm ein echtes Bedürfnis; er pflog Gedankenaustausch mit einigen der unabhängigen Denker des protestantischen Lagers; er mochte eigensinnig und jähzornig sein, aber sein großes Feingefühl hieß ihn Zwang und Gewaltanwendung ablehnen. Er war entsetzt, als sein Vetter Philipp II. den unglückseligen Don Carlos einkerkerte. Als er 1572 von der Pariser Bartholomäusnacht hörte, wollte er die Nachricht zunächst einfach nicht glauben: seine eigene Tochter war mit König Karl IX. von Frankreich vermählt. Dieser allerdings war dann von seinem Schuldgefühl überwältigt; er konnte es sich nicht verzeihen, daß er sich dazu überreden hatte lassen, Befehl zu diesem Blutbad gegeben zu haben, und siechte dahin. „Es ist weder gerecht noch vertretbar", schrieb Maximilian an seinen Freund August von Sachsen, „man kann religiöse

Links: Rudolf II. Diese Porträtminiatur
vermittelt den Ausdruck schmerzlicher
Verwirrtheit in den Zügen dieses
Protestantenhassers und Kunstförderers.
Rechts: Ein Saal im Hradschin in Prag,
den Rudolf II. zur Residenz erhob.

Fragen nicht mit Feuer und Schwert lösen, sondern nur durch das Wort Gottes,
christliche Verständigungsbereitschaft und Gerechtigkeit."

Es sollte ein kurzes – allzu kurzes – Zwischenspiel von Vernunft und Toleranz
bleiben. Von der unansehnlichen Residenz seines Vaters, der Hofburg zu Wien,
aus verbreitete Maximilian Zufriedenheit und Beruhigung unter seinen Untertanen,
doch gleichzeitig sorgte er für künftige Komplikationen. So aufgeklärt und tolerant
er war – auch er blickte auf das Spanien Philipps II. als dem großen „Umschlagplatz"
der Macht des Hauses. Mit seinem Vetter hatte er wenig gemeinsam. Aber noch immer
kam an erster Stelle die Familie, und dieser unzerstörbare Glaubensartikel war in der
Folge für die bizarrste aller Habsburgerehen verantwortlich. Maximilians Lieblings-
tochter war 1563 in einem Staatsakt mit Don Carlos verlobt worden. Gleichzeitig
hatte man zwei Söhne des Kaisers, Rudolf und Ernst, zur Vollendung ihrer höfischen
Erziehung nach Madrid entsandt, vor allem aber auch, damit sie sich den Spaniern
vorstellten, für den Fall, daß einer von ihnen vielleicht einmal das spanische
Erbe antreten sollte. Vier Jahre lang zogen sich die Verhandlungen hin, während-
dessen Philipp sich darüber klarzuwerden trachtete, ob sein Sohn Carlos in der
Lage sei, die Regierung zu übernehmen oder nicht. Mit wachsender Ungeduld
wartete Maximilian in Wien. Dann, wie ein Donnerschlag, kam die Nachricht von
der Einkerkerung seines zukünftigen Schwiegersohnes. Kaum ein Jahr darauf war
Carlos tot. Das waren schwere Zeiten für Philipp. Seine geliebte Gemahlin, Isabella

98

von Valois, vom Schmerz über die Tragödie ihres Stiefsohnes überwältigt, erkrankte und starb im Kindbett. Philipp, unbewegt wie immer, ließ sich seinen Kummer nicht anmerken. Ohne lange zu warten, beschloß er, ein viertes Mal zu heiraten und einen neuen Erben zu zeugen. Wer kam da mehr in Frage als Anna von Österreich, die Verlobte seines toten Sohnes, einundzwanzig Jahre alt, ganz Milch und Honig?

Man schrieb das Jahr 1570. Als Philipp seine Nichte heiratete, war er gerade dabei, einen Weg zu beschreiten, dessen Ziel es war, ihn zum Herrn der Christenheit zu machen. Der aufgeklärte Maximilian ließ die Hochzeit zu. Auch er war ein Habsburger.

Die vorzugsweise Beschäftigung mit allem, was spanisch war, hatte noch andere, unangenehme Auswirkungen. Rudolf und Ernst, die beiden Jünglinge, ließen sich allzusehr von der spanischen Art beeinflussen, und so trat der paradoxe Fall ein, daß die Kinder des toleranten, aufgeklärten Maximilian die intolerante, unaufgeklärte spanische Art, die ihr Vater so erfolgreich ausgemerzt hatte, neuerlich nach Österreich einschleppten.

Maximilian war entsetzt. Auch er hatte als Knabe und junger Mann spanischen Einfluß auf sich wirken lassen, ihn aber wieder von sich gewiesen. Doch darf man nicht vergessen, daß es sich damals um das Spanien seines Oheims Karl V. handelte, der selber ja eigentlich Burgunder war. Rudolf und Ernst aber wurden in das Spanien Philipps II. hineingestoßen. Außerdem kamen sie stark unter den Einfluß der spanischen Jesuiten. Als die beiden Erzherzoge nach Wien zurückkehrten, geriet der Kaiser in echte Sorge. Sie hatten sich verändert; ihre humorlose, stolze, steife spanische Art machte den denkbar schlechtesten Eindruck auf den sich recht ungezwungen gebenden deutschen Adel. Die große Stärke der österreichischen Habsburger war ihre Ungekünsteltheit und Fähigkeit, das Vertrauen der kleinen Fürsten zu gewinnen. Maximilian sagte den Erzherzogen, sie möchten gefälligst „ihr Betragen ändern". Aber es nutzte nichts.

Maximilians II. Tod im Jahre 1576 war eine Katastrophe für Österreich und Europa. Von einem Tag auf den anderen wurde alles zunichte, wofür er eingetreten war, und damit auch die letzte Gelegenheit, eine friedliche Regelung zwischen Katholiken und Protestanten innerhalb des Reiches zu finden. Sein Sohn und Nachfolger, Rudolf II., saß 36 Jahre auf dem Thron (dann mußte er ihn seinem jüngeren Bruder Matthias abtreten), aber er regierte nicht. Rudolfs Persönlichkeit ist faszinierend, doch wohl in erster Linie als pathologische Studie. Sein Beitrag zur habsburgischen Geschichte ist nur ein negativer. Unter seiner Herrschaft und der seines Bruders Matthias, die sieben Jahre dauerte, schlitterte das Reich in ein Chaos, in das Vorspiel zu den Schrecken des Dreißigjährigen Krieges.

Spanien hatte in Rudolf einen tiefen Eindruck hinterlassen. Sein Leben im Escorial erhielt eine besondere Note durch die Atmosphäre peinigender Schwermut und Gewalttätigkeit. Wer weiß, welche Nachwirkung diese auf das empfängliche Naturell des zartbesaiteten Jünglings hatte, der seine Phantasie nicht im Zaum halten konnte und der von beiden Elternteilen das Blut der armen wahnsinnigen Johanna in sich hatte – denn sein Vater war als Sohn Ferdinands I. ihr Enkel, seine Mutter als Tochter Karls V. ihre Enkelin gewesen. Dazu kam noch, daß Philipp II. seinem Neffen das Versprechen abnahm, die Ketzerei in seinen Landen auszurotten, sobald er die Regierung übernehme. Rudolf wurde von Jesuiten erzogen. Dieser Orden, 1534 gegründet, konnte so zum erstenmal in seiner Geschichte Macht über einen weltlichen Herrscher gewinnen. Und die Jesuiten sollten ihre Kontrolle über die österreichischen Habsburger in größerem und geringerem Maß fast zweihundert Jahre lang beibehalten.

Rudolf II. war alles andere als der geborene Herrscher, und obwohl ihm die Fähigkeiten, ja selbst der Wille zu herrschen fehlten, hielt er dennoch hartnäckig an der Würde seines Amtes fest und setzte seinen Brüdern, die ihn nach dreißig Jahren offiziell für unfähig erklärten, die Herrschaft weiter auszuüben, kräftigen Widerstand entgegen. 1593 mußte er einen neuen Einfall der Türken in Ungarn über sich ergehen lassen, 1604 bewies er gegenüber einem auf ganz Ungarn übergreifenden Aufstand Schwäche und mangelnde Entschlußkraft. Zu diesem Zeitpunkt gärte es in allen seinen Herrschaftsbereichen, und die protestantischen Reichsfürsten waren über Rudolfs Intoleranz und die willkürlichen, wenn auch wirkungslosen Maßnahmen, mit denen er ihren Glauben verfolgte, so erbittert, daß sie darüber ihre eigenen Zwistigkeiten vergaßen. Im Jahre 1608 – Matthias, der Bruder des Kaisers, hatte

Die Belagerung Budapests durch Soliman den Prächtigen.
Umseitig: In der Schlacht von Lepanto (1571) fügte Don Juan d'Austria der türkischen Seemacht eine vernichtende Niederlage zu.

praktisch die Regierung übernommen und in Ungarn wieder Ordnung geschaffen, doch war Rudolf noch nicht offiziell abgesetzt worden – kam es unter der Führung des Kurfürsten Friedrich IV. von der Pfalz zur Bildung der Protestantischen Union. Dieser Union stellten die Katholiken im Jahr darauf ihre Liga entgegen, die unter der Führung des mächtigsten deutschen Territorialherrschers, des Herzogs Maximilian I. von Bayern, stand. Eine Zeitlang sah es aus, als würde ganz Europa in Flammen aufgehen. Weder der Kaiser noch der Papst noch die Jesuiten schienen sich über die gewaltige Verlagerung des religiösen Gleichgewichts, die in den letzten vergangenen Jahren das Antlitz der Christenheit verändert hatte, im klaren zu sein. England war für die römische Kirche schon seit langem verloren und hatte mit Erfolg der Macht Spaniens getrotzt. Philipp II., der große Vorkämpfer des katholischen Glaubens, war zehn Jahre tot. Die Niederlande konnten nicht unter Kontrolle gebracht werden. Mehr als die Hälfte Deutschlands war protestantisch. Und vor allem hatte Heinrich IV. von Frankreich, der ehemalige Heinrich von Navarra, 1598 durch das Edikt von Nantes, das den Hugenotten weltliche Rechte und Gewissensfreiheit zustand, das Land befriedet. Sein Finanzminister Sully stellte die Wirtschaft des Landes wieder auf feste Füße. Auch war Heinrich nun der größte Kriegsherr Europas; unter ihm wurde die französische Armee zur stärksten Streitmacht. Wenn er auch, um die Königskrone zu gewinnen, die Religion gewechselt hatte, so war er doch strikte gegen die Intoleranz Roms. Er versprach bereits der protestantischen Union in Deutschland seine Unterstützung und schickte sich gerade an, zusammen mit den protestantischen Fürsten gegen die Liga zu ziehen, da fiel er 1610 dem Mordanschlag Ravaillacs zum Opfer.

Diese Tat hatte zur Folge, daß die Geschichte einen anderen Verlauf nahm. So wie die Dinge lagen, mußten Protestanten und Katholiken früher oder später in einem größeren Krieg aufeinandertreffen. Es ist schwer vorstellbar, wie Österreich und die Katholische Liga einer vernichtenden Niederlage hätten entgehen können, wäre Heinrich nicht umgebracht worden. Die Habsburger hätten ihre Stellung in Mitteleuropa eingebüßt. Als einzige Vorkämpfer Roms wären Spanien und die beiden Sizilien übriggeblieben. Doch mit dem Tode Heinrichs kam das Unternehmen der protestantischen Union ins Stocken. Der Krieg zwischen den beiden Konfessionen wurde auf zehn Jahre hinausgeschoben. Dann aber hatten Österreich und das Reich eine neue dynamische Antriebskraft in der unermüdlichen Energie Kaiser Ferdinands II. und einen genialen Feldherrn in Wallenstein, während Frankreich unter König Ludwig XIII. und der Regierung Kardinal Richelieus zu sehr mit seinen eigenen innerpolitischen Problemen zu tun hatte, als daß es militärisch intervenieren hätte können.

Lange schon vor dem Tod Heinrichs IV. zeigte sich, daß Rudolfs Geist immer mehr zerrüttet war. Dies war um so trauriger, als der Herrscher zwar das Reich vernachlässigte, dafür aber Prag (wohin er seinen Hof von Wien verlegt hatte) zu einem Mittelpunkt des kulturellen Lebens und der halbwissenschaftlichen Forschung erhob. Er war ein eifriger Sammler und großer Kenner, des Seltsamen wie des Schönen. Die Breughels und die surrealistischen Arcimboldos, die sich heute in Wien befinden, stammen, ebenso wie die Correggios, aus Rudolfs Sammlung. Er war ein geduldiger Förderer

Der Empfang des österreichischen Botschafters am Hofe Solimans. In den Augen der Türken hinterließen die Österreicher einen kläglichen Eindruck, und es wurde Ferdinand I. vielfach vorgeworfen, daß er sich zu jährlichen Zahlungen an die Osmanen bereit erklärt hatte. Für die Bewohner Wiens war die Türkengefahr erst 1683 gebannt.

Rudolf II. unterhält die Erzherzoge Ferdinand, Karl
und Ernst bei einem Festmahl mit Musik.

Links: Johann Kepler, als Protestant von
Erzherzog Ferdinand aus Graz vertrieben, fand eine
Heimstatt am Hof Rudolfs II. in Prag.
Mitte: Tycho de Brahe, der berühmte Astronom,
der von Dänemark nach Prag übersiedelte.
Rechts: Ein für Rudolf II. angefertigter
Himmelsglobus aus Bronze, Gold und Email.

aller möglichen Künstler. Seine wahre Leidenschaft waren die alchimistischen Studien, in deren Verlauf der abendländische Mensch auf der Suche nach dem Stein der Weisen durch geduldige Analyse zum erstenmal in die Geheimnisse der Chemie und Mineralogie eingedrungen ist. Und vor allem anderen war dieser bigotte Katholik einer der ersten Förderer der modernen Astronomie. Der Däne Tycho de Brahe zog nach dem Tod Friedrichs II. von Dänemark nach Prag, wo er im kaiserlichen Garten seine Instrumente aufstellte. Sein Assistent war der junge Johannes Kepler. Tycho de Brahe war ein Mann nach Rudolfs Herzen: er hatte einen durchdringenden, forschenden Verstand und war vor allem ein genialer Erfinder. Einzig und allein durch die Genauigkeit seiner Beobachtungen wies er Kopernikus Irrtümer in dessen Erklärung der Bewegung der Erde und der Himmelskörper nach. Doch die richtige Antwort zu finden, dazu fehlte ihm der schöpferische Funke. De Brahe erfand das Teleskop und andere astronomische Instrumente, er zeichnete die Beobachtungen auf, die er mit diesen machte – gleichzeitig aber war er mit einem Teil seines Wesens noch tief dem Aberglauben verhaftet. Seine Versicherung, es stehe in den Sternen geschrieben, daß sein kaiserlicher Herr durch ein Mitglied seiner eigenen Familie den Tod finden werde, dürfte viel zum geistigen Verfall Rudolfs beigetragen haben.

Gegen Ende seines Lebens verließ der Kaiser den Hradschin, die königliche Burg hoch über der Moldau, überhaupt nicht mehr. Kaum jemand wurde vorgelassen.

Der von Wahnvorstellungen verfolgte Rudolf lebte in einer eigenen Welt: Exotische Vögel und Tiere, darunter sogar Löwen und Tiger, bevölkerten die menschenleeren Galerien und Gänge. Man erzählt sich, daß der Tod dreier Lieblingstiere — zweier Adler und eines Löwen — auch Rudolfs Ende herbeigeführt habe. In dieser merkwürdigen Umgebung forschte der geniale Kepler den Gesetzen nach, die den Lauf der Gestirne des Sonnensystems bestimmen. Es ist eine der Ironien der Geschichte, daß der aus Schwaben stammende Kepler deswegen an den Hof des bigott katholischen Rudolf kam, weil er von der Universität Graz durch Erzherzog Ferdinand von Innerösterreich vertrieben wurde — jenem Ferdinand, der später als Kaiser den seit Rudolf unvermeidbaren Religionskrieg führte. Und es ist eine der Ironien der Wissenschaft, daß dieser unglückselige, wahnsinnige Nicht-Kaiser ein Denkmal erhalten hat, das beständiger ist als jedes Monument: die „Tabulae Rudolphinae", jene astronomischen Tabellen, die Kepler in Dankbarkeit seinem verstorbenen Brotherrn widmete.

Rudolf II. starb kinderlos im Jahre 1612. Auch Matthias, sein Bruder, hatte keine Nachkommen; dies mag weitgehend Rudolfs Schuld gewesen sein, denn er war auf seinen Bruder eifersüchtig und brachte alle Heiratswünsche zum Scheitern. Matthias war keine einnehmende Persönlichkeit; er besaß mehr Ehrgeiz als Fähigkeiten; ein

Kaiser Matthias I.

brennender Wunsch nach Anerkennung beseelte ihn, doch als ihm diese schließlich zuteil wurde, war er unfähig, sich ihrer würdig zu erweisen. In seiner Jugend hatte ihn sein Unwillen über Rudolf, sein Bestreben, einen Platz für sich zu finden, zu einer absurden Rebellion gegen das eigene Haus geführt: er bot sich den Niederlanden als Führer in ihrem Kampf gegen Spanien an. Zu spät entdeckte er, daß der stolze niederländische Adel keine Lust hatte, sich kommandieren zu lassen; man wollte sich bloß seines Namens bedienen. Matthias kehrte nach Wien zurück, wo er die Ungnade seines Bruders erdulden mußte. Und schließlich stieß er diesen vom Thron.

Als Kaiser – nun bereits in vorgeschrittenem Alter – war Matthias eitel und leichtfertig; jetzt kostete er genüßlich die Macht aus, nach der er so lange gestrebt hatte. Er war toleranter als Rudolf, und noch toleranter wurde er durch seinen ersten Ratgeber, Kardinal Klesl, der erkannt hatte, daß die protestantische Bewegung zu stark war, als daß man einen direkten Zusammenstoß mit ihr riskieren konnte. Die wahre Hoffnung für den Sieg der Katholiken lag in den erbitterten Meinungsverschiedenheiten der Protestanten untereinander. Lutheraner und Calvinisten haßten sich zumindest ebenso stark, wie sie die Katholiken haßten; man rief sich Schmähworte von den Kanzeln zu und drohte mit Gewalt. Neben diesen Hauptvertretern der antipapistischen Bewegung, zu denen noch die böhmische Utraquisten zu zählen waren, gab es eine ganze Anzahl kleinerer Sekten. Nur die Bedrohung durch Rom konnte sie zusammenbringen, wie im Falle der unseligen Union.

Doch Klesl hatte sich außerdem einer ganzen Reihe von militanteren Brüdern in Christo zu erwehren. In Graz wuchs in der Person des Erzherzogs Ferdinand ein neuer Wortführer der Fanatiker heran. Ferdinand war der Sohn Erzherzog Karls, des Bruders Maximilians II. Rudolf und Matthias hatten, wie erwähnt, keine Nachkommen. Im Reich herrschte solche Zwietracht, daß die Nachfolge eines Habsburgers auf dem Kaiserthron echt gefährdet war. Nach langen Überlegungen im Familienkreise wurde beschlossen, Ferdinand als Anwärter auf die Krone zu nominieren. Um ihm bei der Wahl eine günstige Ausgangsposition zu verschaffen, dankte Matthias 1618 als König von Böhmen und Ungarn ab.

Ferdinand war damals bereits vierzig und hatte sich den Ruhm erworben, der unbarmherzigste und fanatischste Katholik seiner Zeit zu sein. Der äußeren Erscheinung nach war er die Liebenswürdigkeit selbst, mit seinem rotblonden Haar, den offenen Zügen, seiner geschäftigen Art. Doch er war wie Rudolf voll und ganz den Jesuiten hörig; wäre er von weniger erlauchter Geburt, sagte er öfters, wäre er dem Orden beigetreten. Nach dem Besuch der (Jesuiten-)Universität Ingolstadt wurde er nach Graz gerufen, um das steirische Erbe seines Vaters zu übernehmen; in der grünen Mark zeichnete er sich vor allem durch die Vertreibung der Protestanten (unter ihnen Johannes Kepler) aus; das waren immerhin zwei Drittel der Bevölkerung. Immer wieder erklärte er, daß er lieber mitsamt seiner Familie im Ausland wohnen und um sein Brot betteln, Beleidigungen und gröblichste Behandlung erdulden, ja lieber sein Leben verlieren wollte, als untätig zuzusehen, wie der wahre Glaube Schaden erleide. Er stellte die alten Kirchen wieder an die Katholiken zurück und ließ die neuen Gotteshäuser und

Kaiser Ferdinand II. in einer allegorischen Darstellung als Vorkämpfer der Gegenreformation.

Schulen, die die Protestanten erbaut hatten, niederreißen. Als Gegenstück zu den protestantischen Seminaren gründete er Jesuitenschulen in Graz und Bruck an der Mur. Obwohl er die Leute in Massen aussiedeln ließ (treue Katholiken wurden ins Land geholt, um die unglücklichen Protestanten zu ersetzen) und auf diese Weise die Gesellschaftsstruktur arg durcheinanderbrachte, begegnete ihm bemerkenswert wenig organisierte Opposition. Ferdinand bewies wirklich große Klugheit und Voraussicht, indem er ohne viel Aufsehen zu wagen und über einen langen Zeitraum hinweg die Rechte und Privilegien der Protestanten ständig mehr und mehr beschnitt, bis er sie schließlich so radikal geschwächt hatte, daß es für sie zu spät war, sich aufzuraffen und erfolgreich Widerstand zu leisten.

Noch bemerkenswerter war die Passivität, mit der die Böhmen und Ungarn ihn als ihren König akzeptierten. Einem Mann von so erbarmungslosem Charakter, der fest überzeugt war, Gottes Werkzeug zu sein, mußten diese frühen Eindrücke als Zeichen dafür erscheinen, daß es zur Wiederherstellung der habsburgischen Herrschaft und zur Zerschlagung der Feinde Roms nur jener festen Hand bedürfe, die seine beiden Vorgänger so sehr hatten vermissen lassen. Auf diesem Grundsatz aufbauend, handelte er auch, doch der Grundsatz erwies sich als falsch. Die Folge war jener schreckliche und zerstörerische Konflikt, der als „Dreißigjähriger Krieg" in die Geschichte eingegangen ist.

OVDEWATER

Mons de Hirse   Carle   Focker

Capitein Pincwert gefencklich

Capitein S. Mari erschlagen

5

Krieg und Gegenreformation: Ferdinand II.

Zu Beginn des Dreißigjährigen Krieges waren die spanischen Habsburger durchaus noch die Hauptlinie der Dynastie. An seinem Ende war die Macht Spaniens für immer gebrochen; und wenn auch Philipp IV. nominell noch immer Oberhaupt der Familie war, so war die tatsächliche Macht von Madrid auf Wien übergegangen, und dort sollte sie auch verbleiben. Die Herrschaft Ferdinands II. brachte die so lange aufgeschobene Konsolidierung Österreichs als Großmacht und als Bastion des Katholizismus.

Im Jahre 1618 war davon freilich noch keine Rede. Kaiser Matthias, alt und müde, nur von dem einen Wunsch beseelt, Schwierigkeiten zu vermeiden, sah sich im Herbst durch Ferdinand, der kürzlich König von Böhmen und Ungarn geworden war, in einen bewaffneten Konflikt mit den böhmischen Rebellen hineingezogen. Matthias sollte nur mehr ein Jahr leben. Schon vor seiner Kaiserkrönung beschritt Ferdinand den Weg, der vorerst der Bestätigung und Festigung seiner landesherrlichen Rechte diente und später zu einem kaiserlichen Kreuzzug auswuchs, mit dem Ziel, ganz Deutschland der katholischen Kirche wiederzugewinnen und der Ketzerei ein Ende zu bereiten. Dieser Kreuzzug artete in einen Krieg – oder mehrere Kriege – aus: Kriege der Eroberung und des Landgewinnes wegen, Kriege, die Verderben und Zerstörung, Plünderung und Brandschatzung, Hunger und Tod über ganz Deutschland brachten; sie zerstörten den Wohlstand der freien Reichsstädte, warfen Böhmen in seiner Entwicklung um zwei Jahrhunderte zurück, besiegelten auf ewig und endgültig die Spaltung Deutschlands in einen katholischen Süden und einen protestantischen Norden und sicherten gleichzeitig das Übergewicht des katholischen Frankreich über das katholische Spanien. Ferdinand mußte alle sein Hoffnungen begraben. Der letzte Versuch, ein einiges katholisches Kaiserreich herzustellen, war fehlgeschlagen. Doch eines konnte Ferdinand bei seinem Tod im Jahre 1637 nicht wissen: das Österreich, das er hinterließ, sollte als eine der Stützen des europäischen Machtgefüges noch über 250 Jahre bestehen bleiben. Beinahe gelang es auch, innerhalb seiner Grenzen einen Vielvölkerstaat zu errichten, dessen Vorteile – Sicherheit für die verschiedenen kleinen und ungeschützten Völkerschaften des Staatsverbandes – die Nachteile aufgewogen hätten, die ebendiesen Völkern von einem zentralen autokratischen Regime erwachsen wären.

Die böhmische Revolte wurde durch einen kaiserlichen Eingriff in protestantische Angelegenheiten ausgelöst, der im Widerspruch zu den im Majestätsbrief Kaiser

Der Dreißigjährige Krieg wütete in den deutschen Landen und auch jenseits ihrer Grenzen. Die Wunden, die er schlug, warfen Mitteleuropa um Jahrhunderte zurück.

Rudolfs II. gewährten Rechten stand. Das Ergebnis war der „Prager Fenstersturz" (1618), jene berühmte Episode, bei der eine Gruppe böhmischer Abgeordneter die kaiserlichen Räte Martinitz und Slavata samt ihrem Sekretär tätlich angriff und sie aus einem Fenster im ersten Stock des Hradschin in den Hof warf. Sie klammerten sich an die Fensterbrüstung und riefen die Muttergottes um Hilfe an. „Soll dir doch deine Maria helfen", schrie einer der Rebellen, als die beiden hinunterstürzten. Doch einen Augenblick später, als er hinabsah und bemerkte, daß die Unglücklichen am Leben geblieben waren und davonhumpelten, rief er erschreckt und ungläubig aus: „Bei Gott, seine Maria hat wirklich geholfen!" Das Trio war auf einem Misthaufen gelandet, der den Fall abschwächte.

Doch die Tat war nun einmal geschehen. Ausnahmsweise fanden sich daraufhin alle divergierenden Interessen in Böhmen – die Calvinisten, Utraquisten, die reinen Nationalisten – in offenem Aufstand zusammen. Aber konnten sie auch zusammenhalten? Kardinal Klesl glaubte es nicht. Er gab seinem Herrn den Rat, zu vermitteln, und Matthias stimmte ihm zu. Ferdinand aber, der die Macht dem Recht gleichsetzte, war wütend. Er handelte schnell, ließ Klesl in der Wiener Hofburg ergreifen und nach Tirol bringen, wo er auf Schloß Amras und Georgenberg festgehalten wurde. Kühl und mit vollendeter Höflichkeit gab er dem Kaiser zu verstehen, daß er sich von nun an selber um Böhmen kümmern werde. Matthias gab nach.

Der Fenstersturz hatte im Mai stattgefunden. Im August drangen zwei getrennte kaiserliche Heere in Böhmen ein, um Prag zu besetzen und die Rebellen zu unter-

Gegenüberliegende Seite: Der Prager Fenstersturz.
Links oben: Der „Winterkönig", Kurfürst Friedrich V.
von der Pfalz, der aus den Händen der Rebellen
die böhmische Krone annahm.
Rechts oben: Elisabeth, eine englische Prinzessin
aus dem Hause Stuart, Gemahlin Friedrichs von
der Pfalz und Königin von Böhmen.

werfen. Es sah aus, als hätten sie leichtes Spiel. Auf der Seite der protestantischen
Fürsten herrschte für die Sache der Böhmen nur gedämpfte Begeisterung. Nur der junge
Kurfürst Friedrich von der Pfalz, der eine Prinzessin aus dem Hause Stuart, die Tochter
König Jakobs I. von England, zur Frau hatte, war entschlossen, einzugreifen. Ani-
miert und in seinem Vorhaben bestärkt wurde er durch seinen ehrgeizigen, intriganten,
überklugen Minister Christian von Anhalt. Friedrich träumte von Ruhm und Größe
und konnte doch seine Träume nicht verwirklichen.

Die Pfalz umfaßte zwei Teile: der eine lag am Rhein, der andere grenzte an Böhmen,
war strategisch günstiger gelegen und geeignet, die Bewegungsfreiheit der kaiserlichen
Truppen einzuschränken. Nun trat der Pfalzgraf als Vorkämpfer der Sache der Rebellen
auf. Und seine erste Tat war, sich der Dienste des Grafen Ernst von Mansfeld zu versichern. Eines von Mansfelds Söldnerheeren, das in kaiserlicher Acht und Bann stand,
war schon nahe der Auflösung und empfahl sich daher zu sofortigem Einsatz.

Der Kampf begann, und der Zug der Kaiserlichen auf Prag wurde vereitelt. Während
des Winters bemühten sich andere interessierte Parteien – vor allem Maximilian von
Bayern, der reichste und mächtigste deutsche Fürst, und Kurfürst Johann Georg von
Sachsen – um eine friedliche Lösung im Sinne des Kaisers. Doch am 20. März 1619
starb Matthias. Die Extremisten in Böhmen faßten neuen Mut und verstärkten ihren
Druck, zumal die Gemäßigten und, noch mehr, die Bürger und Bauern, die im Herbst
am meisten an den Kriegsfolgen zu leiden gehabt hatten, den Frieden wollten. Ferdinand beschloß, die Dinge zu einem raschen Ende zu bringen. Er war zu recht be-

König Gustav Adolf von Schweden, dessen Ehrgeiz und militärische Macht die größte Bedrohung für Ferdinand II. darstellen sollten.

achtlichen Zugeständnissen bereit – unter der Bedingung, daß die Rebellen die Waffen streckten. Alles stand auf des Messers Schneide. Doch die Rebellen konnten sich nicht dazu entschließen, Ferdinand Glauben zu schenken, und gaben nicht nach. In kürzester Zeit wendete sich das Blatt. Ermutigt durch die Tatsache, daß der Macht des Kaisers erfolgreich die Stirn geboten wurde – wenn auch in einem Augenblick, da es praktisch keinen Kaiser gab –, trieben Mähren und die meisten österreichischen Lande dem offenen Aufruhr zu. Graf Matthias Thurn bekam die zögernde, unbezahlte protestantische Armee wieder in den Griff und zog gegen Wien. Fast schien es, als würden die Wiener selber der Belagerungsarmee die Tore der Stadt öffnen. Aber Ferdinand, dessen Mut und Gelassenheit im Augenblick der Gefahr unübertroffen blieben, gab keinen Forderungen nach. Während die Hofburg unter dem Feuer der Kanonen erbebte, warf er sich vor dem Gekreuzigten nieder; dann erhob er sich und sprach seinem Beichtvater Mut und Trost zu: er habe sich Rat geholt beim einzigen, von dem er Rat erhoffen könne, und nun sei er bereit, für die gerechte Sache, wenn nötig, sein Leben zu geben. Danach empfing Ferdinand eine aufgebrachte Abordnung der österreichischen Stände, die ihn drängte, den Forderungen der Rebellen nachzugeben. Er hörte sie höflich, fast nachsichtig an; seine gute Laune trieb die Petenten fast zur Raserei, doch er weigerte sich ganz entschieden nachzugeben – das war nicht einmal in Erwägung zu ziehen: die Idee an sich war absurd. Und in diesem dramatischen Moment ertönte unten im Hof Hufegeklapper. Erzherzog Leopold von Tirol, des Kaisers jüngerer Bruder, hatte 400 Berittene zu Hilfe geschickt, und sie waren gerade zur rechten Zeit gekommen.

So begann Ferdinand II. – er war damals 42 Jahre alt – seinen Kreuzzug: widerwillig, kühlen Blutes, bereit, zu verzeihen, so man Verzeihung erbat und sich in seine Hand gab; seinen Endzweck aber verfolgte er mit völliger, bedingungsloser Zielstrebigkeit, unerbittlich gegenüber allen, die auf ihrer Irrmeinung beharrten, gleichgültig, wer sie auch sein mochten. Er fühlte sich als Vorkämpfer des Gekreuzigten und der heiligen Muttergottes. Doch er war ein Kreuzfahrer, der für sich mehr und mehr die Attribute von Gott dem Vater in Anspruch nahm – und dies zu einer Zeit, da die deutschen

Fürsten über die Aussichten eines schrecklichen inneren Konflikts so verstört waren, daß sie die Möglichkeit in Betracht zogen, einen anderen zum Kaiser zu wählen. Ferdinand stand dem völlig ungerührt gegenüber. Er zeigte überhaupt keine Furcht und trug bei der Wahl am 28. August 1619 den Sieg davon. Zwei Tage vorher hatte sich der Vorkämpfer der Protestanten, Kurfürst Friedrich V. von der Pfalz, zu einem verhängnisvollen Schritt entschlossen: er nahm von den Rebellen die Krone Böhmens an – Ferdinands Krone.

Friedrich, ein liebenswürdiger und stattlicher Mann, dickköpfig, aber weich, war unfähig, die möglichen Folgen seines Handelns zu überblicken. Mit seiner englischen Gemahlin zog er von Heidelberg nach Prag. Eine geborene Führerpersönlichkeit, ein gewiegter Diplomat wäre vielleicht imstande gewesen, die Eifersüchteleien und das Mißtrauen der protestantischen Fürsten zu beschwichtigen und ihre Unterstützung zu gewinnen; vielleicht hätte er auch Ludwig XIII., den jungen König von Frankreich, davon überzeugen können, daß er sich trotz seiner katholischen Religion jetzt den Protestanten anschließen müsse, um die Macht Habsburgs auf immer zu brechen.

Aber Friedrich war weder Führerpersönlichkeit noch Diplomat. Er erhielt wenig oder gar keine Unterstützung. Nur einen Augenblick lang sah es böse für Ferdinand aus, als sich die Ungarn erhoben und mit den Böhmen zusammengingen; doch dann sammelte sich das katholische Lager um das Haus Habsburg mit dem Ziel, diesen protestantischen Emporkömmling, der in der Reichsacht stand, aufs Haupt zu schlagen. So stand Böhmen praktisch allein da, und die Armee der katholischen Liga unter dem bewährten bayerischen Feldherrn Tilly rückte gegen Prag.

Am 8. November 1620 kam es dann am Weißen Berg vor Prag zu jener fürchterlichen Schlacht, in der Tilly die Blüte der böhmischen protestantischen und nationalistischen Bewegung vernichtete und den böhmischen Unabhängigkeitsbestrebungen für die nächsten drei Jahrhunderte ein Ende setzte. Der Dreißigjährige Krieg hatte begonnen, doch viel später, als alles vorbei war, konnte man rückblickend feststellen, daß in jenem Gemetzel, an einem höchst gewöhnlichen Berghang, das habsburgische Österreich seinen Anfang als europäische Großmacht nahm.

Prag war in Ferdinands Hand, der arme Friedrich von der Pfalz, der „Winterkönig", hatte sich als Flüchtling in die Niederlande begeben, die protestantische Sache in Böhmen und Mähren hatte so gut wie nichts mehr zu bestellen, und die protestantischen Kurfürsten von Sachsen und Brandenburg sahen untätig zu. Nun ging Ferdinand daran, Böhmen in seine österreichischen Besitztümer einzugliedern. Nach einer gewissen Zeit wurden die Länder der böhmischen Krone zu den habsburgischen Erblanden geschlagen, der protestantische Glaube wurde verboten. Die überlebenden Rebellenführer, zwölf an der Zahl, wurden sofort ergriffen, vor Gericht gestellt und zum Tod verurteilt. Ferdinand war über diese Gewaltmaßnahmen gar nicht glücklich, denn seinem Temperament entsprach eher ein langsames, stetiges, im großen und ganzen unblutiges, wenn auch unerbittliches Hinarbeiten auf ein einmal gefaßtes Ziel. (Ein

Umseitig: Die Schlacht am Weißen Berg (1620) war eine Katastrophe für die tschechische Nation.

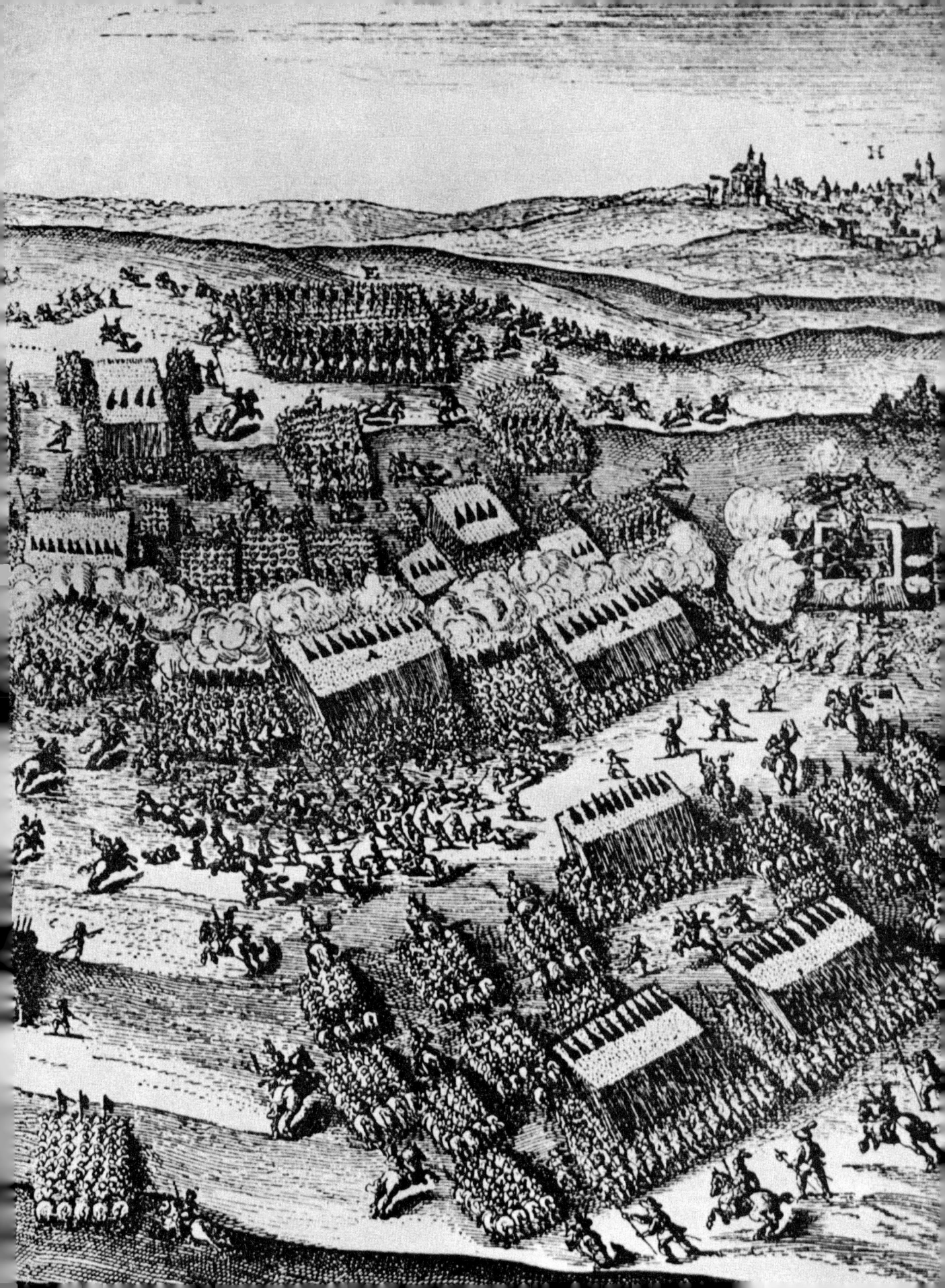

Beispiel hierfür aus früherer Zeit war die kluge Art gewesen, in der er den Protestantismus in Kärnten und der Steiermark unterdrückte.) Als dem Kaiser in der Hofburg die Liste der Verurteilten zur Unterschrift vorgelegt wurde, konnte er sich nicht dazu entschließen, seinen Namen unter das Dokument zu setzen. Er starrte auf das Pergament, schob es weg, schritt durch das Zimmer, starrte wieder hin, wischte sich den Schweiß von der Stirne und eilte zur Bestürzung seiner Berater aus dem Zimmer. Doch dann nahm er sich zusammen, beriet sich lang und eindringlich mit seinen Beichtvätern und beschwor sie, ihm Gottes Willen aufzuzeigen. Man tat es, und er unterschrieb. Dreihundert Kilometer weiter nördlich, auf dem Altstädter Ring zu Prag, fiel die Axt. Die Häupter der zwölf Anführer der nationalen Bewegung wurden über dem hohen gotischen Tor der Karlsbrücke, die über die Moldau führt, aufgespießt.

Dann kam die große Neuverteilung des Landbesitzes. Die ganzen riesigen Besitzungen des protestantischen Adels fielen an die Krone. Ein reicher König von Böhmen, ein reicher Kaiser hätte sie behalten und wohlüberlegt als Lehen oder Geschenk an hochgeschätzte Parteigänger der Krone weitergeben können: zur Belohnung für erwiesene Dienste oder als Pfand für genau ausbedungene Unterstützung. Doch Ferdinand war nicht reich. Widerwillig verkaufte er die Ländereien an den Meistbietenden – noch dazu in einer abgewerteten Währung. Die Interessenten kamen aus ganz Europa. Natürlich waren die böhmischen Katholiken im Vorteil. Dem Fürst Liechtenstein zum Beispiel gelang es, zwanzig Besitztümer zusammenzuraffen. So entstand der unerhört reiche, mächtige Adel Böhmens und Mährens, dessen Mitglieder über ihre Ländereien fast wie unabhängige Könige herrschten. Freilich vergaßen sie in den späteren Jahren nur zu oft ihre Verpflichtungen gegenüber dem Haus, dem sie so viel verdankten.

Unter den Männern, die von diesen Zwangsverkäufen am meisten profitierten, war auch der katholische (ursprünglich utraquistische) Kleinadelige Albrecht von Wallenstein. Dieser von brennendem Ehrgeiz besessene Feldherr und geniale Staatsmann brachte es zum Oberkommandierenden und Herrn über eine praktisch unabhängige Armee, kam später unter Verdacht, für sich selbst die Krone Böhmens anzustreben, und fiel in Ungnade. Doch dann berief man ihn wieder an die Spitze der Armee, weil er der einzige war, der der Gefahr aus dem Norden Paroli bieten konnte: dem Schwedenkönig Gustav Adolf, der wie ein Racheengel auftauchte, um Ferdinands Hoffnungen zunichte zu machen, gerade als dessen Traum Wirklichkeit zu werden schien.

Aber wir dürfen den Ereignissen nicht vorgreifen. Ferdinand hatte also mit den Böhmen Streit gehabt, und mit deren Niederlage in der Schlacht am Weißen Berg hätte der Krieg eigentlich zu Ende sein sollen. Doch der Kampf ging weiter, weil Friedrich, der „Winterkönig", sich weigerte, den Kaiser um Verzeihung zu bitten. Bemerkenswerterweise taten sich England und Spanien zusammen, um Friedrich wieder zu seiner Pfalz zu verhelfen; unter dem Schutz der Spanier sollte er zurück nach Heidelberg gebracht werden. (Die Spanier hatten ein Interesse am Durchzug

Gegenüber: Das Wappen Ferdinands II.
Umseitig: Ausschnitt aus Peter Brueghels „Mord der Unschuldigen Kinder".
In diesem Gemälde, das schließlich in der Prager Sammlung
Rudolfs II. landete, ist der Terror des Herzogs von Alba in den Niederlanden festgehalten.

durch die Pfalz, die direkt auf dem Weg zwischen ihren Besitzungen in Italien und den Niederlanden lag.) Doch Friedrich, in seinem Sinnen und Trachten noch bestärkt durch seine schottische Gemahlin, wollte mit diesem Plan nichts zu tun haben. Er floh nach Den Haag und schloß sich Moritz von Oranien an. Dieser traf bereits Vorbereitungen gegen den spanischen Angriff, der nach Ablauf des zwölfjährigen Waffenstillstandes aus dem Jahre 1609 für das kommende Jahr zu erwarten war. Mit Hilfe der Niederländer wollte Friedrich seine Pfalz selbst zurückerobern. Und er hatte Glück. Der Söldnerführer Graf Ernst von Mansfeld verfügte nach wie vor über eine gutgedrillte Armee. Er hatte nichts zu verlieren und alles zu gewinnen; also schuf er sich rund um Pilsen eine Art Enklave, ließ in ganz Deutschland die Werbetrommel rühren und war bereit, für Friedrich zu kämpfen.

1622 war auch Friedrich zum großen Schlag bereit. Brandenburg und Kursachsen verhielten sich noch immer abwartend, auch während der folgenden neun Jahre. Aber in Westfalen stand Christian von Braunschweig, am Oberrhein der Markgraf von Baden-Durlach; zusammen mit diesen und Mansfeld, der inzwischen seine starke Armee nach dem Elsaß geführt hatte, konnte Friedrich nun ungefähr 40.000 Mann gegen Tilly und die Spanier aufbieten.

Den Verbündeten gelang es, die Lage offen zu halten, bis England im Jahre 1625 ein Expeditionskorps in die spanischen Niederlande sandte und – was noch viel wichtiger war – Dänemark, das bereits einen Stützpunkt in Holstein hatte, nun auf Seite der Protestanten in den Kampf eingriff. Tilly war nun in ernstlichen Schwierigkeiten, wenn auch Sachsen und Brandenburg sich zurückhielten. Und nun begann Wallensteins düster-glänzende Laufbahn. Er hatte ungeheuren Reichtum erworben, er war eine Art Vizekönig über einen großen Teil Böhmens. Er hatte bereits den Ungarnkrieg bis zum Ende mitgemacht. Und nun forderte er von Ferdinand die Erlaubnis, eine eigene Armee aufstellen zu dürfen. Er erhielt sie und siegte auf allen Linien. Gemeinsam mit Tilly zwang er Dänemark, aus dem Krieg auszuscheiden. An der Ostseeküste blieb somit nur eine Gefahr: die Bedrohung durch Schweden, jene neue Macht im Norden, die drangte, sich nach Süden auszuweiten.

Fast zwanzig Jahre lang hatte der außergewöhnliche Soldatenkönig Gustav Adolf erfolgreich gegen Dänemark, Polen und Rußland Krieg geführt und seine Armee zur schlagkräftigsten Europas gemacht. Nun traf er Anstalten, nach Deutschland zu ziehen. Gustav Adolfs Eintritt in den Krieg war hauptsächlich ein Verdienst der französischen Diplomatie, die nun unter der Leitung von Kardinal Richelieu stand. Dieser ging mit unerhörter Raffinesse und mit besonderem Weitblick zu Werk. Sein Ziel hatte allerdings mit Religion überhaupt nichts zu tun, sondern nur mit dem Machtzuwachs Frankreichs und der Schmälerung der habsburgischen Interessen. In Verfolgung dieses Zieles fiel er, nach Bereinigung innenpolitischer Schwierigkeiten, in Italien ein.

Wallenstein war über den König von Schweden im Bild: er achtete und fürchtete ihn. Die Spanier hingegen betrachteten die Schweden mit der Geringschätzung eines echten Kastiliers: in ihren Augen waren diese Menschen obskure Barbaren aus

Oben: Johann Tserclaes, Graf von Tilly; Gemälde von Van Dyck.
Unten: Albrecht von Wallenstein, Herzog von Friedland; ebenfalls von Van Dyck.

dem Norden, eine drittklassige Macht, die vielleicht anderen Barbaren überlegen sein mochte, die es aber nicht wert war, von Madrid überhaupt zur Kenntnis genommen zu werden. Gerade als Wallenstein alle seine Kräfte auf die kommende Auseinandersetzung mit Schweden konzentrierte, verlangte Philipp IV. in Madrid, die Armee Wallensteins solle nach Italien in Marsch gesetzt werden; die Spanier dachten, daß der Krieg in Deutschland bereits vorüber sei; außerdem führte Olivares, Philipps überheblicher Berater (oder, besser gesagt, sein Herr und Meister), einen Privatkrieg gegen den großen spanischen Feldherrn Spinola, der es gewagt hatte, ihm zu widersprechen. Spinola sollte nur sehen, daß man seine Armee im Kampf gegen die Franzosen in Italien nicht benötigte. Wallensteins Truppen würden die gleichen Dienste tun.

Als der jüngere Vetter konnte Ferdinand II. sich nicht gegen Philipp auflehnen, zumal hinter diesem die ganze Macht und das Ansehen Spaniens standen. Er befahl Wallenstein, unverzüglich 30.000 Mann nach Italien zu entsenden, wo sie nicht unter dem Kommando des Friedländers, sondern eines spanischen Generals stehen sollten. Wallenstein weigerte sich rundheraus. Das war seine eigene Armee, und er brauchte jeden Mann, um die Ostseeküste zu halten und die Schweden an der Landung zu hindern; denn wenn sie einmal im Land waren, würde es ernste Schwierigkeiten geben. Den katholischen Reichsfürsten waren die Person und die Absichten Wallensteins immer verdächtiger geworden; diese glatte Befehlsverweigerung bot eine gute Gelegenheit, sich zusammenzutun und den Kaiser zu zwingen, ihn des Oberkommandos zu entheben. Ferdinand sah keinen Ausweg, wenn auch der Augenblick ein denkbar unguter war: einerseits brauchte er den großen Feldherrn, anderseits war er gar nicht sicher, ob Wallenstein so ohne weiteres das Feld räumen würde. Und was dann, wenn er sich mit seiner ganzen Armee gegen die Kaiserlichen wendete? Diese Befürchtungen waren keineswegs übertrieben; später sollte der Friedländer eine unübertreffliche Meisterschaft in Untreue und kompliziertester Intrige an den Tag legen. Doch im Augenblick stand für ihn zu viel auf dem Spiel: er mußte seine eigenen böhmischen Güter fest in die Hand bekommen, mußte sie aufbauen und wirtschaftlich stärken. So nahm er seinen Hut und ging.

Die große Gefahr, die Wallenstein vorausgesehen hatte, brach auch sofort herein. Im Jahre 1630 landete Gustav Adolf, noch bevor Tilly, der nun das Oberkommando führte, an die deutsche Ostseeküste gelangen konnte. Und nun folgte der phantastische Vormarsch der Schweden, die in einem großen Halbkreis zuerst nach Westen und Süden ins Rheinland, dann, in einer Wendung nach Osten, tief nach Bayern und selbst nach Österreich vordrangen. Und nun endlich, um nicht das Nachsehen zu haben, schlossen sich auch die protestantischen Fürsten von Sachsen und Brandenburg dem schwedischen König an und traten dem katholischen Kaiser offen entgegen. Hätten sie dies früher getan, Europa wäre eine schreckenerregende Episode erspart geblieben, die als besonders dunkler Punkt in einer ohnehin sehr düsteren Epoche bis heute in Erinnerung geblieben ist und auf die in großem Maße spätere Kriegsgreuel zurückzuführen sind: die Plünderung Magdeburgs durch Tillys Truppen

im April 1631 und die totale Einäscherung der Stadt. Seit den Massakern der Albigenserkriege hatte es in Europa kein ähnliches Gemetzel gegeben. Bis in unsere Zeit, da Hitler und Stalin über ein Europa herfielen, das die Grausamkeit überwunden zu haben glaubte, ist Magdeburg ein Symbol für entsetzlichste Greueltaten geblieben. Die Brandschatzung war nicht auf Tillys Befehl erfolgt; er selbst versuchte, ihr Einhalt zu gebieten, ja er wurde sogar auf dem Höhepunkt des Blutbades beobachtet, wie er sich um ein Wickelkind bemühte, dessen Mutter tot zu seinen Füßen lag. Doch Magdeburg liegt wie ein Schatten auf dem guten Ruf dieses tapferen, verläßlichen, so gar nicht außergewöhnlichen Soldaten, und ebenso auf dem Ferdinands, in dessen Namen die Grausamkeiten begangen wurden.

Wie war es zu diesem Ereignis gekommen? Tilly befand sich auf dem Weg zur Küste, um Gustav Adolf zu stellen, bevor dieser sich verstärken konnte. Es gelang ihm, vor den Schweden Magdeburg zu erreichen, und er schickte seine erschöpften und hungrigen Truppen vor die Stadt, um diese kurzerhand zur Übergabe zu zwingen. Wenn später die Schweden eine Stadt nach der anderen stürmten und die Bürger ihr Heil in der Kapitulation suchten, ertönte in Erinnerung an Tillys Gemetzel der Schrei „Magdeburger Pardon!", worauf das Blutbad von neuem begann.

Nach Magdeburg sahen sich die Kaiserlichen einem gewaltigen Bündnisblock gegenüber, bestehend aus Schweden, den zwei großen protestantischen Kurfürsten, den revoltierenden Generalstaaten und einem feindlich gesinnten Frankreich, das nicht versäumte, in allem und jedem seinen Vorteil wahrzunehmen. Tilly mußte sich beeilen. Im September 1631 stellte er sich den Schweden bei Breitenfeld. Hier trafen die in konventioneller Schlachtordnung – Infanterie in der Mitte, auf beiden Flügeln

In dem Treffen von Wieselbach standen sich 1632 die kaiserliche Armee und schwedische Truppen gegenüber, die ihre Erfolge der flexiblen „Schachbrett-Taktik" verdankten. Auf der Abbildung benützen die kaiserlichen Truppen einen Wald als Deckung.

von der Reiterei flankiert – aufmarschierenden Kaiserlichen zum erstenmal auf die von Gustav Adolf erfundene lose, schachbrettartige, flexible Aufstellung der Schweden, bei denen die Infanterie in Karrees formiert war: in den Gassen zwischen diesen Karrees könnten sich die Reiterabteilungen beliebig in jede Richtung, nach vor oder zurück, frei bewegen. Die Kaiserlichen wurden durch diese neue Kampfesweise völlig aus dem Konzept gebracht und schwer geschlagen. Sieben Monate später, im April 1632, kam es dann bei Rain am Lech zu einem Gefecht, das für die Kaiserlichen einen ähnlich betrüblichen Ausgang nahm. Tilly selbst erlag kurze Zeit später seinen in diesem Kampf erlittenen Verwundungen.

Man rief Wallenstein wieder zurück. Im November desselben Jahres traf er bei Lützen auf Gustav Adolf und erlitt eine Niederlage, doch der schwedische König fiel. Nun war Wallenstein auf dem Schlachtfeld die alles überragende Persönlichkeit: aber es war nicht mehr derselbe Krieg. Gewiß, Gustav Adolf war ein Soldatenkönig voller Eroberungsdurst gewesen, aber er, der Protestant, hatte zumindest für eine Sache gestritten. 1632, nach vierzehn Kriegsjahren, ging es nicht mehr um diese Sache. Nun holte sich jeder, was zu holen war: Söldnerheere kämpften in der Hoffnung auf Beute, die deutschen Fürsten, ob Katholiken oder Protestanten, versprachen sich von der Teilnahme an den Auseinandersetzungen territorialen Gewinn; Frankreich, dessen Geschicke von Richelieu gelenkt wurden und das in Turenne und Condé zwei erstklassige Feldherren hatte, warf sich in die Schlacht, um die Macht Spaniens zu brechen und in Deutschland soviel Gewinn als möglich zu erzielen. Wallenstein agierte nun wie ein unabhängiger Fürst; er intrigierte seines persönlichen Vorteils willen mit Freund und Feind und gab Anlaß zum Verdacht, selbst nach der Krone zu streben. Niemand weiß, was dieser seltsame, reservierte, verbitterte, zweideutige, machthungrige Träumer, der übrigens ein ganz hervorragender, aufgeklärter Herrscher gewesen wäre, wirklich getan hätte. 1634 wurde er ermordet. Die Führung der kaiserlichen Truppen ging nun auf den spanischen Infanten, einen äußerst tapferen und begabten Jüngling, über. Gemeinsam mit seinem österreichischen Vetter, dem späteren Ferdinand III., bewies er, daß die Habsburger nicht nur von Palastzimmern aus zu regieren wußten, sondern auch im Felde zu führen imstande waren.

Ferdinand II. starb 1637. In seinen letzten Jahren kämpfte er nicht mehr um die Unterwerfung Deutschlands, sondern um die Wahrung seines Erbes und der spanischen Länder. Er erlebte nicht mehr die unglaubliche Niederlage der unbezwinglichen spanischen Armee durch die Franzosen bei Rocroi im Jahre 1643. Auch die Demütigung durch den Westfälischen Frieden, der 1648 den Dreißigjährigen Krieg endlich beendete, blieb ihm erspart. Schweden erhielt Pommern; Sachsen behielt die Lausitz; Brandenburg, die Keimzelle des späteren Preußen, wurde beträchtlich vergrößert; Bayern behielt die Oberpfalz; die Loslösung der holländischen Niederlande – der Generalstaaten – von Spanien und ihre Unabhängigkeit vom Reichsverband (ebenso wie die der schweizerischen Eidgenossenschaft) wurden anerkannt; Frankreich, das im Besitz der von ihm 1552 annektierten drei lothrin-

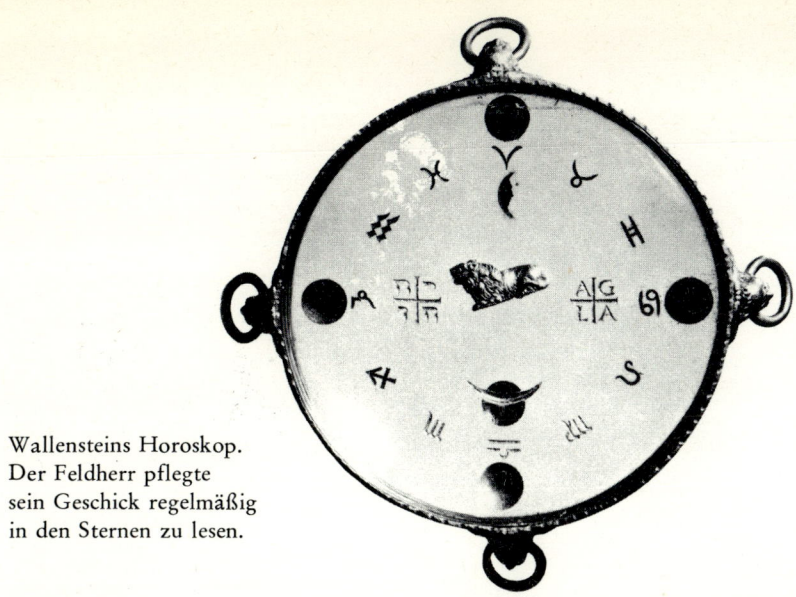

Wallensteins Horoskop.
Der Feldherr pflegte
sein Geschick regelmäßig
in den Sternen zu lesen.

gischen Besitztümern von Metz, Toul und Verdun bestätigt wurde, erhielt darüber hinaus fast das gesamte Elsaß.

Spanien, das der Hochmut und Machthunger von Olivares sowie die Schwäche Philipps IV. zugrunde gerichtet hatten, behielt nach wie vor das heutige Belgien und riesige Besitztümer in der Neuen Welt. Der spanische Hof war immer noch voll Glanz und Pomp, doch mit der Weltmachtstellung war es vorbei. Frankreich verfügte jetzt über die stärkste Armee in Europa. Das Heilige Römische Reich hatte sich in über 300 voneinander unabhängige Territorialstaaten aufgelöst; Gustav Adolf war tot; Preußen noch nicht geboren; Rußland kaum den Jahren der Anarchie entwachsen, Österreich war endlich gedemütigt; in allen Teilen Deutschlands, mit Ausnahme der habsburgischen Besitzungen, wurde das Recht auf freie Religionsausübung ausdrücklich anerkannt. Wer sollte gegen Frankreich in die Schranken treten? Wer sollte es davon abhalten, den entvölkerten, geplünderten, aus den Wunden des Dreißigjährigen Krieges hoffnungslos blutenden Kontinent zu beherrschen? Die Antwort lautete: Österreich – das katholische Österreich, verbündet mit dem protestantischen England. Doch bis dahin sollte noch einige Zeit vergehen.

6

Gegen Türken und Franzosen: Leopold I., Joseph I., Karl VI.

Zu anderen, besseren Zeiten hätte Ferdinand III. einen guten Kaiser abgegeben. Er hatte nicht den Fanatismus seines Vaters geerbt, war intelligent, neigte zur Toleranz. Er hatte auch auf dem Schlachtfeld kühlen Kopf bewahrt und Mut bewiesen, etwa wie beim Sieg über die Schweden bei Nördlingen im Jahre 1634, zu dem er mit seinem spanischen Vetter entscheidend beigetragen hatte. Aber seine ganze Laufbahn war eine Art Interregnum, eine Atempause und Neuorientierung zwischen zwei großen historischen Geschehnissen. Zuerst suchte er sechs Jahre lang, von 1637 bis 1643, vergeblich nach Mitteln und Wegen, den Krieg, der jeden Sinn verloren hatte, zu beenden. Er war bereit, den Protestanten bedeutende Zugeständnisse zu machen, und nur die Entschlossenheit Frankreichs und Schwedens, den Kaiser zu demütigen, vereitelte diese Absicht. Dann folgten fünf Jahre mühsamer Verhandlungen, begleitet von ständigen Kämpfen, und schließlich 1648 der Westfälische Friede. Die neun Jahre, die Ferdinand III. dann noch blieben, waren in erster Linie dem langsam fortschreitenden und mühevollen Wiederaufbau gewidmet. Als er 1657 starb, waren die Aussichten der österreichischen Habsburger recht düster. Obwohl Spanien auf dem Schlachtfeld besiegt worden war, verfügte es immer noch über alle Insignien der Macht und der Größe. Philipp IV. war zwar ein völlig erfolgloser Herrscher, jedoch ein großer Mäzen der Künste. Es war das Spanien, in dem Velázquez, Murillo und andere Maler von geringerem Ruhm wirkten. Lope de Vega hatte Scharen von Bühnenschriftstellern nach ihm beeinflußt. Calderón stand auf dem Höhepunkt seines Schaffens. Nichts wies darauf hin, daß innerhalb weniger Jahre die Substanz, die hinter dem Glanz und der Lebenskraft der spanischen Gesellschaft stand, sich einfach auflösen würde. Und selbst dann war in Wien die Vorstellung von der Größe Spaniens so felsenfest verankert, daß die armen österreichischen Vettern noch lange brauchten, um sich der vertauschten Rollen bewußt zu werden.

In der Zwischenzeit baute Österreich seine dynastische Politik immer noch darauf auf, zwischen spanischen und österreichischen Habsburgern eine Verwandten-ehe nach der anderen zu schließen. Aber im Jahre 1648, das den Frieden brachte, gab es eine harte Abfuhr. Der zweifach verwitwete Kaiser hatte seine junge Tochter Maria Anna mit ihrem alten Onkel Philipp IV. verheiratet; seinen Sohn und Erben, ebenfalls einen Ferdinand, hoffte er mit der spanischen Infantin Maria Teresa zu verheiraten. Aber als der Brautzug bereits auf dem Weg von Wien nach Madrid war,

Statue Kaiser Leopolds I. von Matthias Steinle. Der bemerkenswert häßliche und willensschwache, jedoch außergewöhnlich gebildete Monarch posiert hier im Triumph auf dem Leib eines gefallenen Türken.

kam ein nachdrücklicher Bescheid von Philipp: die Hochzeit sei abgeblasen, Maria Teresa mit dem kleinen Ludwig XIV. von Frankreich verlobt worden. Die Bourbonen und die spanischen Habsburger machten also gemeinsame Sache. Wien mußte sich damit abfinden.

Kurz darauf starb der Bräutigam in spe an den Pocken. Er war einundzwanzig. Und drei Jahre später starb sein Vater Ferdinand III. völlig gebrochen. Der neue Thronerbe, Leopold, der zweitälteste Sohn, ließ keine hohen Erwartungen aufkommen. Seine Nachfolge wurde von den Franzosen, die in gedankenloser Geringschätzung seinen Mangel an oberflächlichem Glanz, Geist und Charme mit Dummheit und Beschränktheit verwechselten, entschieden angefochten. Wieder trachteten sie – diesmal unter Kardinal Mazarin, dem staatsklugen Nachfolger Richelieus – durch Bestechungen, Schmeicheleien und versteckte Drohungen die Wahl ihres eigenen jungen Königs durchzusetzen. Es gelang ihnen nicht. Die Wahl des Habsburgers wurde gerade noch durchgedrückt. Man schrieb 1658, und der neue Kaiser war achtzehn. Ludwig XIV., der am Beginn seiner staunenswerten Laufbahn stand, war zwei Jahre älter. Er sollte noch dem Tag fluchen, an dem Leopold das Licht der Welt erblickt hatte.

Nichts lag Leopold ferner als zu herrschen. Er war klein und häßlich, mit verkümmerten Knochen und vom Skorbut angegriffenen Zähnen. Außerdem war er äußerst kurzsichtig. Die für die Habsburger so charakteristische Lippen- und Kinnpartie war bei ihm bis zur Karikatur übertrieben stark ausgeprägt. Leopold war von krankhafter Schüchternheit. Er wäre gerne ins Kloster gegangen, und tatsächlich war er von frühester Kindheit an zum Diener Gottes ausersehen gewesen. Statt dessen mußte er nun nicht nur die Krone tragen, sondern Österreich auch dem neuen Kurs

entgegensteuern, den der Ausgang des Dreißigjährigen Krieges mit sich gebracht hatte –, und er mußte das Reich gegen dessen furchtbarste Feinde verteidigen: gegen das Frankreich Ludwigs XIV. mit seinem Hochmut und seiner triumphierenden Macht, und gegen die Türken, die zu ihrem letzten, schrecklichsten Versuch angetreten waren, Europa zu überrennen. Aus dieser Situation heraus erfuhren die österreichischen Habsburger ihre Wiedergeburt, wurde Wien zu der glänzenden Metropole einer Weltmacht.

Leopold leistete dazu einen unauffälligen, aber gar nicht unbedeutenden Beitrag. Er machte furchtbare Fehler, gewiß. Wider Willen stolperte er – manchmal als direkte Folge seiner eigenen unglückseligen Handlungen – von einem Krieg in den anderen, immer wieder verabsäumte er es, günstige Situationen für sich zu nützen. Er war von engstirniger, bigotter Frömmigkeit und brachte seine ungarischen Untertanen gegen sich auf, weil er mit den Protestanten grob umging und ein strenges Regiment führte. Er war einfach nicht imstande, Menschen zu behandeln. Das feierliche Protokoll und die spanische Etikette bei Hofe – er kleidete sich stets nach spanischer Mode: in Schwarz mit roten Strümpfen – dienten ihm als Barriere, um sich gegen die Welt abzuschirmen. War er aber vor dieser in Sicherheit, konnte er fröhlich und charmant sein. Jeden freien Augenblick widmete er seiner geliebten Musik. Er spielte selbst mehrere Instrumente und war mehr als bloß ein begabter

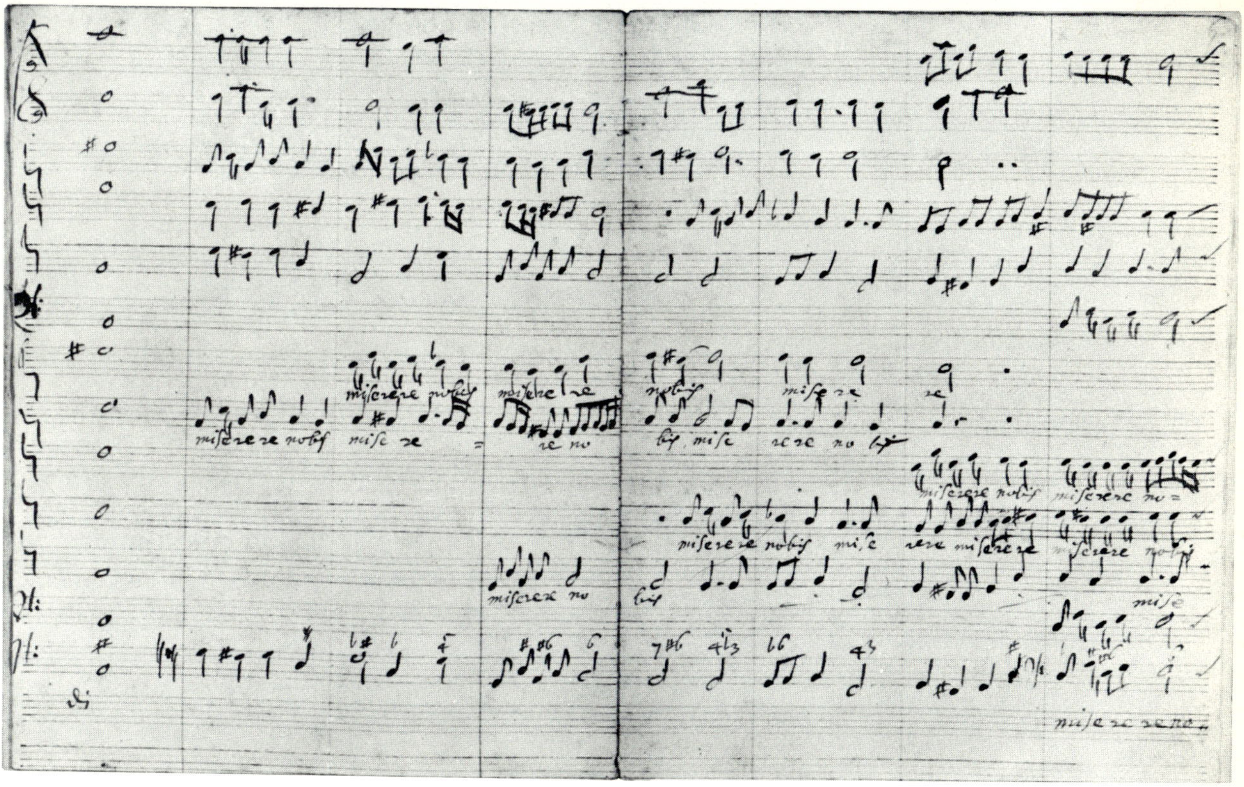

Gegenüberliegende Seite: Leopold I. bestrafte ohne Gnade die ungarischen Rebellen.
Oben rechts: Eine Kanone, nach einem Entwurf Leopolds I. im Alter
von zwölf Jahren. Die Erziehung der Habsburger ging auf militärischem
Gebiet bis ins kleinste Detail.
Oben: Die handgeschriebene Partiturseite einer Komposition Leopolds I.
Der Musik galt die große Liebe des Kaisers.

Komponist. Am glücklichsten fühlte er sich inmitten seiner Bücher, aber er war auch so etwas wie ein Alchimist und schätzte die Malerei.

Wie unter den gegebenen Umständen nicht anders zu erwarten, kam die Braut, die man für den jungen Kaiser ausersehen hatte, aus Spanien. Der Hof zu Madrid entschädigte damit die österreichischen Vettern sozusagen für die Zurücksetzung, die sie durch die Auflösung des Verlöbnisses zwischen Erzherzog Ferdinand und der Infantin Maria Teresa erlitten hatten. Maria Teresa war nun die Braut Ludwigs XIV. von Frankreich, und Ferdinand, Leopolds älterer Bruder, lebte nicht mehr; also wurde eine Heirat des Kaisers und seiner Nichte, der jüngeren Tochter Philipps IV., Margarita Teresa, vereinbart. Die wunderbare Porträtserie, in der Velázquez diese spanische Prinzessin in verschiedenen Stadien ihrer Kindheit festgehalten hat, wurde für Leopold angefertigt, der inzwischen in Wien wartete, bis seine Braut herangewachsen war. Mit fünfzehn wurde ihm dieses ernste, leere Abbild unsterblicher Träume angetraut. Margarita Teresa gebar ihrem Mann fünf Kinder und starb mit zweiundzwanzig im Kindbett. In ihrer Gesellschaft war Leopold stets freundlich und fröhlich; doch sein ganzes Leben lang, während dieser und zweier weiterer Ehen, wurde er ohne Unterlaß von Gewissensbissen gequält, rang er mit der Notwendigkeit, Entscheidungen zu treffen. Aber er kämpfte nicht vergebens – er traf auch die nötigen Entscheidungen. Anfangs überließ Leopold diese den Ministern; doch als er in seinem ersten Franzosen- krieg von einem seiner angesehenen hohen Herren verraten wurde, nahm er die Regierung in die Hände und gab sie nie mehr ab.

Gegenüberliegende Seite:
Die Befreiung Wiens und
der Sieg über die
Türken, 1683; Gemälde
von Geffels.
Rechts: In diesen Not-
zeiten hatten die Wiener
unter der Pest
ebenso zu leiden wie
unter der Belagerung.
Die Abbildung zeigt
ein Spital während der
mörderischen Seuche von
1679.

Daß Leopold I. alle die Widrigkeiten und Fährnisse, die auf ihn einstürmten,
schließlich doch meisterte, daß seine Haupt- und Residenzstadt Wien einen solch
glanzvollen Aufstieg nahm: das hatte er wohl anderen zu verdanken. Doch im Kampf
um sein Eigentum zeigte er die ganze Hartnäckigkeit seiner Familie, zusammen mit
einer natürlichen Schlauheit und Intelligenz sowie der habsburgischen Eigenschaft,
kühlen Kopf zu bewahren und sich nach einer Katastrophe sofort wieder zu erholen.
Diesen Vorzügen hatte Leopold es zu verdanken, daß er über seine eigenen Fehler
hinwegkam. Er hielt stand, bis die widerstrebenden Reichsfürsten, durch Ludwig XIV.
und den Sultan in Angst und Beschämung versetzt, ihm zu Hilfe eilten; später kam
auf Anregung des englischen Königs Wilhelm III. von Oranien die große Allianz
gegen Frankreich zustande, deren Streitkräfte von den zwei größten Feldherren ihrer
Zeit, dem Herzog von Marlborough und dem Prinzen Eugen von Savoyen, angeführt
wurden.

In der zweiten Hälfte des 17. Jahrhunderts stand ganz Europa im Zeichen der
Aggressionswut und Machtsucht des Sonnenkönigs. All die Pracht und Herrlichkeit
von Versailles können die verheerenden Folgen der Regierung dieses Herrschers
nicht vergessen machen. Zu seinen Lebzeiten brachte Ludwig XIV. die ganze Welt
gegen sich auf, der Nachwelt hinterließ er ein zugrunde gerichtetes, einst reiches
und blühendes Land. Insofern die Kriege Leopolds I. eine direkte Reaktion auf die
Herausforderung des Sonnenkönigs waren, läßt sich sagen, daß die österreichische
Monarchie moderner Prägung ihren Bestand der Maßlosigkeit eben jenes Herrschers

135

verdankte, der es darauf anlegte, Österreich von der Landkarte verschwinden zu lassen.

Leopold forderte allerdings das Unglück geradezu heraus. Er und seine Berater waren es, die in ihrer Bigotterie und Phantasielosigkeit die Ungarn zum Aufstand und den Türken – von denen die Madjaren Waffenhilfe erbaten – in die Arme trieben. Aber die unheiligen Ränke Ludwigs XIV., des sogenannten Allerchristlichsten Königs, der in seiner Entschlossenheit, die Länder Europas gegeneinander aufzuhetzen und davon zu profitieren, sogar einen Kriegszug der Türken gegen den Kaiser unterstützte, brachten schließlich die anderen, durch die Gier Frankreichs bedrohten Fürsten dazu, auf Leopolds Hilferuf zu reagieren.

Der erste kritische Augenblick kam erst 1683, nach etlichen lokalen Kriegen, die keine Entscheidung brachten. Wie hundertfünfzig Jahre zuvor unter Soliman dem Prächtigen zog eine große türkische Armee, eine Viertelmillion Mann stark, unter dem Großwesir Kara Mustafa die Donauebene herauf und überrollte alles, was ihr in den Weg kam. Im Juli stand sie vor den Toren Wiens.

Die Türken kämpften nicht nach europäischen Gepflogenheiten. Sie brannten und metzelten einfach nieder, nicht in der Hitze des Gefechts oder im Taumel des Sieges, auch nicht in zügelloser Trunkenheit, sondern kaltblütig, nach genauen Instruktionen ihrer Führung. In Perchtoldsdorf beispielsweise, einer Ortschaft knapp außerhalb Wiens, hatten die Dorfbewohner und die Flüchtlinge aus der Umgebung in der Kirche Zuflucht gesucht und diese verbarrikadiert. Die Türken legten zuerst die Häuser des Ortes in Schutt und Asche und sandten dann einen Boten zur Kirche, der den Einheimischen gegen Zahlung einer bestimmten Summe Geldes freies Geleit zusicherte. Der kommandierende Pascha setzte sich auf einen roten Teppich inmitten der Ruinen am Hauptplatz von Perchtoldsdorf und verlangte, daß ihm die Kirchenschlüssel zusammen mit dem Lösegeld von einer blonden Jungfrau, die eine weiße Fahne und einen Blumenkranz zu tragen habe, überbracht werden müßten. Die siebzehnjährige Tochter des Bürgermeisters wurde auserwählt, den Zug anzuführen. Als die Dorfbewohner ins Freie traten, wurden sie entwaffnet und festgenommen. Die Männer wurden an Ort und Stelle niedergemacht. Der Pascha behielt sich das Vergnügen vor, das unglückliche junge Mädchen eigenhändig zu töten. Die übrigen Frauen und Kinder wurden als Sklaven in die Türkei verschleppt.

Ähnliches geschah in ganz Niederösterreich: Während die gewaltige Armee des Großwesirs in einer Zeltstadt außerhalb der Wiener Stadtmauern lagerte – manche Zelte waren seidene Paläste mit Gärten und Menagerien –, gingen Reitertrupps auf Streifzüge, verbrannten und plünderten alles im weiten Umkreis.

Diese Greuel drohten nicht nur Wien, sondern ganz Europa. Kara Mustafa hatte geschworen, seinen Vormarsch nicht eher einzustellen, bis er seine Pferde in der Peterskirche zu Rom anbinden könne. Doch selbst jetzt zögerten die deutschen Fürsten, sich zusammenzuschließen und vereint der fürchterlichen Bedrohung entgegenzutreten, einer Bedrohung, die heraufzubeschwören sich der Allerchristlichste König so sehr bemüht hatte.

Ein türkisches Armeezelt, wie es zur Zeit der zweiten Belagerung Wiens gebräuchlich war.

Leopold war keine Soldatennatur. Er nahm sich an seinem Vater, der in Nördlingen sein Leben aufs Spiel gesetzt hatte, kein Beispiel. Es ist fraglich, ob er den Tod fürchtete, aber er hatte schreckliche Angst vor den Folgen, die seine Gefangennahme oder sein Tod für das Reich bringen könnten. Als die Türken sich Wien näherten, führte er die allgemeine Flucht aus der Stadt an; in seinem schweren Reisewagen rumpelte er über schlecht instand gehaltene, ausgefahrene Straßen das Donautal entlang bis Linz, dann bis Passau. Das war das Signal für alle, die Angst hatten und einen Platz in einem Wagen oder Karren bekommen konnten, in dieser Nacht der Panik und Verwirrung dem Kaiser zu folgen und zu flüchten. Aber Leopold lief nicht einfach davon. Er hatte ein Ziel vor Augen. Er berief einen Reichstag nach Regensburg ein und bemühte sich nach Kräften, unter dem Befehl des Herzogs Karl von Lothringen, eines guten und verläßlichen Feldherrn, eine eindrucksvolle Streitmacht auf die Beine zu stellen. Dabei wurde er durch die eindringlichen Maßnahmen des Papstes unterstützt, der nach allen Richtungen hin Ablaßversprechen erteilte. Viele deutsche Fürstentümer, die sich nun endlich vom Trauma des Dreißigjährigen Krieges befreit hatten, stellten Truppenkontingente. Gleichzeitig brach Johann Sobieski, der unternehmungslustige König von Polen, von Krakau aus mit einer eigenen Armee auf.

Während dieses großangelegte Unternehmen in Vorbereitung war, mußte Wien zusehen, daß es allein durchkam. Obzwar viele die Flucht ergriffen hatten, war die Bevölkerungszahl durch Flüchtlinge aus der unmittelbaren Umgebung angestiegen; die Anzahl der geschulten Verteidiger hingegen war nur sehr gering. Aber das kaiserliche Militär unter dem Befehl von Ernst Rüdiger Graf Starhemberg wurde durch die Bürgerwehr verstärkt; die in Kompanien zusammengefaßten Studenten der von Rudolf IV. gegründeten Wiener Universität bewiesen unter der Führung

Johann Sobieski, König von
Polen, der 1683 an der
Spitze eines Entsatz-
heeres nach Wien zog,
hatte maßgeblichen Anteil
am Sieg der Verbündeten,
erntete aber nur wenig
Dank.

ihres Rektors besonderen Mut: sie unternahmen erfolgreiche Ausfälle, von denen sie
Gefangene zur Befragung und vor allem Lebensmittel und Vieh aus den gewaltigen
Lagerräumen und Viehhöfen im Türkenlager zurückbrachten.

Nichtsdestoweniger begannen die festen, im 17. Jahrhundert ausgebauten Mauern
nach zwei Monaten ständiger Bombardements abzubröckeln, und die Verteidiger,
die nun fast am Verhungern waren, konnten auf die Dauer nichts gegen die Gräben
und Minenstollen unternehmen, die von einer schier unerschöpflichen Schar
türkischer Sappeure geduldig und methodisch vorgetrieben wurden. Immer wieder
brach der Feind durch die erste Befestigungslinie in den trockenen Festungsgraben
unterhalb der Hofburg ein. Immer wieder wurden die Türken zurückgeschlagen,
bevor sie den Graben füllen konnten, um dann zum Sturmlauf und dem Erklettern
der Mauern anzusetzen. Anfang September wurde die Stadt durch die bisher stärkste
Minenexplosion erschüttert. Schließlich gelang es den Angreifern, in der Burgbastei
Boden zu gewinnen, und die Lage wurde immer verzweifelter. Nach vier oder fünf
Tagen erbitterter Verteidigung schien das Ende nahe. Und dann – wie durch ein
Wunder – leuchteten von der großen bewaldeten Höhe des Kahlenbergs, der Stadt und
Fluß überragt, Feuerzeichen und unzählige Lagerfeuer auf: Sobieski und seine Polen,
Karl von Lothringen mit seinen Truppen aus Sachsen, Böhmen, Bayern und Schwaben
hatten sich endlich vereinigt. Als Ranghöchster übernahm der Polenkönig den Ober-
befehl. Die alliierte Streitmacht marschierte vorwärts, die Hänge des Wienerwaldes
hinab auf die darunter liegende Ebene zu, wo Kara Mustafa schlief, weich gebettet
und von Konkubinen umringt.

Das Ende kam schnell und gewaltsam. Noch vor Anbruch des 12. September 1683
wohnten die Befehlshaber der Messe bei. Die Türken waren in Schlachtordnung aufge-
stellt; doch sie mußten mit dem Rücken gegen die Mauern der Stadt, die sie um ein
Haar erobert hätten, nun hügelaufwärts kämpfen. Gegen Nachmittag waren sie
geschlagen; sie ließen alles zurück – ihre Schätze und Juwelen, vor allem aber ihre
Lebensmittellager, ganze Viehhöfe, ihre Zelte und auch ihre exotischen Tiere; erst
als sie weit in Ungarn waren, kamen sie wieder zu Atem. So wurde Österreich – und
mit ihm das Abendland – im letzten Augenblick gerettet; gerettet durch die Polen,
die hier ausnahmsweise einmal Schulter an Schulter mit den Deutschen fochten.

138

Leopold war bald wieder zur Stelle. Von Linz aus fuhr er mit dem Schiff donau-
abwärts, hinter seiner vorrückenden Armee, und zwei Tage nach dem großen Sieg
zog er in die ziemlich mitgenommene Hofburg ein. Johann Sobieski hatte nach einem
Dankgottesdienst und einem Festessen im Palais Starhemberg seine Truppen in
guter Entfernung von der Stadt, in Schwechat, stationiert, in jener Ebene, die sich
gegen Ungarn erstreckt – teils als Vorsichtsmaßnahme gegen Plünderzüge, teils um
der Infektionsgefahr zu begegnen, die von den verwesten Leichen und Kadavern
von Pferden und Kamelen, die auf den Feldern außerhalb der Stadtmauern umher-
lagen, drohte. Man mußte ihm für seine Unterstützung danken, aber wie? Ein Kaiser
konnte einen seiner Generale nicht einfach wie seinesgleichen behandeln. Leopold
griff aufs Protokoll zurück. Der geeignete Ort, den Dank abzustatten, war das
Schlachtfeld. So ritt Leopold die halbe Strecke Richtung Schwechat, und Sobieski
kam ihm die halbe Strecke entgegen. Es gab keine Umarmung. Als der polnische
König, der mitgeholfen hatte, den Thron zu retten, seine Reverenz bezeugte, führte
Leopold nicht einmal die Hand an den Hut. Er verlas eine kurze Dankbotschaft auf
Latein, drehte sich um und ritt nach Wien zurück.

Als ob nichts geschehen wäre, nahm Leopold die Regierung wieder auf. Trotzdem war
ein Unterschied zu den vergangenen Jahren zu bemerken. Der „kleine schwarze Herr
mit den roten Strümpfen" wurde als Retter Europas bejubelt. Er blickte mit erneutem
Vertrauen in die Zukunft; und dieses Vertrauen, das er auf sein ganzes Reich ausstrahlte,
fand Ausdruck in einem plötzlichen kulturellen Aufschwung, vor allem in einer Bau-
tätigkeit größten Maßstabs. In den folgenden fünfzig Jahren wurde aus der engge-
drängten Festungsstadt die glänzende Grundlage für jenes Wien geschaffen, das sich
schließlich, nach der Schleifung der Befestigungen, zu einer der schönsten Städte dieser
Welt entfaltete. Der Großteil der Prachtbauten wurde freilich erst nach Leopolds Tod
errichtet, in den Regierungszeiten seiner beiden Söhne, Josephs I., der nur sechs Jahre
regierte (1705–1711), und Karls VI. (1711–1740). Aber Leopold schuf die Grundlagen.
Und wunderbarerweise tauchten gerade im richtigen Augenblick heimische Architekten auf, die zu den größten der damaligen Zeit zählten: Johann Bernhard Fischer von
Erlach, Lukas von Hildebrandt, Jakob Prandtauer und andere mehr. Der Barock, dieser
bewegt-spannungsreiche Baustil aus dem Süden, den italienische Künstler nach
Süddeutschland, Böhmen und Österreich gebracht hatten, als nach dem Ende des
Dreißigjährigen Krieges der große Wiederaufbau der Kirchen und Klöster einsetzte,
wurde von diesen einheimischen Meistern aufgegriffen und mit germanischer Tiefe
versetzt.

Dieses neue Weltgefühl war universal: es beschränkte sich nicht nur auf Architektur,
Bildhauerei und Malerei, auch die Wissenschaft wurde davon befruchtet und erfuhr
eine entsprechende Erweiterung. Leopold ließ sich deren Pflege sehr angelegen sein;
er gründete Universitäten und Bibliotheken. Hinter dem starren Protokoll verborgen,
seinem trägen und vorsichtigen Temperament zum Trotz, wachte ein reger und forschen-

der, weitblickender und gut geschulter Verstand. Leopold bewies auch Sinn für das Praktische. Er führte eine systematische Reform der Rechtsprechung durch, gründete zum Schutz der Hauptstadt eine reguläre Polizeieinheit und stattete Wien mit einer Straßenbeleuchtung aus – die ersten Ansätze zu öffentlichen Diensten und Einrichtungen im Kaiserreich. Außerdem führte er eine völlige Reorganisation des Militärdienstsystems durch. Vorbei waren die Tage der kleinen, beweglichen Armeen, die man eigens für einen bestimmten Zweck aus Söldnern oder unwilligen, zum Dienst gepreßten Untertanen zusammenstellte, deren Befehlshaber praktisch unabhängig waren und die sich vom Land ernährten. Gegen Ende des 17. Jahrhunderts zählten die am großen Krieg gegen Frankreich beteiligten Armeen an die 100.000 Mann; die Truppen wurden einheitlich uniformiert, bewaffnet und ausgebildet. Sie verfügten über eigene strategisch plazierte Munitionslager und Nachschubstellen; jede einzelne Truppenbewegung erfolgte nach genau ausgearbeiteten Plänen. Als Leopold 1705 starb, ein Jahr nach dem überragenden Sieg von Höchstädt, hinterließ er ein stehendes Heer mit einer regulären Sollstärke von 74.000 Mann in Friedenszeiten, die im Bedarfsfalle sehr rasch erhöht werden konnte.

Der Mann, der für diese Entwicklung verantwortlich zeichnete, war Prinz Eugen von Savoyen, neben Marlborough der größte Feldherr seiner Zeit und vielleicht der klügste aller Ratgeber der Habsburger. Dieser kleine, zarte Mann mit seinem messerscharfen Verstand war einer jener Kriegsmänner, die das Glück hatten, zur rechten Zeit und am richtigen Ort aufzutauchen. Es ist eine Ironie der Geschichte, daß er als Untertan des französischen Königs geboren wurde. Er hatte ursprünglich die Absicht gehabt, für Ludwig XIV. zu kämpfen, doch dieser wies seine Bewerbung ab – dem Sonnenkönig mochten vielleicht das ganz und gar nicht martialische Äußere, aber vor allem die eher verworrene Familiengeschichte des Savoyerprinzen irritiert haben. So bot er dem Kaiser seine Dienste an, verdiente sich seine Sporen unter Karl von Lothringen bei der Vernichtung der Türken vor den Stadtmauern Wiens und folgte dem Feldherrn nach Ungarn. Dort hatte er 1687 beim Sieg der Kaiserlichen von Harsány, in der Nähe des alten Schlachtfeldes von Mohács, wo 1526 Soliman die Ungarn unter König Ludwig II. vernichtend geschlagen hatte, ein untergeordnetes Kommando inne.

Die Ungarn selbst waren völlig erschöpft und beugten sich nun letztlich dem Kaiser in Wien; das bisherige Wahlkönigreich wurde abgeschafft und den Habsburgern erblich vermacht.

Prinz Eugen standen im Südosten Europas gewaltige Triumphe bevor. 1697 erhielt er sein erstes wirklich unabhängiges Truppenkommando und errang bei Zenta einen brillanten Sieg über die Türken, der 1699 im Frieden von Karlowitz die Abtretung des von den Türken besetzten Teils Ungarns an die Habsburger im Gefolge hatte. Sehr viel später, 1717, erfuhr seine Laufbahn mit der Schlacht vor Belgrad ihre Krönung. Damals war Leopold bereits tot, und in der Zwischenzeit war es zu großen Ereignissen gekommen.

Gegenüber: Der Westfälische Friede wurde 1648 in Münster unterzeichnet. Das Gemälde von Gerard Terborch zeigt die Zeremonie, die den Dreißigjährigen Krieg beschloß.
Umseitig: Vergoldete Silberplakette mit den Porträts der habsburgischen Kaiser von Rudolf I. bis Ferdinand III.

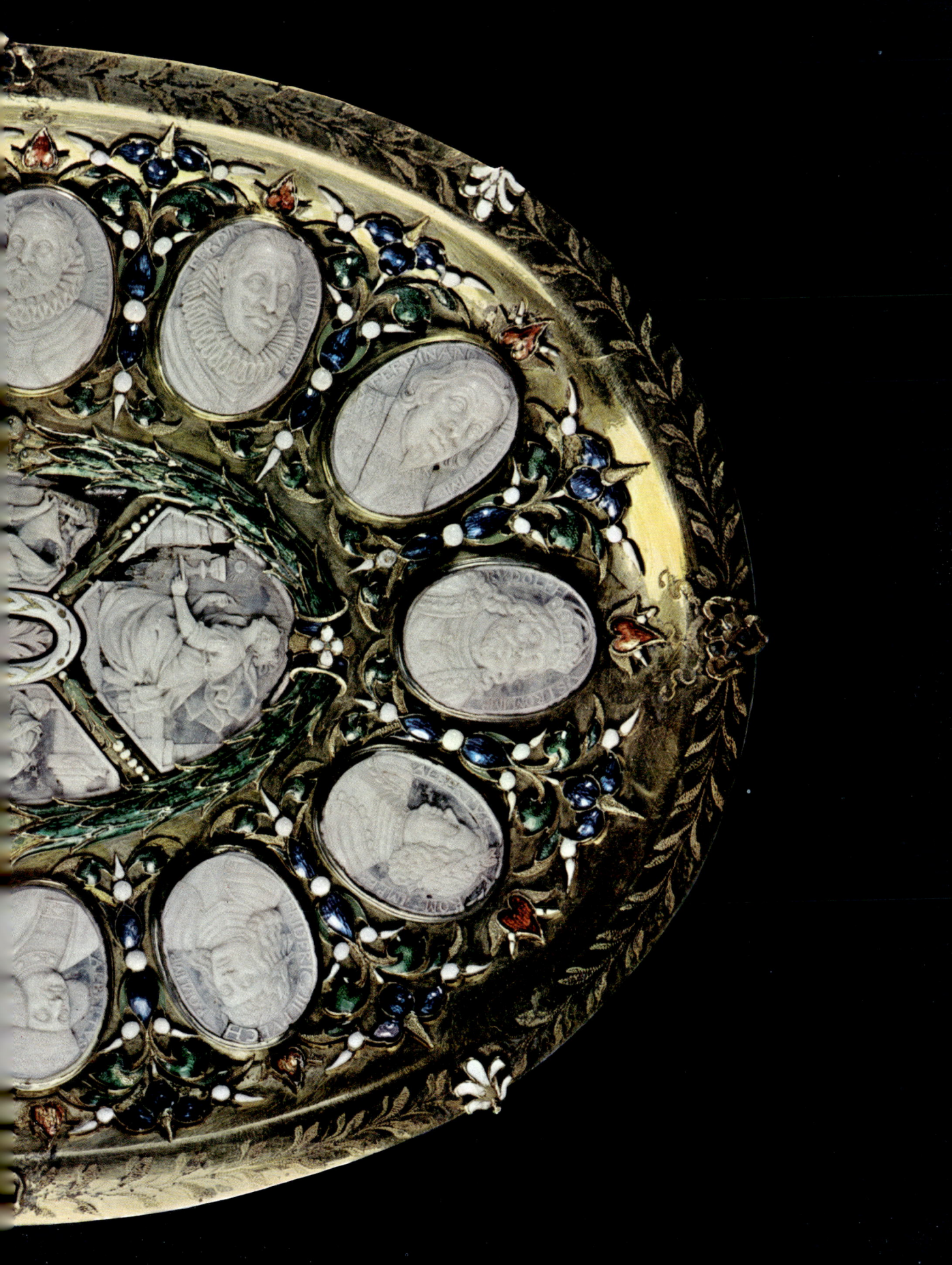

Frankreich war in seine Schranken gewiesen worden, die Dominationsgelüste Ludwigs XIV. über Europa waren zunichte gemacht, und Österreichs Aufstieg zu einer gefürchteten Militärmacht hatte sich vollzogen. Diese neue Großmacht verdankte wenig oder gar nichts dem Mythos der Kaiserkrone, sehr viel aber der strategischen Position, den materiellen Mitteln und der bewaffneten Stärke, über die die Regierung in Wien verfügte.

Daß es soweit gekommen war, hatte Österreich dem Mut und der Entschlossenheit Wilhelms von Oranien zu verdanken, der unablässig in seinen Bemühungen war, die Niederlande gegen eine französische Aggression abzusichern. Er war keineswegs ein hervorragender Feldherr, aber er hielt die Franzosen in Schach und glänzte als Diplomat und Stratege. Als er 1688 die ihm angebotene Krone von England und Schottland annahm, kam es ihm hauptsächlich darauf an, England in die bestehende antifranzösische Koalition mit Österreich einzufügen. Neun Jahre später wurde Ludwig XIV. im Vertrag von Ryswijk gezwungen, Lothringen, die Rheinfestungen und — mit der einzigen Ausnahme von Straßburg und des Elsaß — alle Gebiete, die er seit 1679 annektiert hatte, wieder herauszugeben. Hollands Unabhängigkeit war gesichert, Frankreich mußte Wilhelm III. als König von England anerkennen und die Unterstützung Jakobs II. aufgeben.

Dann kam Wilhelms Meisterwerk. Er wußte, daß der letzte spanische Habsburger, der unbedeutende Karl II., jeden Moment sterben konnte, und dieses Ereignis mußte unweigerlich einen Nachfolgestreit auslösen. Um für diesen Tag gewappnet zu sein, schmiedete Wilhelm eine große Allianz zwischen dem Reich (das bedeutete Österreich), England und Holland, zu der sich später Preußen, Dänemark, Portugal und Savoyen hinzugesellten. Als der spanische König im November 1700 verschied, brach Ludwig seine vertraglichen Zusicherungen, installierte seinen Enkel Philipp von Anjou

Gegenüberliegende Seite: Kaiser Leopold I.
Rechts: Prinz Eugen von Savoyen, der Herzog von Marlborough und Wilhelm von Oranien schlossen eine erfolgreiche „Große Allianz" gegen Ludwig XIV. von Frankreich.
Unten: Johann Bernhard Fischer von Erlach, einer der bedeutendsten Architekten des Wiener Barocks; Selbstporträt auf einem Bronzemedaillon.

in Madrid und nahm den spanischen Thron für ihn in Anspruch. Doch die Alliierten waren zum Kampf gerüstet. Das heißt, sie hatten die Soldaten und die Feldherren; an die Seite Eugens von Savoyen trat der ihm an Mut und Phantasie ebenbürtige, ja vielleicht sogar überlegene Herzog von Marlborough. Zwischen diesen beiden außergewöhnlichen Männern kam es zu einer Zusammenarbeit von solch wunderbarer Harmonie, wie sie nie zuvor und auch später nie mehr die Oberbefehlshaber zweier Verbündeter verband. Nachdem es Marlborough gelungen war, den Feind aus einer Stellung nach der anderen hinauszumanövrieren, planten die beiden Feldherren eine genau aufeinander abgestimmte kombinierte Truppenbewegung, die sie und ihre Armeen – Marlborough kam von den Niederlanden – zu einem vereinbarten Treffpunkt nach Bayern führte (Bayern war als Verbündeter Frankreichs in den Krieg gezogen). Dieser Treffpunkt lag zwischen Wien und den französisch-bayerischen Truppen, die munter auf die Kaiserstadt losmarschierten. Und so kam es zur Schlacht von Höchstädt, die mit einem überwältigenden Sieg der Verbündeten endete und in deren Verlauf beide Feldherren die Genugtuung hatten, den anderen aus einer mißlichen Lage herauszuhauen.

Das war 1704. Im folgenden Jahr starb Leopold. Der französische Philipp saß noch immer in Madrid, aber 1703 hatte Leopold seinen jüngeren Sohn Karl zum rechtmäßigen König Spaniens erklärt und den siebzehnjährigen Erzherzog durch ganz Europa gesandt; in einem herrlichen Reiterzug mit funkelnagelneuen Wagen, die mit den spanischen Farben – gelb und weiß – bemalt waren: ein vollständiger Hof auf Rädern, der sich schließlich in Barcelona etablierte.

Der neue Kaiser, Leopolds ältester Sohn, schien wie vom Himmel gesandt, um das Erbe seines Vaters zu pflegen und zu entfalten. Blond, blauäugig, auffallend gut aussehend, großzügig, liebenswürdig, voll körperlichen und geistigen Mutes, von Kunst und Wissenschaft ebenso begeistert wie vom Kriegswesen – so präsentierte sich Joseph I. aller Welt. Als Erzherzog hatte er in der Armee seines Vaters gedient und sich ausgezeichnet geschlagen. Aber als Kaiser war er klug genug, seinen Generalen nichts in den

Gegenüberliegende Seite: Der Tod Leopolds I.;
Amateurgemälde.
Rechts: Auf Leopold folgte sein Sohn Joseph I., ein hervorragend tüchtiger Herrscher, der leider nach nur sechs-
jähriger Regierung an den Pocken starb.

Weg zu legen; er mischte sich nicht in ihre Operationen ein und konzentrierte sich auf
die Reform der Zivilverwaltung. Leider blieb ihm dafür nicht viel Zeit. Während
Marlborough und Prinz Eugen einen Sieg nach dem anderen errangen – Eugen in
Turin und Oudenaarde, Marlborough bei Ramillies, dann wieder beide vereint bei
Malplaquet –, mußte Joseph für die Sünden seines Vaters büßen. In Ungarn tobte
seit 1703 der Aufstand. Wieder einmal hatten die Madjaren die Waffen gegen die
Habsburger erhoben, wobei sich der Aufstand diesmal in eine Art Volkskrieg verwandelte, der sogar über die Grenzen Ungarns hinausgriff. Rebellenheere drangen bis
nach Schlesien vor, verwüsteten Teile von Mähren und bedrohten Wien. Joseph, der von
allem Anfang an entschlossen war, eine Politik religiöser Toleranz und sozialen Ausgleichs
zu betreiben, versuchte verzweifelt, die Ungarn davon zu überzeugen, daß er letztlich
auf ihrer Seite sei. Vergebens. Sie konnten sich nicht dazu entschließen, einem Habsburger zu trauen. Also mußte Joseph mit den Waffen gegen sie vorgehen. Dies geschah
in einem Feldzug, der mit Entschlossenheit und hartem Durchgreifen geführt wurde
und auf den, zur großen Überraschung der besiegten Madjaren, ein Friede voll unwahr-
scheinlichem kaiserlichem Großmut folgte. Zum erstenmal, seit ein Habsburger die
ungarische Krone trug, sah es so aus, als würden die stolzen, starrköpfigen und
wankelmütigen Madjaren einer hoffnungsvollen Zukunft entgegenblicken können.

Aber es kam anders. Drei Monate, nachdem er den Frieden mit den Ungarn unterzeichnet hatte, erkrankte Joseph, 33 Jahre alt, an den Pocken und starb.

Zu diesem Zeitpunkt ging auch der Krieg um die spanische Erbfolge seinem Ende zu.
Unter der neuen Tory-Regierung war England entschlossen, Frieden zu schließen. Bereits 1710, zwei Jahre nach Oudenaarde, wurde Marlborough abberufen und entlassen.
Karl, Josephs Bruder, der in Spanien nicht allzu erfolgreich kämpfte, konnte immerhin auf die endgültige Besiegung Frankreichs und seiner Bestätigung als Inhaber der
spanischen Krone hoffen. Da warf Josephs Tod alles über den Haufen. Karl trat die
Nachfolge seines Bruders auf dem Kaiserthron an, und die Möglichkeit, daß Spanien

und das Reich nun unter *ein* Zepter fallen würde, konnte nicht mit Gleichmut hingenommen werden. Daher die Aktionen, die nach österreichischer Ansicht den großen Verrat darstellten: auf Grund einer Reihe von Abkommen, die als Friede von Utrecht bekannt sind, wurde 1713 die spanische Krone letztlich doch dem Bourbonen Philipp V. von Anjou zugesprochen, unter der Bedingung, daß eine Person niemals zugleich König von Frankreich und Spanien sein dürfe. Soviel konnte Ludwig XIV., der noch zwei Jahre zu leben hatte, aus diesem für ihn demütigenden Krieg gerade noch retten. Aber die spanischen Niederlande, Neapel, Mailand und Sardinien wurden Spanien weggenommen und Österreich zugesprochen. Im Frieden zu Rastatt und Baden bestätigte Karl VI. den Utrechter Frieden. England erhielt von Spanien Gibraltar und Minorca und behielt die von den Franzosen abgetretenen Gebiete – Neuschottland, Neufundland, das Gebiet um die Hudsonbai sowie St. Kitts in Westindien. Ferner erhielt England auch das unglaublich wertvolle Monopol des Sklavenhandels mit dem spanischen Amerika, den *Asiento*. Zwei andere interessante Bedingungen des Friedens von Utrecht sollten auf die Geschichte Europas wesentlichen Einfluß ausüben. Der Herzog von Savoyen erhielt Sizilien (das er danach mit Österreich gegen Sardinien austauschte), außerdem wurde ihm die Königswürde versprochen: es sollte noch über 150 Jahre dauern, bis ganz Italien unter der Krone Sardiniens vereint wurde. Noch wichtiger aber war, daß die Mächte die Erhebung des Kurfürsten von Brandenburg zum König von Preußen bestätigten, die Kaiser Leopold I. als Dank für dessen Beitritt zur Großen Allianz ausgesprochen hatte.

Österreich war mächtig, mit oder ohne Spanien; aber es hatte keinen hervorragenden Herrscher mehr. Hätte Joseph noch gelebt, es wäre ihm sicher gelungen, sein ausgedehntes und verstreutes Erbe zusammenzuhalten, den Niederlanden und Italien eine ordentliche Regierung zu geben, aus den österreichischen Ländern, zusammen mit Böhmen, Mähren und Schlesien, eine Einheit wirtschaftlichen und sozialen Wohlstandes zu schaffen – ja sogar vielleicht Ungarn in eine mitteleuropäische Gemeinschaft, die sich durch religiöse Toleranz und aufgeklärte Institutionen ausgezeichnet hätte, einzubeziehen. Er hätte wohl äußerste Vorsicht und Taktgefühl zeigen müssen, um die Magnaten, die großen Territorialherren, mit ihren Ansprüchen im Zaum zu halten und den Partikularismus der verschiedenen Landstände zu zügeln. Er hatte die Kraft und die Charakterstärke, dies alles durchzusetzen, sofern er sich von unnötigen Kriegen distanzierte. Der einzige Krieg, den er kaum hätte vermeiden können – und der auch tatsächlich nicht vermieden wurde –, ergab sich aus der Notwendigkeit, die Türken weit auf den Balkan zurückzudrängen. Das geschah dann auch unter Karl VI., als 1717 Prinz Eugen seine Laufbahn mit der Schlacht vor Belgrad krönte.

Leider besaß Karl keine der Eigenschaften seines Bruders. Er war viel umgänglicher und um vieles menschlicher, als der Pomp seiner äußeren Erscheinung es vermuten ließ. Wie so viele Habsburgerkaiser, war er ein passionierter Musikliebhaber, ein guter Freund und liebender Vater. Er zeigte Würde in der Not (wenn es auch oft eine Not war, die er selbst heraufbeschworen hatte) und hatte sogar auf seinem Sterbebett Sinn für Humor. In einem gutgehenden Betrieb hätte er einen guten Prinzipal abgegeben. Aber das habsburgische Österreich war damals noch kein florierendes Unternehmen, und es erforderte ziemlich viel konstruktive Phantasie, um es zu einem solchen zu machen. Soweit Karl überhaupt Phantasie besaß, fürchtete er sich vor dem Ungewissen. Der Verlust Spaniens war ein Trauma, von dem er sich nie mehr erholte. Als sein Bruder so plötzlich starb, war er mit dem Versprechen, bald wiederzukehren, von Barcelona nach Wien gereist und hatte seine junge Gemahlin, Elisabeth-Christine von Braunschweig-Wolfenbüttel, als Regentin zurückgelassen. Er kehrte nie wieder zurück. Weiterhin aber gebärdete er sich wie ein spanischer Monarch, legte höchsten Wert auf das spanische Zeremoniell, das schon am Hof seines Vaters eingeführt war, und umgab sich mit Beratern, die ebenso wie er glaubten, daß Spanien noch immer der Nabel der Welt sei. Als er schließlich einsehen mußte, daß das Land für immer verloren war, begann er mit dem Bau der gewaltigen Klosterresidenz von Klosterneuburg, an der Donau oberhalb Wiens, die einem alten Augustiner-Chorherrenstift angegliedert und nie fertiggestellt wurde. Sie sollte der österreichische Escorial werden – Palast, Zufluchtstätte, Mausoleum. Heute noch schmücken riesige Nachbildungen der Kaiserkrone und des österreichischen Erzherzoghutes die großen Kupferkuppeln.

Karl gehörte zu jenen Menschen, die zwar nicht unbegabt, aber unfähig sind, das Leben so zu nehmen, wie es kommt; die sich nicht einfach auf sich selbst, ihre Vitalität, ihren Instinkt, ihren Verstand, ihr Glück verlassen und sich nicht jeder Lage gewachsen zeigen, wenn es darauf ankommt. Einerseits weil sein Bruder ohne männlichen Nachkommen starb, andererseits weil Karl VI. durch den Verlust Spaniens so tief erschüttert und empört war, fiel er schon in jungen Jahren der Zwangsvorstellung zum Opfer, es sei notwendig, die Erbländer seinem Nachkommen – sollte er keinen Sohn haben, seiner Tochter – zu sichern. Das hatte an sich seinen guten Grund: Die Länder lagen weit verstreut, und der Himmel weiß, wer aller begründete Ansprüche auf irgendein Stück Land stellen konnte, sollte der Monarch durch seinen plötzlichen Tod von der Bühne abtreten müssen. Im speziellen Fall sah es so aus: Joseph hatte zwei Töchter; sollte eine der beiden am Leben bleiben und sich verehelichen, so wären sie und ihr Gemahl, gleich wer er war, rangmäßig höher einzustufen gewesen als Karls Tochter.

Statt nun all seine Kräfte auf den Zusammenschluß seiner eigenen Länder, auf deren wirtschaftliche Entwicklung sowie auf den Aufbau einer zentralen Armee zu konzentrieren, die alle künftigen Aggressoren einzuschüchtern vermochte, konzentrierte sich Karl von Beginn seiner Herrschaft an auf die eine Aufgabe, die er sich gestellt hatte: die europäischen Mächte – Freund und Feind gleichermaßen – zu bestechen, damit sie sich verpflichteten, die ungeteilte Einheit des habsburgischen Erbes zugunsten des von Karl designierten Nachfolgers anzuerkennen. Dies geschah ausgerechnet zu einem Zeitpunkt, da sich kein regierender Fürst durch Treuegefühle dem Kaiser, der Religion oder der Familie gegenüber davon abhalten ließ, prinzipiell

Links: Kaiser Karl VI., wie stets ein Spanier in Gewand und Ge-
haben, beides in Erinnerung an den verlorenen spanischen Thron.
Oben: Die Gärten und die Orangerie des Belvedere. Die
Sommerresidenz des Prinzen Eugen ist wohl das bedeutendste
Bauwerk des Wiener Spätbarock.
Rechts: Die Karlskirche von Fischer von Erlach, errichtet unter
Karl VI. als Dank für die Befreiung Wiens von Pest und Türkennot.

nur auf Gewinn aus zu sein... Wie zu erwarten, gaben die Mächte ihr heiliges Versprechen ab (was sie nichts kostete), ließen sich bestechen (was Österreich sehr viel
kostete), und als es dann so weit war, brachen sie fröhlich ihr Versprechen.

Karls „Wundermittel", ein wertloses Ergebnis ausgeklügelter diplomatischer
Kunst, war die Pragmatische Sanktion von 1713. Wenn er seine kostspieligen Bemühungen um Anerkennung der Pragmatischen Sanktion von einer vernünftigen
Politik gegenüber Spanien, einer versöhnlichen Haltung gegenüber den Seemächten,
seinen Bundesgenossen, und einer korrekten, aber bestimmten Haltung gegenüber
den anderen Verbündeten hätte begleiten lassen, wenn er dazu noch im eigenen Land
Verwaltungsreformen und finanzielle Einsparungen durchgeführt hätte – seine
Anstrengungen wären nicht ohne Erfolg geblieben. Mit seiner distanzierten,
pompösen Art und seinem zurückhaltenden, bis zur Schüchternheit vorsichtigen
Charakter wäre er als „der große Bewahrer" in die Geschichte eingegangen – trotz
seiner fixen Idee von Sicherheit und seiner Schwäche für schriftliche Verträge, einer
Einstellung, die in dieser von List, Gier und Tücke gekennzeichneten Zeit exzentrisch,

wenn nicht gar gefährlich war. Aber Karl war hoffnungslos inkonsequent. Während er mit sehr viel Energie um äußerste Sicherheit bemüht war, schlug er anderseits diese Sicherheit immer wieder in den Wind. Sein Traum von einer glorreichen Rückkehr nach Spanien – oder zumindest von einer entscheidenden Einflußnahme auf dessen Angelegenheiten – entfremdete ihn seinen alten Bundesgenossen, England und Holland, und führte ihn in einen verlustreichen Krieg mit Frankreich. Sein Dringen auf Anerkennung der Pragmatischen Sanktion durch Sachsen war die direkte Ursache für die unglückliche Teilnahme Österreichs am Polnischen Erbfolgekrieg. Karls entschlossenes Bemühen, sich für seine im Krieg mit Frankreich erlittenen italienischen Verluste im Osten schadlos zu halten, zusammen mit seinem Wunsch, dem erst vor kurzem auf der internationalen Bühne aufgetauchten Rußland seinen guten Willen zu zeigen, trieben ihn in einen unnötigen Krieg mit der Türkei (1737–1739), in dem er nicht nur die wertvollsten Eroberungen Prinz Eugens wieder verlor, sondern auch seine eigene Armee und sein Reich an den Rand des Ruins brachte.

Dies war die traurige Geschichte von einem mittelmäßigen Herrscher, der sich fälschlich für einen großen Staatsmann und Kriegsherrn hielt. Prinz Eugen, der fähigste Ratgeber, den das Zeitalter aufzuweisen hatte, sprach sich ebenso dringlich wie vergeblich gegen die Politik des Kaisers aus. Doch dieser wurde in seiner Meinung durch einen Haufen dummer, unnützer, ignoranter und oft korrupter Postenjäger immer wieder bestärkt. Sie alle hegten Ansichten über Spanien, die bereits seit einem Jahrhundert überholt waren; sie alle unterschätzten Frankreichs regenerative Kräfte; keiner von ihnen hatte das geringste Verständnis für England und dafür, wie wichtig es für Österreich war, mit dieser großen Seemacht ein enges Bündnis einzugehen; sie alle waren voll eifersüchtigem Haß auf Prinz Eugen und nährten das schlechte Gewissen des Monarchen gegenüber der überlegenen Intelligenz des Savoyers.

Unter Karl VI. entwickelte sich Wien zu einer glänzenden Hauptstadt. Die großen adeligen Familien wetteiferten miteinander im Prunk ihrer Winterpalais innerhalb der Stadtmauern und der noch viel größeren Pracht ihrer Sommer-

residenzen auf dem Lande; die Hofburg wurde umgestaltet, Johann Bernhard Fischer von Erlach und sein Sohn bauten die wunderbare Nationalbibliothek und die Spanische Hofreitschule; Prinz Eugen ließ sich auf einer Anhöhe, die die Stadt überragte, das Schloß Belvedere errichten, eines Königs mehr als würdig; der Kaiser steckte immense Summen in Fischers Meisterwerk, die Karlskirche, ein großartiges Memento an die Befreiung Wiens von der Pest (1713) und gleichzeitig eine Verherrlichung des Bauherrn. Wenn in der Tonkunst auch nach wie vor der italienische Einfluß vorherrschte, so wurden doch zu dieser Zeit die Grundlagen für Wiens große Musiktradition gelegt, und zwar unter der persönlichen Leitung des Kaisers, der an der Aufführung barocker Opern und Maskenspiele der spektakulärsten und extravagantesten Art seine Freude hatte. Und während all dies geschah, wurden die Staatsangelegenheiten, die von Ferdinand II. gefestigt, von Ferdinand III. bewahrt, unter Leopold I. zu Triumphen geführt und durch Joseph I. dem Geist der Zeit entsprechend gepflogen worden waren, unter Karl VI. wenn nicht ruiniert, so zumindest an den Rand des Ruins gebracht. Aber nicht einmal in den unangenehmsten finanziellen Engpässen schränkte Karl seine prunkvolle Hofhaltung ein, auch nicht den großen Stil seiner Unterhaltungen oder seine unersättliche Leidenschaft für die Jagd, der er frönte, ohne Bedacht auf die unglücklichen Bauern zu nehmen, deren Felder unausgesetzt von dem eifersüchtig gehegten Wildbestand heimgesucht wurden.

Schließlich bewahrheiteten sich Karls schlimmste Befürchtungen: er hinterließ keinen männlichen Erben. Seine dreiundzwanzigjährige Tochter Maria Theresia, die Gemahlin Franz Stephans, des Herzogs von Lothringen, eines liebenswürdigen und angenehmen, jedoch als Feldherr wie als Staatsmann unbegabten Mannes, fand sich unvorbereitet und ohne Beistand an der Spitze des Staates, eher behindert durch die nutzlosen Berater ihres Vaters. Sie übernahm ein bankrottes und chaotisches Erbe, das sie trotz heftiger Angriffe von seiten halb Europas vor der Auflösung bewahren und in das Zeitalter der Moderne führen konnte.

7

Die Entstehung des modernen Österreich:
Maria Theresia

Die junge Königin hatte kein Geld, keine Armee, praktisch keine zentrale Verwaltung und, was noch schwerer wog: sie hatte keine Ratgeber. Ohne Vorbereitung auf ihr Amt, nur mit ihrer Schönheit, ihrer Jugend, ihrem Gottesglauben sowie ihrer Charakterstärke bewaffnet, deren weder sie noch sonst irgendwer sich damals bewußt war, stand sie im Alter von 23 Jahren an der Spitze eines Reiches, das ihr Vater an den Rand des Ruins gebracht hatte. Als einer ihrer ältlichen Minister Maria Theresia über die wahre Lage unterrichtete, nahm sie die Nachricht mit vollendeter Ruhe und Selbstbeherrschung auf; doch dann, als sie mit ihrer Lieblingsgesellschaftsdame allein war, brach sie in Tränen aus.

Aber das war noch nicht alles. Selbst wenn die Nachbarländer sich friedfertig gezeigt hätten, wäre es schlecht genug um Österreich gestanden. Tatsächlich aber benahmen sie sich wie reißende Wölfe. Es handelte sich nicht bloß darum, daß Frankreich, Spanien und Preußen ohne Wissen Maria Theresias Pläne zur Zerstückelung eben jenes Reiches schmiedeten, dessen Bestand zu respektieren und aufrechtzuerhalten sie sich in der Pragmatischen Sanktion verpflichtet hatten: selbst ihre eigene persönliche Nachfolge wurde angefochten, und zwar durch Karl Albert von Bayern, den Gemahl ihrer Kusine Maria Amalie, der bei ihren Untertanen viel Unterstützung fand; denn auf Maria Theresias Person lud sich die Unzufriedenheit ab, die die Mißwirtschaft ihres Vaters mit sich gebracht hatte. Dazu kam das weitverbreitete Mißtrauen ihrem Gemahl gegenüber, den man fälschlicherweise für eine Kreatur der Franzosen hielt. Die eigentliche Kreatur war aber Karl Albert von Bayern, den Versailles in einem sehr entschiedenen Versuch, die Macht Österreichs für immer zu brechen, als Sturmbock verwendete.

Der erste Schlag gegen Maria Theresia kam aber aus heiterem Himmel und von ganz und gar unerwarteter Seite – aus Berlin. Damit begann der junge König Friedrich II. seine Laufbahn, die Preußen den langen Weg zu politischer Größe wies, das alte Gleichgewicht der Kräfte in Europa zerstörte und Friedrich zum größten Feldherrn seines Zeitalters machte.

Er war kaum vier Jahre älter als Maria Theresia und hatte nur einige Monate vor ihr den Thron bestiegen. Niemand nahm ihn besonders ernst. Als jungem Prinzen hatten ihm die Diskrepanzen mit seinem Vater fast das Leben gekostet. Friedrich wurde nach einem fehlgeschlagenen Fluchtversuch eingekerkert und zum Tode ver-

Erzherzogin Maria Theresia vor ihrer Thronbesteigung, im Alter von 23 Jahren.

urteilt; zwar hob sein strenger Vater das Urteil auf, doch er mußte von seinem Zellen-
fenster aus die Hinrichtung seines Freundes Katte mitansehen. Nach diesem trau-
matischen Erlebnis zog er sich auf Schloß Rheinsberg zurück, wo er seine Tage
als Philosophenfürst verbrachte, schlechte Verse schrieb, sich zu einem hervorragenden Flötenspieler entwickelte und Werke über die Theorie der Staatskunst
verfaßte. Alles, was deutsch war, lehnte er ab – dafür hob er die französische Kultur
in den Himmel und bemühte sich um die Freundschaft Voltaires, der ihm schamlos
schmeichelte. Niemand aber ahnte, daß dieser junge Mann, der alle täuschte, daß
dieser Atheist, der einer der Begründer der Aufklärung war, daß dieser König auch
auf persönlichen Ruhm versessen war und Pläne zur Vergrößerung seiner ärmlichen
und weit verstreuten Lande hegte. Friedrichs Vater hatte eine Leidenschaft für
militärisches Schaugepränge. Er schuf eine hervorragend gedrillte Kampftruppe;
aber er wußte um Preußens Grenzen, und er war in sein Leibregiment der „Langen
Kerls" viel zu vernarrt, als daß er das Leben auch nur eines von ihnen in der Schlacht
aufs Spiel gesetzt hätte. Friedrich hingegen, der dem Anschein nach am wenigsten
militärische Fürst in Europa, hatte keine derartigen Hemmungen: Soldaten waren
dazu da, Kriege zu führen. Außerdem war er ein Hasardeur – allerdings der kühlste
Kopf, der jemals alles auf die Stärke seiner Waffen gesetzt hat. Auch war Friedrich
völlig skrupellos, er betrachtete Verrat als legitime Waffe der Diplomatie und der
Kriegsführung. Und schließlich war er (obwohl diese Tatsache erst nach einiger
Zeit offensichtlich wurde) ein Genie.

Es war Maria Theresias persönliches Schicksal, derselben Generation wie Friedrich
anzugehören, der lächelnd seine Schläge austeilte und über die Entwicklung, die die
Ereignisse genommen hatten, nur zufrieden sein konnte: Österreich wurde nun von
einem unerfahrenen Mädchen regiert, das schwachen und unfähigen Beratern ausge-
liefert war. Damit war es in seine, Friedrichs, Hand gegeben. Kein Aggressor hat je
bitterer für seinen Irrtum bezahlen müssen. Das junge, schüchterne, fröhliche, warm-
herzige, fromme Mädchen erwies sich als hart wie Stahl. Wer hätte damit gerechnet?
Der kurze, schnelle Feldzug, den der Preußenkönig im Dezember 1740 so selbstsicher
begann, sollte ihn zu einem lebenslangen, oft verzweifelten Kampf verdammen, der
verheerende Verluste an Geld und Menschenleben forderte. Mehr als zwanzig Jahre
mußten vergehen, zwei lange Kriege ausgefochten werden, bevor endlich alles vorüber
war. Und in dieser Zeit geriet Preußen an den Rand der völligen Vernichtung. Es
wurde nur durch ein Wunder gerettet – durch den Tod der Zarin Elisabeth, der unver-
söhnlichen Feindin Friedrichs. Das war wieder einer jener großen Zufälle der Weltgeschichte. Preußen war gerettet, war größer als je zuvor, und aus Friedrich II. war
Friedrich der Große geworden.

Jener kurze, schnelle Feldzug hatte äußerst begrenzte Ziele. Friedrich war nicht
größenwahnsinnig. Er wußte, daß andere Mächte, vor allem Frankreich, weitreichende
Pläne mit Österreich verfolgten; er wollte als erster da sein und sich der wertvollsten
österreichischen Provinz bemächtigen, die noch dazu an Preußen grenzte: Schlesiens,
mit seiner blühenden Landwirtschaft und seinen reichen Bodenschätzen. Friedrich

Velazquez' Porträt von Margarita Teresa, der jüngsten Tochter Philipps IV.
von Spanien. Sie ehelichte Leopold I. im Alter von fünfzehn Jahren und
starb mit zweiundzwanzig.
Umseitig: Das Ende der Belagerung Wiens von 1683 in der Darstellung
eines unbekannten Künstlers.

schlug zu, als er Maria Theresia mit schönen Redensarten schmeichelte, als die junge Königin noch kaum drei Monate im Amt, Österreich völlig unvorbereitet und seine zittrigen Minister voller Angst waren, was Bayern und Spanien unternehmen würden. Es kam zu keiner Schlacht, denn es konnte zu keiner kommen: Der österreichische Kommandierende in Schlesien, Feldmarschalleutnant von Browne, ein hervorragender Soldat irischer Abstammung, war gut beraten, als er seine Truppen zusammenhielt und für einen neuerlichen Kampf in Bereitschaft stellte.

Die junge Königin war über diesen glatten Raubüberfall eher empört als niedergeschlagen. Sie begnadigte die Generale, gegen die Karl VI. wegen ihres Versagens im Türkenkrieg ein Verfahren hatte einleiten lassen. Einer von ihnen, Neipperg, ein Protegé ihres Gemahls, erhielt die Aufgabe, eine neue Armee aufzustellen und im Frühjahr die Preußen aus Schlesien zu vertreiben. Maria Theresia zweifelte nicht im geringsten daran, daß ihm dies gelingen würde. Außerdem rechnete sie mit der aktiven Unterstützung Englands, einer Signatarmacht der Pragmatischen Sanktion, die sich zur Lieferung von Truppen und Geld verpflichtet hatte. Allzu bald mußte sie jedoch einsehen, daß ihr Oberkommandierender seinem Posten genausowenig gewachsen war wie die politischen Ratgeber dem ihren. Bei Mollwitz in Böhmen kam es im April 1741 zum ersten Waffengang mit Preußen. Der Ausgang war denkbar knapp: Als die österreichische Kavallerie die preußische in die Flucht schlug, war Friedrich überzeugt, die Schlacht verloren zu haben, und er galoppierte davon, um sich in Sicherheit zu bringen. Doch er war zu früh davongelaufen. Plötzlich tauchte aus dem Pulverrauch die preußische Infanterie in ihrer dunkelblauen Montur auf, und sie stand wie eine Mauer; eine ganz neue Waffengattung, die, hervorragend gedrillt und bis zum letzten Uniformknopf bestens ausgerüstet, bisher noch nie im Einsatz gestanden hatte, erfuhr hier ihre Feuertaufe. In den folgenden zwei Jahrhunderten sollte sie die Schlachtfelder Europas beherrschen.

Maria Theresia hatte inzwischen feststellen müssen, daß England ein widerspenstiger Bundesgenosse war, dem es nur darum ging, Österreich als Gegengewicht gegen Frankreich zu erhalten, der aber absolut kein Interesse hatte, in den Krieg zu ziehen, um seinem Verbündeten eine Provinz zu retten. Vor allem fürchtete Georg II., Friedrich zu verstimmen und dadurch sein geliebtes Hannover dem preußischen Zugriff auszusetzen; ansonsten wollte London um alles in der Welt einen Krieg auf dem Kontinent vermeiden, der zu einem größeren Zusammenstoß mit Frankreich führen konnte.

Aber Frankreich befand sich bereits auf dem Kriegspfad. Marschall Belle-Isle, dem nach Ruhm dürstenden Hitzkopf und Kriegstrommler, war es gelungen, den alten Kardinal Fleury und seinen weichlichen Herrn Ludwig XV. davon zu überzeugen daß die Zeit gekommen sei, Österreich zu vernichten und aufzuteilen. Preußen habe damit begonnen, Frankreich müsse raschest seinen Nutzen aus Österreichs Schwäche ziehen. Man plante, Karl Albert von Bayern aktiv zu unterstützen, der in Eilmärschen das Donautal hinunterzog, um Linz und dann Wien zu erobern. Bald würde es nur mehr ein Restösterreich geben, die alten Erblande. Karl Albert würde Kaiser werden, Bayern und Sachsen würden sich vergrößern, Spanien und Sardinien Teile von Italien

Prinz Eugen von Savoyen, der vielleicht größte Feldherr seiner Zeit. Nachdem ihn Ludwig XIV. abgewiesen hatte, trat er in den Dienst der Habsburger. Er führte brillante Feldzüge gegen die Türken, und zusammen mit Marlborough trieb er im Spanischen Erbfolgekrieg die Franzosen zu Paaren.

erhalten. Auch Preußen würde größer werden. Doch Belle-Isle fürchtete Preußen nicht. Keine Macht würde die Vorherrschaft in Mitteleuropa besitzen, und Frankreich werde schon dafür sorgen, daß es zu keinem Bündnis komme, das die französische Hegemonie gefährden könnte. Und sobald kein mächtiger Gegner mehr auf dem Kontinent zu fürchten war, sobald Frankreich den Rücken frei hatte, konnte es darangehen, ein für allemal mit England abzurechnen und es von den Weltmeeren zu vertreiben.

Aber all dies blieb nur ein wunderschöner Traum; ein Traum, der zunichte wurde an dem Mut und dem Kampfgeist einer vierundzwanzig Jahre alten Königin, die ganz allein, ohne einen begabten oder erfahrenen Berater an ihrer Seite, ohne sichtbar vorhandene Mittel den Kampf aufnahm. Irgendwie gelang es ihr, durch Befehle, Bitten und Schmeicheleien den Ratgebern, die sie von ihrem Vater übernommen hatte, etwas von ihrem eigenen unbeugsamen Willen einzuimpfen. Zuerst mußte sie um Schlesien kämpfen, das sie nie mehr zurückgewinnen sollte; dann die Bayern und Franzosen von Wien fernhalten und sie hernach aus Prag hinauswerfen; dann die Spanier und Franzosen in Italien vernichten. Sie kämpfte um ihr Erbe und um ihr Recht. Maria Theresia hatte nicht die leiseste Ahnung von der Größe und der Bedeutung des Konfliktes, der sich aus dem einfachen Entschluß ergab, einem unverschämten Angreifer Widerstand zu leisten. Der Österreichische Erbfolgekrieg, 1740–1748, war in ihren Augen vor allem ein Krieg um Schlesien. Der Siebenjährige Krieg, 1756–1763, hingegen war für sie vor allem ein Kampf um die Wiedergewinnung Schlesiens. Erzfeind war stets der Preuße Friedrich. In Wirklichkeit aber waren beide Kriege Nebenschauplätze in einer weltumspannenden Auseinandersetzung, die von Kanada bis Polen, von Italien bis zu den Niederlanden, vom Rhein bis nach Bengalen reichte und in deren Verlauf England auf Kosten Frankreichs die Seeherrschaft gewann und sein Empire begründete.

Maria Theresia freilich konzentrierte sich auf den Feind vor ihren Augen, trieb ihre Generäle an, setzte ihnen zu, sie mögen doch die Regeln der zeitgenössischen Kriegsführung mit ihrem gemessenen Manövrieren, ihren Bilderbuchbelagerungen über Bord werfen: schnell, unerwartet und rücksichtslos sollten sie agieren. Damals, in jenen frühen Tagen ihrer Regierung, hatte sie neben Browne noch einen sehr guten General: Khevenhüller. Und als dieser gegen die Bayern und Franzosen in Aktion trat und daranging, München zu erobern, sandte sie ihm ein Schreiben, das bezeichnend war für die junge Frau, die noch immer lieber bat als befahl. Den Brief begleitete ein Porträt der Kaiserin und des kleinen Thronfolgers Joseph:

„Lieber und getreuer Khevenhüller! Hier hast du eine von der ganzen Welt verlassene Königin vor Augen, mit ihrem männlichen Erben; was vermeinst du will aus diesem Kind werden? Sieh, deine gnädige Frau erbietet sich dir als einem getreuen Minister; mit diesem auch ihre ganze Macht, Gewalt und alles was Unser Reich vermag und enthält. Handle, o Held und getreuer Vasall, wie du es vor Gott und der Welt zu verantworten dich getrauest. Nimm die Gerechtigkeit als ein Schild; thue was du recht zu sein glaubst; sei blind in Verurtheilung der Meineidigen; folge deinem in Gott

Oben: Josef Graf Khevenhüller-Metsch, Obersthofmeister unter Maria Theresia.
Rechts: Maria Theresia und Friedrich II.; Allegorie auf die Beendigung des Siebenjährigen Krieges, 1763.

ruhenden Lehrmeister in den unsterblichen Eugenischen Thaten und sei versichert, daß du und deine Familie zu jetzigen und zu ewigen Zeiten von Unserer Majestät und allen Nachkommen alle Gnaden, Gunst und Dank, von der Welt aber einen Ruhm erlangest. Solches schwören wir dir bei Unserer Majestät.
Lebe und streite wohl! Maria Theresia."

Doch Maria Theresia konnte auch befehlen, und sie gewöhnte sich bald daran. Nach der Schlacht von Mollwitz hatte sie, von allen Seiten – Frankreich, Bayern, Sachsen, Spanien – bedroht, keine andere Wahl, als mit Friedrich zu einem Arrangement zu kommen, das sie selbst nur als vorübergehende Lösung betrachtete. Friedrich seinerseits war es nur recht, sich aus dem Kampf zurückzuziehen und seine Beute, Schlesien, in Ruhe einverleiben zu können. Mochten seine neuen Verbündeten sich nur weiter schlagen!

Die erste große selbständige Handlung der jungen Königin war ihr Auftreten vor den Ungarn im Sommer 1741, während die Bayern gegen Wien rückten. Es war eine mutige Tat, die sie gegen den Willen ihrer Ratgeber unternahm. Bei den Ungarn gärte es wieder einmal. Maria Theresia, die zum Anlaß ihrer Krönung mit großem Pomp in Preßburg eingezogen war, kam sehr schnell zu der Einsicht, daß ihre einzige Hoffnung für die Zukunft darin lag, die ungestümen und wankelmütigen Madjaren, die so störrisch an ihren Vorrechten hingen und stets mehr verlangten, als ihnen zustand, für sich zu gewinnen. Mit Gewalt war da nichts auszurichten; also war Maria Theresia zu einem bewußten Appell an die Ritterlichkeit der Ungarn und an ihren National-stolz entschlossen. Sie hatte vor, sie als gleichberechtigte Partner, nicht als Untertanen zu behandeln, auf die Stärke ihrer Waffen zu bauen und sich ihnen in die Hand zu geben. Und dies tat sie, in ihrem denkwürdigen Auftritt vor der Versammlung der beiden Häuser des ungarischen Reichstages:

„Es handelt sich um das Königreich Ungarn, um Unsere Person, um Unsere Kinder, um die Krone. Von Allen verlassen flüchten wir einzig und allein zur Treue der Ungarn und zu ihrer altberühmten Tapferkeit. Wir bitten die Stände, in dieser äußersten Gefahr für Unsere Person, Unsere Kinder, die Krone und das Reich ohne die geringste Versäumniß werkthätige Sorge zu tragen. Was an uns liegt, soll geschehen, um den früheren glücklichen Zustand Ungarns und seines Volkes, den Glanz seines Namens wieder herzustellen. In all dem werden die getreuen Stände die Wirkungen Unserer gnädigen Gesinnung erfahren."

Die Ungarn reagierten darauf. Sie hatten nicht die Absicht, nun plötzlich treue Diener Habsburgs zu werden; aber zum erstenmal in der Geschichte hatte ihnen ein Mitglied des Hauses, und noch dazu eine schöne Frau in Not, einen Vertrag angeboten. Ihr wollten sie zur Seite stehen und darum kämpfen, diesen Vertrag zu erfüllen. Mit ihrem Blute weihten sie sich dem Dienst der Königin. In der Praxis hatte dies später nicht sehr viel zu bedeuten, aber es genügte, um den Ereignissen eine Wende zu geben. Für Ungarn war nun alles anders geworden, und ebenso für Maria Theresia. Noch nicht ganz ein Jahr war es her, daß sie den Thron bestiegen hatte. Während dieser Zeit hatte sie ihren uralten Beratern gegenüber größte Befangenheit gezeigt. Nun hatte sie sich von ihnen gelöst. Die Königin wußte jetzt, daß sie die Kraft hatte, anderen Menschen Treue, Hingabe und Kampfesmut einzugeben. Sie hatte die Zügel in die Hand genommen und hielt sie fest. Bald bewies sie, daß sie nicht nur bitten, sondern auch hart und rücksichtslos sein konnte. Sie begann bereits, die ängstlichen und gebrechlichen Männer, die sie umgaben, zu übergehen und sich mehr an robustere Charaktere zu halten. Von diesen gab es beklagenswert wenige, und selbst hier hatte sie zuerst die typische Selbstsucht und Untreue der Aristokratie zu überwinden, die dem Haus Habsburg alles verdankte und ihrerseits kaum etwas geben wollte. Einer dieser Herren, der unermeßlich reiche Graf Kinsky (der böhmische Kanzler, der zuvor versucht hatte, den Preußenkrieg in eine andere Gegend zu verlegen, weil er Angst um seine Ländereien hatte), genoß ihr besonderes Vertrauen, obwohl er zu den arrogantesten und schwierigsten Männern zählte. Nur einen Monat nach der Preßburger Apotheose eroberten die Bayern, Sachsen und Franzosen Prag; Friedrich, der befürchtete, Schlesien an diese

Fürst Kinsky, der unermeßlich reiche, selbstsüchtige und hochfahrende böhmische Magnat. Maria Theresia erkannte seine großen Fähigkeiten, zähmte sein wildes Gemüt und machte ihn zu ihrem ergebenen Diener.

164

mächtige Koalition zu verlieren, zog erneut in den Krieg. Jedermann, auch Maria Theresias Gemahl, der sich unterdessen als Feldherr ohne Fortüne erwiesen hatte, war verzweifelt. Doch die junge Königin schrieb an Kinsky:

„So ist denn nun Prag verloren, und die Folgen werden noch schrecklicher sein, wenn man nicht auf drei Monate für den Unterhalt der Truppen zu sorgen vermag. Denn aus Österreich etwas zu beziehen, daran ist nicht zu denken, und auch aus Ungarn ist es noch ungewiß. Jetzt endlich, Kinsky, ist der Augenblick gekommen, in welchem man Muth zeigen muß, um sich das Land (Böhmen) zu erhalten, und mit ihm die Königin, denn ohne dasselbe wäre ich nur eine arme Fürstin. Mein Entschluß ist gefaßt, Alles aufs Spiel zu setzen und zu verlieren, um mir Böhmen zu retten, und auf dieses Ziel müssen Euere Bemühungen, Euere Maßregeln gerichtet sein. Alle meine Heere, alle Ungarn sollen eher vernichtet werden, als daß ich irgend etwas abtrete. Der kritische Augenblick ist endlich da; schonet das Land nicht, um es zu erhalten. Helft dazu, daß der Soldat zufrieden gestellt werde und nichts entbehre; Ihr kennt in noch höherem Maße als ich die Folgen davon. Unterstützt meinen armen Gatten, der sich eben so sehr für die Truppen wie für das Land härmt, der versichert, daß ihr Zustand ihn mit Mitleid erfüllt ... Ihr werdet sagen, daß ich grausam sei. Es ist wahr; ich weiß aber auch, daß alle die Grausamkeiten, welche ich jetzt begehen lasse, um mir das Land zu erhalten, daß ich sie alle hundertfältig zu vergüten im Stande sein werde. Das will ich thun; jetzt aber verschließe ich mein Herz dem Mitleid. Ich verlasse mich auf Euch."

Sie war erst vierundzwanzig Jahre alt. Noch immer war sie das junge Mädchen, das Franz Stephan schreiben konnte, sie sorge sich „wie ein kleines Hündchen", wenn er nicht bei ihr sei. Aber sie schickte sich bereits an, einer der größten Herrscher der Geschichte zu werden, der Begründer des modernen Österreich.

Es mag seltsam erscheinen, trotz militärischer Niederlagen, trotz des Verlustes Schlesiens von einer glänzenden Regierungszeit zu sprechen, die einer ganzen Epoche ihren Namen gegeben hat und als ein Gipfel der Eleganz und der Extravaganz in die Geschichte eingegangen ist – jener Epoche, da der Barock vom Rokoko abgelöst wurde, das die Empfindsamkeit hinübertrug an die Schwelle der Romantik. Dabei nahm das mariatheresianische Österreich als Folge unausgesetzter, verwickelter diplomatischer Bemühungen im verzweifelten Kampf ums nackte Leben zu einer Zeit Gestalt an, da sich unter den Herrschern völliger Zynismus breitmachte.

Im Verlaufe des ersten Krieges, in dem die Franzosen zunächst als nominelle Hilfstruppen der Bayern und die Engländer als Hilfstruppen der Österreicher kämpften, schlug das Glück Kapriolen. Die Franzosen wurden aus Prag vertrieben und hätten von Rechts wegen aufgerieben werden müssen, sie schlugen sich aber in einem heldenhaften Marsch mitten im Winter durch ganz Europa durch, wobei sie Tausende Mann

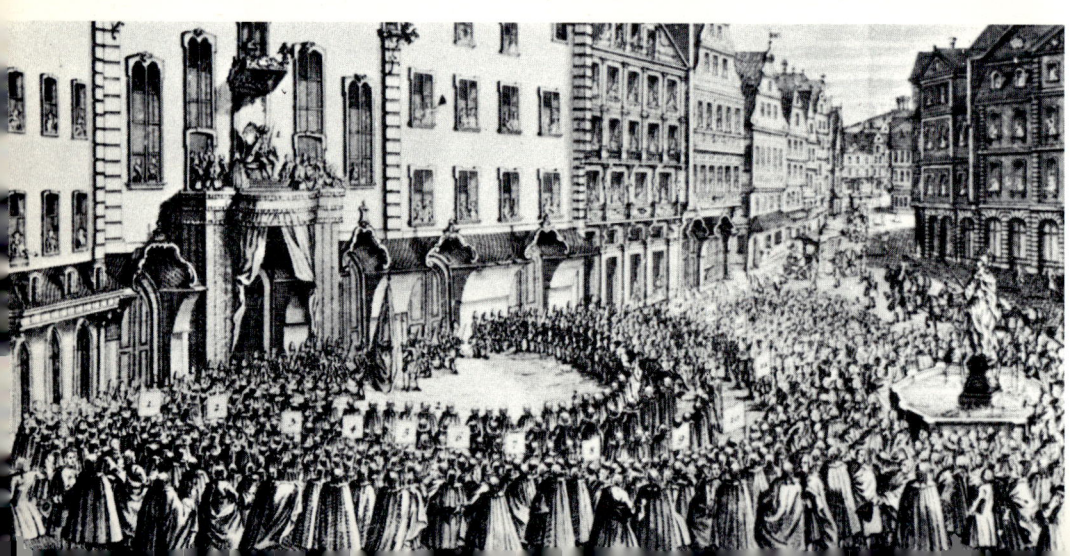

Links: Die Krönung Maria Theresias zur Königin von Böhmen (Prag, 1743) war für sie und ihre Hoffnungen auf einen Sieg im österreichischen Erbfolgekrieg von höchster Wichtigkeit.

Links unten: Franz Stephan von Lothringen, Maria Theresias Gemahl, empfing 1745, nach dem Tod Karls VII., die Kaiserkrone. Seine Krönung in Frankfurt war für die Königin Erfüllung eines Herzenswunsches.

Rechts unten: Der frühe Tod Karl Alberts von Bayern, der kurze Zeit hindurch (1742–45) als Karl VII. Kaiser gewesen war, befreite Maria Theresia von einer der größten Gefahren, die sie bedrohten.

verloren, aber wenigstens ihre Kanonen zurückbrachten. Karl Albert von Bayern wurde im Januar 1742 zum römisch-deutschen Kaiser (Karl VII.) gewählt. Am Tag der Wahl eroberten die Österreicher Linz und besetzten im Februar seine Hauptstadt München. Die Heere Maria Theresias schlugen sich auch gegen die Spanier in Italien gut; Browne drang tief in die Provence vor. Die Engländer, die endlich etwas unternahmen, siegten im Jahre 1743 mit Müh und Not in der Schlacht von Dettingen, wurden aber bald darauf durch die von den Franzosen unterstützte Rebellion des Prätendenten Charles Edward Stuart in äußerste Verwirrung gestürzt. „Bonnie Prince Charles" landete 1745 in Schottland und stellte bis zu seiner Niederlage bei Culloden im darauffolgenden Jahr eine echte Bedrohung dar. Im gleichen Jahr, 1745, überrannte der brillante Marschall Moritz von Sachsen die österreichischen Niederlande und errang bei Fontenoy einen durchschlagenden Sieg. Friedrich hatte sich 1742 nach den Präliminarien von Breslau im Frieden von Berlin aus dem Krieg zurückgezogen; doch bald stürzte er sich wieder ins Getümmel und kämpfte herzhaft weiter, bis ihm der am Weihnachtstag des Jahres 1745 geschlossene Friede von Dresden erneut gestattete, sich zu empfehlen. Schlesien hatte er nach wie vor in der Tasche.

Maria Theresia kämpfte weiter. Einen Augenblick lang durfte sie auf einen überwältigenden Sieg hoffen. Bereits 1743 hatte sie nach Prag reisen und die böhmische Krone in Empfang nehmen können. Im September 1745 – Karl Albert war unerwartet früh im Januar gestorben – wurde die Kaiserkrone wieder vergeben. Diesmal erlangte Maria Theresia sie für ihren Gemahl Franz Stephan.

Doch es kam zu keinem überwältigenden militärischen Sieg. In nicht endenwollenden Bataillen neigte sich das Kriegsglück einmal der einen, dann wieder der anderen Seite zu, und die Hoffnung, Lothringen und das Elsaß wiederzugewinnen sowie Neapel zu erobern, schwand dahin. Im Jahre 1748 war Maria Theresia endlich zum Frieden bereit. In Aachen wurde der Vertrag geschlossen. Auf den ersten Blick hatte man sich umsonst geschlagen: Friedrich behielt Schlesien, Frankreich gewann nichts, England mußte seine Eroberungen in den Kolonien wieder herausgeben . . . Aber immerhin hatte der Krieg eines bewirkt: durch ihn hatte Maria Theresia die Grundbegriffe der Politik, Diplomatie und Staatskunst gelernt. Sie war nun, 31 Jahre alt, schon seit geraumer Zeit zur Einsicht gekommen, daß Österreich einer gründlichen Reform bedürfe, und hatte in dieser Hinsicht bereits einige Maßnahmen getroffen. Die kommenden acht Jahre verwendete Maria Theresia nun darauf, ihr Erbe in ein zentralistisch regiertes Staatswesen umzugestalten.

Sie war voll Lebensfreude, Fröhlichkeit und Kraft. In den Zeiten, da sie so hart zu kämpfen hatte, brachte sie ihre Kinder auf die Welt: den langerwarteten Erben, Joseph, den sie unter dem Herzen trug, als ihr Vater verschied, dann zwei Mädchen und zwei Knaben, von denen einer bereits als Kind starb. Später kamen noch sieben Kinder – insgesamt wurden es sechzehn. Ihrem Gemahl wollte sie eine gute Frau sein; sie verlangte ihrerseits von ihm, daß er seine ehelichen Pflichten ernst nehme. Sie sah es gar nicht gern, wenn er so flatterhaft war, und ihre Abscheu vor ehelicher Untreue (mit der sie zu ihrer Zeit ziemlich allein dastand) war so groß, daß auch ihre Untertanen dies zu spüren bekamen. Sie ging darin so weit, daß sie eine lächerliche Institution gründete, der man den Spitznamen „Keuschheitskommission" gab und deren Aufgabe es war, Frauenspersonen, deren Geschlechtsmoral nicht den hohen Anforderungen der Kaiserin entsprach, aufzustöbern und zu bestrafen.

Das war die einzige Angelegenheit, in der Maria Theresia über das Ziel hinausschoß. Ansonsten war sie die Fröhlichkeit selbst. Während der langen ersten Jahre äußerster Anspannung hatte sie Vergnügen an Tanz, Kartenspiel und Festlichkeiten jeglicher Art; und selbst während sie gegen halb Europa im Felde stand und die allergrößten Schwierigkeiten hatte, genug Geld zusammenzukratzen, um ihre Soldaten zu bezahlen, konnte sie ihre Gedanken nur schwer von dem Bauprojekt von Schönbrunn losreißen, jener großartigen, wunderschönen und extravaganten Sommerresidenz mit ihren 1400 Zimmern, die der bevorzugte Aufenthalt der Kaiserin werden sollte. Als die Engländer ihr Vorhaltungen machten, sie verschwende die Hilfsgelder für ein protziges Bauwerk, statt sie zum Kriegführen zu verwenden, konnte sie völlig reinen Gewissens antworten, daß sie nichts dergleichen tue – die Hilfsgelder würden uneingeschränkt für den Krieg verwendet, zum Bau Schönbrunns borge sie von den Juden . . .

Wenn man auf diese Zeit zurückblickt, scheint es fast unglaublich, daß diese unerfahrene, im Grunde schüchterne junge Frau mit dieser Aufgabe fertig werden konnte. Einen Beweis für ihre Charakterstärke und ihren gesunden Menschenverstand liefert uns die Art und Weise, wie sie sich ihre alten Ratgeber vom Leibe hielt und daneben nach neuen Männern suchte – und sie auch fand. Dann erst konnte sie wieder etwas Atem schöpfen.

Der erste dieser neuen Männer, der bei ihr eine Art Vaterstelle einnehmen sollte, war sehr schnell in der Person eines portugiesischen Granden gefunden: Don Manoel Telles de Menezes e Castro, Graf Tarouca, später Herzog von Silva, ein scharfsinniger und begabter Diplomat, lebensklug und gelassen. Er erschrak, als ihm seine Herrscherin bald nach ihrer Thronbesteigung mitteilte, sie wünsche ihn an ihrer Seite, damit er ihr in allen Dingen die Wahrheit sage, die ihr durch die Schmeichelei der anderen und Maria Theresias Eigenwillen verborgen bleiben würde „. . . um meine Fehler mir erkennen zu geben und vorzuhalten; welches höchst nötig für einen Regenten, dann sich wenig oder keine finden, die es tun und solches gemeiniglich aus Respect oder Interesse unterlassen". Aber Tarouca übernahm die Aufgabe. Und obwohl er häufig mit den Maßnahmen seiner kaiserlichen Herrin und deren Ratgeber nicht einverstanden war und sich noch dazu der eifersüchtigen und intriganten Höflinge erwehren mußte, schenkte sie ihm dreißig Jahre lang, bis zu seinem Tod, ihr Vertrauen. Zunächst war es seine Hauptaufgabe, die Unbekümmertheit der jungen Königin zu bremsen, ihren Tagesablauf organisieren zu helfen und sie davon abzuhalten, ihre Energien an zuviel Detailarbeit bei Tag und zuviel Festlichkeiten am Abend zu verschwenden. Später dann, als sie an ihren Erfolgen – die ihrer Meinung nach nichtige waren – kein gutes Haar ließ, war er es, der sie davon abhielt, an der Sinnlosigkeit weltlichen Strebens zu verzweifeln, indem er sie beschwor, sich zu entspannen und zu versuchen, die Vergnügungen früherer Tage wiederaufzunehmen. Tarouca war immer eine Art welt-

Oben: Maria Theresia fährt an der Pestsäule vorbei, die von Burnacini in Andenken an die Epidemie 1679 geschaffen wurde.
Unten: Maria Theresia und Kaiser Franz I. in einer prunkvollen Prozession (1760); Gemälde von Martin van Meytens.
Umseitig: Ansicht Wiens um die Mitte des 18. Jahrhunderts; Gemälde von Bernardo Belotto, genannt Canaletto.

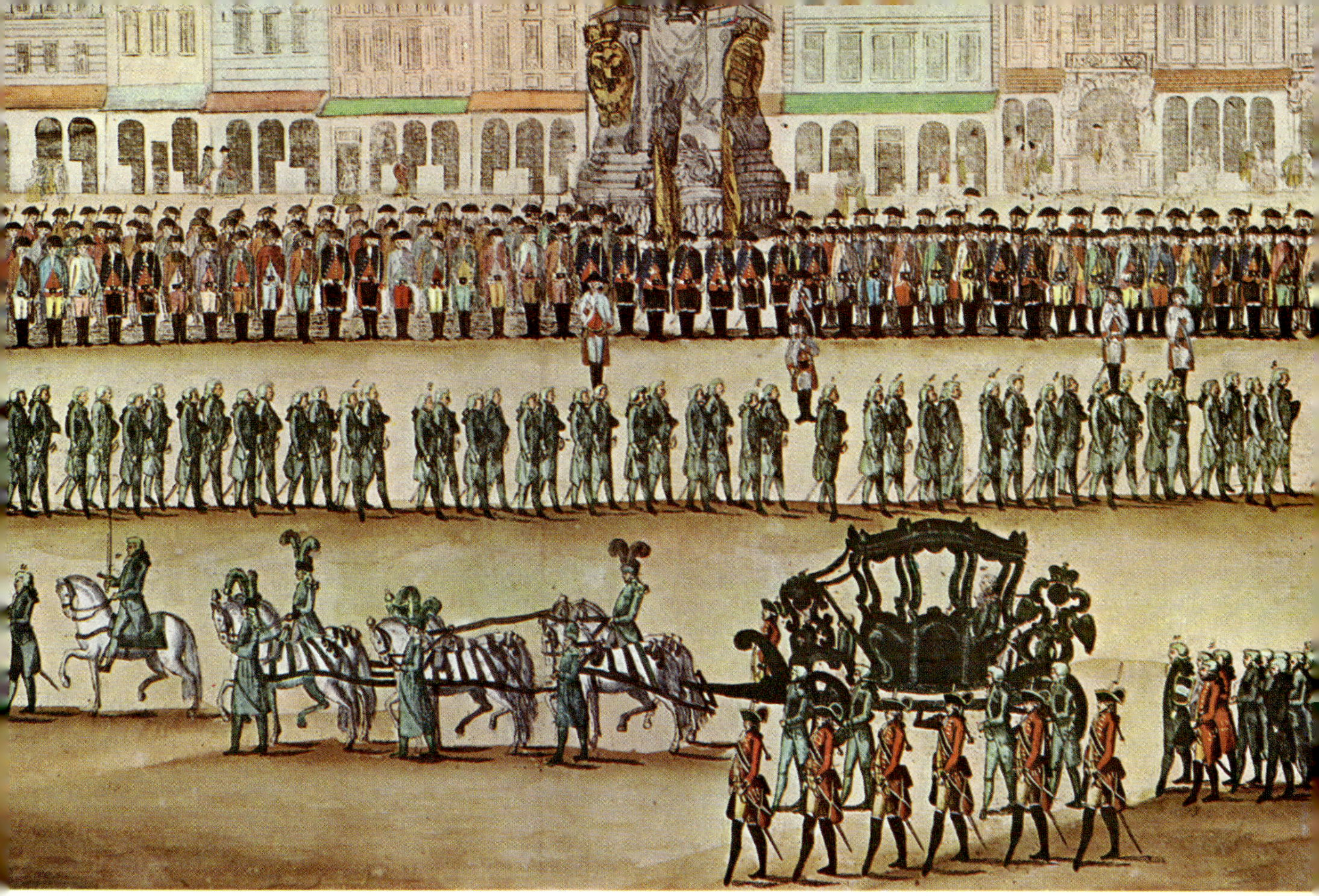
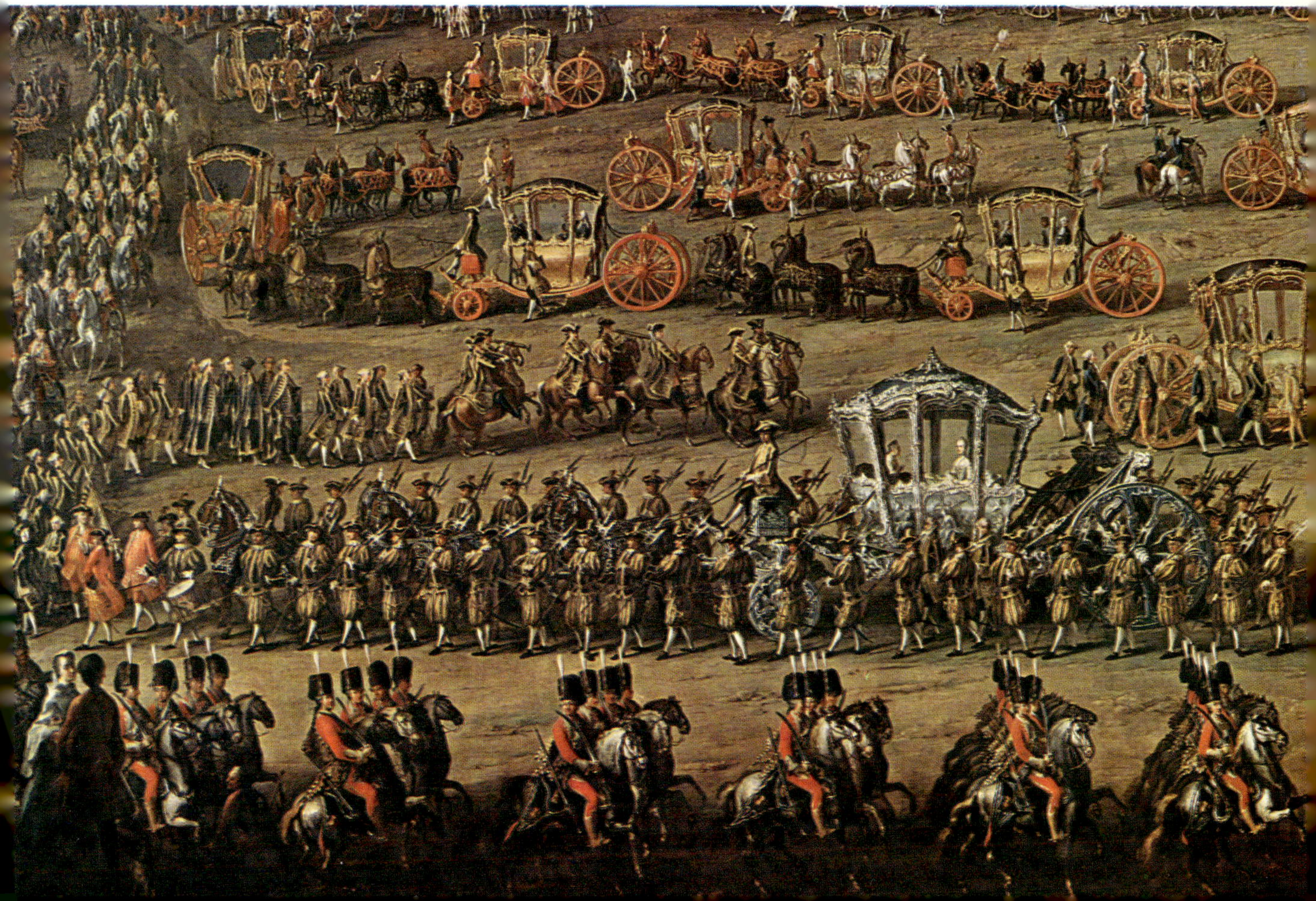

licher Beichtvater für sie; ihm war es zuzuschreiben, daß sie nicht anmaßend und hochmütig wurde, als sie entdeckte, daß sie die bei weitem fähigste Persönlichkeit in ihrem Reich war und besser als sonst jemand die Dinge auf dem schnellsten und direktesten Wege zu einem guten Ende bringen konnte. Ihm, ihrer Vernunft und angeborenen Bescheidenheit verdankte sie es, daß sie ihre Persönlichkeit weiterentwickelte, ihr wahres Selbst entdeckte und es vermied, ihren Charakter in dem Klischee eines stolzen und gebieterischen Monarchen verhärten zu lassen. Es bestand ein außergewöhnliches Verhältnis zwischen Tarouca und Maria Theresia. Die junge Königin Viktoria hatte ihren Premierminister Melbourne, auf den sie sich stützen konnte; Maria Theresia ihren Tarouca.

Als nächsten holte sie sich den Holländer Gerhard van Swieten, der ihr Leibarzt wurde und den sie zum Hofbibliothekar und zum „Protomedicus" machte. Er war

Gegenüber: Kaiserin Maria Theresia im reifen Alter; Gemälde von Martin van Meytens.
Oben: Die Kaiserin mit ihrem Gemahl und dreizehn ihrer sechzehn Kinder.

vielleicht kein überragender Arzt, aber eine große Persönlichkeit, ein Polyhistor. Unter ihm erlangte die Wiener Medizinische Schule in Europa eine führende Position. Van Swieten hatte in Leiden bei Boerhaave studiert, dem Begründer der modernen Medizin, und Maria Theresias Dankbarkeit erwarb er sich, weil er Maria Anna, ihre geliebte einzige Schwester und Gattin Prinz Karls von Lothringen, des Statthalters der Niederlande, behandelte. Er konnte Maria Anna zwar nicht retten; aber es ist bezeichnend für die Kaiserin, daß sie van Swieten das ihm einmal geschenkte Vertrauen nicht mehr entzog. Sie ließ ihn nach Wien kommen, wo er auf erbitterten Widerstand stieß, und zwar nicht nur von medizinischer Seite. Doch die schützende Hand Maria Theresias war ihm gewiß, und er setzte sich durch. Bald wurde van Swieten einer der einflußreichsten Männer um die Kaiserin.

Österreich schickte sich eben an, ins Zeitalter der Aufklärung zu treten. Die Kaiserin hatte persönlich keinerlei Sympathien für abstrakte Ideen oder für Philosophie gleich welcher Richtung. Sie war von schlichter Frömmigkeit, fest in ihrem Glauben, und ihr ganzes Wesen schreckte vor den Leichtfertigkeiten des Zeitalters der Vernunft zurück. Rein instinktiv hätte sie am liebsten alle Angelegenheiten des Geistes der Kirche überlassen. Van Swieten war den Männern der Kirche verhaßt und zuwider, weil er, obzwar guter Katholik, wissenschaftlich unvoreingenommen war. Dadurch, daß sie ihn förderte, untergrub Maria Theresia das Fundament, auf dem sie stand. Sie machte van Swieten, wie erwähnt, zuerst zum Hofbibliothekar und dann zum Obersten Zensor, und dadurch öffnete sie ihre Länder dem neuen Gedankengut, vor dem sie selbst zurückschreckte. Das offenbart uns eine andere Seite ihrer Persönlichkeit: Es scheint, als hätte sie gewußt, daß die neuen Ideen notwendig waren. Wenn sie sich auch persönlich nicht mit ihnen abfinden konnte – über van Swieten ließ sie es zu, daß sie sich entwickeln konnten.

Der dritte Ratgeber, den sie auserwählte, war Friedrich Wilhelm Graf Haugwitz, von nicht sehr einnehmendem Äußeren, dafür aber beherzt, hartnäckig und von praktischem Sinn. Ihm fiel die Aufgabe zu, eine lose zusammenhängende Anhäufung von Feudalbesitzen in einen relativ zentral gelenkten Staat zu verwandeln. Maria Theresia hatte für Reformen um der Reform willen nichts übrig. Aber schon in den ersten Tagen ihrer Regierungszeit erkannte sie, daß sie früher oder später bessere Minister und Berater finden müsse als diejenigen, die sie von ihrem Vater übernommen hatte. Wenn Österreich weiterbestehen wollte, so mußte sie die Männer zur Räson bringen, die zu seinem Ruin beigetragen hatten, ebenso wie sie nicht umhin konnte, die Institutionen zu reformieren, die sie an der praktischen Ausübung der Macht hinderten. Besagte Männer waren die großen Aristokraten und Magnaten, die so viel von Maria Theresias Vorfahren erhalten hatten und so wenig für die Krone leisteten, die auf ihren riesigen Gütern wie kleine Könige residierten, keine Steuern zahlten und in Kriegszeiten Beiträge nach eigenem Ermessen leisteten (nur einige steuerten große Soldatenkontingente und Geld bei); bei den Institutionen, die dringend einer Reform bedurften, handelte es sich vor allem um die einzelnen Stände, die nach ihren eigenen lokalen, provinziellen und nationalen Interessen Recht sprachen und sich um nichts

Rechts oben: Gerhard van Swieten, Maria Theresias Leibarzt, den sie bei seiner Reform der Wiener Medizin unterstützte.
Rechts unten: Wilhelm Graf Haugwitz, dessen militärische und steuerliche Reformen die Lage Österreichs als kämpfende Nation von Grund auf veränderten.
Rechts außen: Graf Tarouca, Herzog von Silva, ein Diplomat portugiesischer Abstammung, wurde von der jungen Königin dazu auserwählt, als ihr Gewissen, ja, gleichsam als ihr zweiter Vater zu fungieren.

anderes kümmerten. Die junge Königin sah, daß sie in erster Linie ein gut ausgerüstetes und organisiertes Heer benötigte, auf das sie sich verlassen konnte und das regulär besoldet war. Damit es bezahlt werden konnte, mußte man die Reichen besteuern. Um dies bewerkstelligen zu können, war eine zentrale Beamtenschaft erforderlich. Um sich des Nachwuchses an ausgebildeten Offizieren und Beamten zu versichern, brauchte man Akademien und Schulen. Zu diesen Überlegungen bedurfte es bloß eines gesunden Menschenverstandes. Aber noch etwas kam hinzu: diese bemerkenswerte junge Frau, die nichts von Militär, Verwaltung, Finanzen, Erziehungswesen verstand, die das Leben der Armen nicht kannte, dieses verschwenderische Geschöpf, das von Geburt an von reichen und anmaßenden Aristokraten umgeben war, diese fromme Katholikin mit ihrem bedingungslosen Glauben an die Gottgewolltheit des Status quo – diese Herrscherin hatte das bestimmte Gefühl, daß da irgend etwas faul war an einer Gesellschaftsordnung, in der die überwiegende Mehrheit der Untertanen, die Bauern, als entbehrlich betrachtet wurden, als Kanonenfutter, als Leibeigene. Sie war sicher, daß es unter ihnen verborgene Talente gab, die man nur aufzuspüren und zu fördern brauchte. Es war reine Verschwendung, wenn man die Bauern wie Tiere behandelte. Und außerdem war das falsch, ungerecht und unbillig.

Das waren die Voraussetzungen, auf denen Haugwitz aufbauen konnte. Zu den noch recht nebulosen Vorstellungen der Kaiserin von Tüchtigkeit, Gerechtigkeit und Humanität traten seine administrative Begabung und seine große Erfahrung. Ironi-

175

scherweise hatte er diese Erfahrung als Leiter der Verwaltung von Restschlesien ge-sammelt, wo er Gelegenheit gehabt hatte, das Heeres- und Gesellschaftssystem des preußischen Nachbarn zu studieren. Und er besaß genug Phantasie, seine Erkenntnisse im eigenen Bereich zu verwerten. Nun sollte er diese Erkenntnisse – zur Entrüstung der großen Magnaten, aber unter dem unbedingten, leidenschaftlichen Schutz seiner Kaiserin – auf die ganze Monarchie anwenden. Nur Ungarn mit seinen Sonderprivi-legien blieb von der Reform ausgeschlossen.

Haugwitz war ein äußerst verläßlicher, kluger Mann, der hartnäckig seine Ziele verfolgte; ein geborener Administrator, der erste große Staatsbeamte, den Österreich hervorbrachte; noch dazu gab es niemanden in Europa, der mehr von Volkswirtschaft verstand als er.

Als erstes mußte er die Armee den Anforderungen entsprechend reorganisieren. Sein Plan sah ein der Krone direkt zur Verfügung stehendes Berufsheer von 108.000 Mann mit einem Budget von 14 Millionen Gulden vor (das Gesamtbudget belief sich auf 40 Millionen). Die Mittel hierzu sollten durch Steuern aufgebracht werden. Statt nach eigenem Gutdünken Truppen zu stellen, sollten der Adel, die Stände und die Länder regelmäßig bares Geld zahlen; Aufstellung und Unterhalt der Armee war dann Sache der Zentralregierung. Die Steuern basierten auf dem Wert des unbeweglichen Besitzes, der von Expertenkommissionen geschätzt werden sollte. Als Einkommen nahm man 5 Prozent dieses geschätzten Kapitalwertes an, und von diesem (realen oder imaginären) Einkommen hatten der Adel ein Hundertstel, die Bauern ein Fünfzigstel zu zahlen.

Das allein war eine revolutionäre Idee. Für den Adel war der Gedanke, Steuern zu zahlen, einfach unvorstellbar. Die Bauern waren immer schon besteuert worden. In Ordnung. Aber der Adel – das waren doch die Männer, die das Land im Namen der Krone verwalteten und in Kriegszeiten für dessen Verteidigung sorgten. Die Bauern und Handelsleute in den Städten verdankten ihre Existenz dem Schutz, den die Feu-dalherren ihnen angedeihen ließen. Es war nur recht und billig, daß sie dafür auch zahlen sollten. Nun aber sollten die Schutzherren selbst Zahlungen leisten...?

Schließlich zahlten sie – alle, bis auf die Ungarn: nicht einmal Maria Theresia konnte die ungarischen Magnaten umstimmen. Die anderen zahlten widerwillig und unter bitteren Beschwerden; aber das Prinzip hatte sich ein für allemal durchgesetzt. Die Erregung war beträchtlich, doch es gab überraschend wenig organisierten Wider-stand. Und sobald Maria Theresia eine ordentliche Armee fest unter ihrer Kontrolle hatte, konnte sie darangehen, eine festgefügte Streitmacht zu bilden: jene Armee, die im Verlauf des nächsten Jahrhunderts immer stärker zum verbindenden Faktor in dem vielsprachigen Reich wurde. In ihr leisteten Deutsche, Ungarn, Tschechen, Slowaken, Polen, Rumänen, Italiener, Slowenen, Kroaten und noch andere Nationalitäten ihren Dienst; ihre Verpflichtung galt in erster Linie der Krone Habsburg und nicht ihrem eigenen Land: „Patrioten für mich" – in den Worten Kaiser Franz' I. von Österreich, der für nationalen Patriotismus irgendwelcher Art nichts übrig hatte.

Aus der neuen Armee und den neuen Kadettenschulen ging ein neues Offizierskorps hervor, in dem militärische Tüchtigkeit mehr galt als ein alter, erlauchter Name – zumindest theoretisch. Diejenigen Mitglieder des Hochadels, die sich – wie etwa Fürst Liechtenstein – bereits in der Vergangenheit durch freiwillige militärische Zuwendungen hervorgetan hatten, zeichneten sich unter dem neuen System nicht minder aus; zu ihnen traten Berufssoldaten wie Daun, Laudon und Lacy, die den österreichischen Waffen im nächsten Krieg, dem Siebenjährigen von 1756–1763, neuen Ruhm brachten. Maria Theresia, die es immer als Ärgernis empfunden hatte, daß sie als Frau nicht persönlich den Oberbefehl im Feld übernehmen konnte, war außerordentlich stolz auf ihre neue Armee; sie besuchte häufig die neu eingerichteten ständigen Heerlager und nahm an Manövern teil. Natürlich sah auf dem Papier alles viel besser aus als in der Praxis. Der Ernstfall brachte dann schnell an den Tag, daß es mehr bedurfte als bloß einer kaiserlichen Unterschrift auf einem von Haugwitz aufgesetzten Erlaß, um die Trägheit ganzer Jahrhunderte zu überwinden. Aber der Wandel, der stattgefunden hatte, war nicht zu übersehen; als es zum nächsten Waffengang kam, rief Friedrich II. aus: „Das sind nicht mehr die gleichen Österreicher!"

An die Reformen des Fiskus und des Heeres schlossen sich solche auf anderen Gebieten an. Die Verwaltung der österreichischen und böhmischen Länder wurde vereinigt und zentralisiert, das Erziehungswesen auf einen beachtlichen Stand gebracht, höhere Schulen und vor allem Akademien zur Heranbildung von Offizieren und Beamten gegründet. Und was am wichtigsten war: es gelang Haugwitz auch, die formelle Trennung von Rechtssprechung und Verwaltung durchzusetzen. Diese große Reform des Jahres 1749 war wieder Anlaß zur Abfassung neuer Gesetzestexte. Die Arbeit daran wurde 1752 begonnen und fand im Jahre 1766 mit der Veröffentlichung des *Codex Theresianus,* der die bürgerlichen Rechte definierte, seinen Abschluß. 1768 folgte die *Constitutio Theresiana Criminalis,* die den Grundstock zu dem vorbildlichen Strafgesetzbuch des Jahres 1811 bildete – 31 Jahre nach dem Tod der reformfreudigen Kaiserin.

Als letztes war der Initiative der immer noch jungen Kaiserin die Berufung des Grafen Kaunitz zu verdanken. Wenzel Anton Graf Kaunitz-Rietberg, später Fürst Kaunitz, war aus dem geistlichen Stand in die Diplomatie hinübergewechselt, wo ihm eine kometenhafte Karriere gelang und er sich von 1753 – als Maria Theresia ihn zu ihrem Kanzler machte – bis zu seinem Tod (1794) an der Spitze hielt. Dieser unwahrscheinliche Hypochonder, der sich stets an der Schwelle des Todes wähnte, überlebte dabei nicht nur seine Kaiserin um volle vierzehn Jahre, sondern auch noch zwei weitere Herrscher – Joseph II. und Leopold II. – und diente noch unter einem vierten Monarchen – Franz II. Kaunitz war der mit Abstand beste Diplomat seiner Zeit – und wohl einer der größten Diplomaten der Geschichte. Doch ob der Staatsmann Kaunitz dem Diplomaten Kaunitz das Wasser reichen konnte oder ob seine rasche Auffassungsgabe, die Klarheit seines Verstandes und die Kühnheit seiner Entschlüsse ihn nicht etwa davon abhielten, den Imponderabilien der Geschichte die nötige Aufmerksamkeit zu zollen,

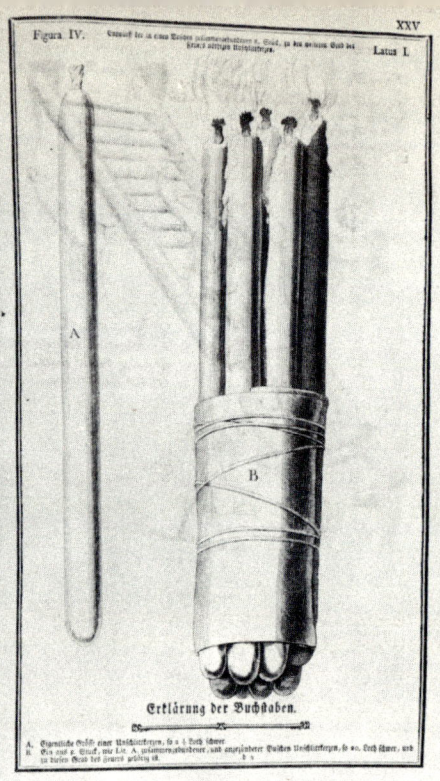

das steht auf einem anderen Blatt. Was seine kaiserliche Herrin betraf, so war Kaunitz über zwanzig Jahre lang ihr Wegbegleiter durch das Labyrinth der Machtpolitik des 18. Jahrhunderts – ein Mann, dem sie blind vertraute. Erst gegen Ende ihrer Regierungszeit ging ein wenig von seinem Glanz verloren. Gemeinsam mit Maria Theresias Sohn und Mitregenten Joseph II. verwickelte er die Monarchie in das Spiel skrupelloser Expansionspolitik – eine Vorgangsweise, die der Kaiserin gar nicht lag, denn sie hielt diese für unmoralisch, für einen Verrat an all den Prinzipien, denen sie huldigte. Wir sprechen hier von der ersten Teilung Polens und dem absurden und ruhmlosen Bayerischen Erbfolgekrieg.

Kaunitz kannte von Beginn an keine Skrupel, aber das merkte Maria Theresia nicht, als sie 1744 zum erstenmal auf ihn aufmerksam wurde. Sie war damals siebenundzwanzig, und er imponierte ihr, dieser Karrierediplomat im auswärtigen Dienst, bloß fünf Jahre älter als sie, vierzig Jahre jünger als ihre vom Vater „vererbten" Berater. Und dieser Mann zeigte alle Anlagen, zehnmal fähiger, einfallsreicher, rascher zupackend und scharfsinniger zu sein als alle ihre Berater zusammengenommen. Kaunitz hatte einen Blick für Fakten, und er wußte, wie er sie zugunsten eines Machtausbaues ausnützen konnte. Und was noch besser war: er wußte, wie man eine Schwäche in eine Stärke verwandeln konnte. Außerdem war er – in einem Zeitalter der Indiskretion und Korruptheit – diskret und unbestechlich. Seine weithin sichtbaren menschlichen Schwächen – seine Hypochondrie, seine Eitelkeit, seine ewigen Weibergeschichten – zählten nicht im Vergleich zu seinen Fähigkeiten und zu seinem Sinn für Realitäten, zählten nicht in den Augen einer Frau, die über derartige Schwächen die festestgefaßte Meinung hatte. Sie schenkte ihm ihr Vertrauen; sein ausgefeilter Plan zur Umkehrung der Allianzen brachte ihm ihre dauernde Bewunderung ein.

Österreichisches Folterbuch aus dem 18. Jahrhundert. Maria Theresias im *Codex Theresianus* und der *Constitutio Ciminalis* zusammengefaßte Reformen auf dem Gebiete der Gesetzgebung und des Strafrechts waren der Aufklärung durchaus würdig und machten Geschichte; gegen die Abschaffung der Folter hingegen sträubte sich die Kaiserin bis fast an ihr Lebensende.

Kaunitz' Plan war, Preußen niederzuzwingen und das reiche Schlesien wiederzugewinnen. Zur Untermauerung dieses ihres Herzenswunsches lieferte er seiner Kaiserin starke politische Argumente. Und dann zeigte er den einzigen Weg, wie man diesen Plan realisieren konnte. Er bedeutete eine völlige Revolution im österreichischen Denken – ja noch mehr, eine Revolution der allgemein akzeptierten Grundlage des europäischen Gleichgewichts. Vor Friedrich von Preußen war Frankreich der große Gegner Österreichs gewesen, und er war es auch jetzt noch; England, der Erbfeind Frankreichs, war daher der natürliche Verbündete Österreichs. Aber England bediente sich Österreichs nur zu seinem eigenen Vorteil: die französische Armee sollte auf dem Kontinent gebunden sein, während die englische Flotte Stellungen bezog und Schlachten lieferte, die ihr die Seeherrschaft und ein Überseeimperium einbrachten. Der österreichische Erbfolgekrieg hatte bewiesen, daß England keinen Finger rühren würde, um Schlesien für Österreich zurückzugewinnen oder Preußen in die Knie zu zwingen. Nur im Falle einer Bedrohung durch Frankreich würde es zu den Waffen greifen. Um das neue Preußen niederzuwerfen, bedurfte es daher nichts weniger als einer europäischen Koalition. Aber solange Österreich und Frankreich einander mit gezogenem Schwert gegenüberstanden, solange noch dazu Frankreich der Verbündete Preußens war, konnte eine solche Koalition nicht zustande kommen.

Die Möglichkeit, Österreich könne mit England brechen und sich mit Frankreich, dem alten Gegner, verbünden, stand einfach nicht zur Debatte. Dieser Gedanke kam keinem der Männer, die in London, Paris, St. Petersburg oder Berlin Politik machten. Und für Wien war er vollends unvorstellbar. Es bedurfte eines Kaunitz, diese Möglichkeit ins Auge zu fassen. Und es bedurfte einer Maria Theresia, die Verantwortung zu übernehmen und faktisch zu sagen: „Gut so. Gehen Sie als mein Botschafter nach Paris und sehen Sie zu, was Sie zuwege bringen."

Und Kaunitz ging nach Paris. Mit einem beispiellos reichen Gefolge brach er über Versailles herein, gab Einladungen wie ein regierender Fürst, schlug mit seiner Brillanz alle in seinen Bann. Drei Jahre lang sondierte er die Lage. Ein direktes Vorgehen kam nicht in Frage. Kaunitz konnte nicht mehr tun als freundlich lächeln, bittere Gefühle aus der Vergangenheit begraben, Zweifel über Friedrichs lautere Absichten verbreiten – und Freunde gewinnen. 1753 wurde er von Maria Theresia zurückberufen. Nach außen hin hatte er überhaupt nichts erreicht. Aber sie hatte nach wie vor unbegrenztes Vertrauen zu ihm, ernannte ihn zum Staatskanzler, und Kaunitz nutzte, ohne zu zögern und ohne daß sie ihn daran gehindert hätte, seine Macht, um alle Fäden der Regierung in seine Hand zu bekommen. Die ausländischen Diplomaten in Wien wußten nicht recht, was sie von ihm halten sollten: von ihm, der bisher nichts erreicht hatte, ein Exzentriker von äußerst frivolen Manieren, ein Jünger Voltaires, dessen Zynismus sprichwörtlich war und der trotz allem bei seiner Herrin, deren Persönlichkeit und Einstellung der seinen diametral entgegengesetzt war, in höherer Gunst stand als irgend jemand anderer.

Aber trotz seines Komödiantentums konnte Kaunitz die gewaltige Kapazität seines Intellekts nicht verleugnen; und bald wußte man auch, daß sich dazu Charakterstärke, ein starker Wille und fast unendliche Geduld gesellten. Drei Jahre noch arbeitete er auf sein großes Ziel hin. Das bedeutete, daß man gegenüber den Seemächten alles in Schwebe ließ, während Kaunitz versuchte, nicht nur Frankreich, sondern auch Rußland zu umgarnen. Er hatte keine andere Wahl, als die Ereignisse abzuwarten; früher oder später, dessen war er gewiß, würden England oder Preußen – oder beide – einen falschen Schritt tun, und dann würde er dies auszunützen wissen.

Der falsche Schritt kam Anfang 1756, und zwar von seiten Englands, das angesichts einer weitgehend nur eingebildeten Bedrohung Hannovers – das König Georg II. so am Herzen lag – durch Frankreich überängstlich wurde. Weil Österreich, der Verbündete, nicht bereit war, im Ernstfall genügend Hilfe zu leisten, beschloß der damalige Premierminister Newcastle, ein direktes Abkommen mit Friedrich II. von Preußen zu treffen. In den Augen Ludwigs XV. wurde Preußen über Nacht aus einem unsicheren Bundesgenossen zu einem gefährlichen Gegner. Auch Rußland, das es auf Ostpreußen abgesehen hatte, fühlte sich von England verraten. Nun endlich war Kaunitz' Zeit gekommen. Wenn Frankreich in einem Defensivbündnis mit Österreich neutral bliebe, könnte Österreich sich mit Rußland zusammentun, um Preußen zu zerschmettern, und England müßte hilflos zusehen. Tatsächlich nahmen die Dinge einen besseren Verlauf, als sich Kaunitz jemals hätte träumen lassen. Ludwig XV. hatte Friedrich nie gemocht. Er reagierte scharf – zu scharf; teils weil er sich gegen die preußenfreundliche Partei bei Hof durchsetzen wollte, insbesondere aber, weil der König zu jener Zeit ganz unter dem Einfluß der Madame de Pompadour stand, die sich einbildete, staatsmännische Begabung zu haben. In seinen scheinbar so erfolglosen Jahren in Paris hatte Kaunitz sich das Ziel gesetzt, das Vertrauen der Pompadour zu erwerben – und das war ihm auch gelungen.

Von heute auf morgen war das altehrwürdige europäische Machtschema einfach umgekehrt worden. Österreich, Frankreich und Rußland standen gegen England, Holland und Preußen. Es bedurfte nur eines Funkens, um einen europäischen Krieg auszulösen. Den Funken lieferte Friedrich. Dieser war über die Folgen besorgt, die

diese furchtbare Einkreisung haben könnte: um Schlesien abzusichern und sich im Ernstfall den Weg für eine Invasion offenzuhalten, marschierte er am 29. August 1756 heimlich und ohne Kriegserklärung in Sachsen ein.

Dies war der Auftakt zum Siebenjährigen Krieg, der dritte Schlesische Krieg Österreichs. Was immer in diesem unerbittlichen und mörderischen Konflikt geschehen mochte – in Wien sah man alles nur von einem Blickwinkel: der Demütigung Preußens und der Wiedergewinnung Schlesiens. Für England und Frankreich war er der Höhepunkt in dem langwierigen Ringen um Seeherrschaft, Handelsinteressen und Kolonialreiche. Das Ende des Krieges brachte Frankreich den Verlust Indiens und Kanadas und auch das Ende seiner Seemacht. Österreich war als festgefügte Macht wiedererstanden, doch Schlesien war für immer verloren. Rußland war endlich ein entscheidender macht-politischer Faktor in Europa geworden; Preußen hatte sich allein durch die Tatsache, daß es den Krieg überstand, zu einer Großmacht entwickelt, von nun an sollte allein seine bloße Existenz den österreichischen Führungsanspruch in Deutschland durch-kreuzen.

Daß Preußen überlebte, verdankte es in erster Linie dem Genie Friedrichs, der seinem Land das Letztmögliche und noch mehr abverlangte. Sein Ruf der Unbesieg-barkeit wurde 1757 zerstört, als ihm Feldmarschall Daun, der neue österreichische Oberkommandierende, bei Kolin eine fürchterliche Niederlage bereitete. Friedrich schlug zurück und errang bei Roßbach und Leuthen zwei bedeutende Siege, doch im Herbst 1758 wurde er bei Hochkirch wieder von Daun besiegt, der unter sich zwei sehr tüchtige Truppenkommandeure hatte: Laudon und Lacy. Und dann, im Sommer 1759, kam für Friedrich die vernichtende Niederlage bei Kunersdorf durch die Russen und Laudon. Eine genau aufeinander abgestimmte Kriegsführung der Österreicher und Russen hätte das Ende Friedrichs bedeutet. Doch die Verbündeten hatten Meinungsverschiedenheiten, wie das unter Verbündeten üblich ist. Die

Maria Theresia hatte in der Auswahl ihrer Diener eine glückliche Hand. Die Generale Daun *(gegenüberliegende Seite, ganz links)* und Lacy *(gegenüberliegende Seite, Mitte)* waren nahe daran, die preußische Militärmacht zu vernichten. Wenzel Graf Kaunitz *(gegen-überliegende Seite, rechts)* war ein brillanter Diplomat, der vierzig Jahre lang die österreichischen Außenpolitik leitete. Unter anderem gelang es ihm, das Vertrauen der Marquise de Pompadour *(rechts)*, der willensstarken und einflußreichen Mätresse Ludwigs XV., zu gewinnen.

goldene Gelegenheit ging ungenützt vorüber. Aber selbst dann konnte Friedrich nur dank seiner unerhörten Energie, seiner Beweglichkeit, seiner Weigerung, eine Niederlage zur Kenntnis zu nehmen, die scheinbar aussichtslose Lage der nächsten drei Jahre überstehen. Einmal rettete ihn die Niederlage der Franzosen bei Minden gegen die Engländer unter dem Kommando Ferdinands von Braunschweig, dann wieder seine eigenen übermenschlichen Anstrengungen, die nicht nur zu gewaltigen Siegen führten – wie bei Torgau und Liegnitz über die Österreicher –, sondern auch zu unzähligen kleinen Stör- und Hinhaltemanövern. 1760 waren die Franzosen praktisch aus dem Krieg ausgeschieden, doch die Österreicher und Russen hatten noch immer mehr Truppen. Die preußische Volkswirtschaft war ruiniert. Friedrich trug sich mit Selbstmordgedanken; er wollte sogar den Tod auf dem Schlachtfeld suchen. Alles schien verloren: nichts konnte Friedrichs endgültige Vernichtung und den Zusammenbruch Preußens als selbständige Macht aufhalten. Dann kam – Deus ex machina – die Rettung: am 5. Januar 1762 starb die Zarin Elisabeth, die von Anbeginn an in ihrer Entschlossenheit, Friedrich niederzuzwingen, selbst mit Maria Theresia wettgeeifert hatte. Ihr Nachfolger, der schwachsinnige junge Zar Peter III., der Gemahl der deutschen Prinzessin Katharina von Anhalt-Zerbst – der späteren Katharina der Großen –, hegte eine krankhafte Bewunderung für den Preußen. Zwar sollte Peter nur mehr ein paar Monate am Leben und an der Regierung bleiben; dann wurde er von der Palastwache ermordet – unter Mitwisserschaft seiner jungen Gemahlin, die später als Königin der Aufklärung glänzen sollte, als Semiramis des Nordens... Aber Peters einzige positive Tat bestand darin, Rußland aus dem Krieg herauszuführen, für Friedrich gerade noch zur rechten Zeit.

Maria Theresia hatte genug. Der ganze Krieg entsprach nicht ihrer Mentalität. Später sollte sie sich wegen ihrer vielen Unterlassungs- und Gelegenheitssünden bittere Vorwürfe machen (zum Beispiel „aus Hoffart Krieg geführt zu haben"). Im Österreichischen Erbfolgekrieg hatte sie wie eine Löwin gekämpft: er war ihr aufgezwungen worden, und es gab keine andere Überlebensmöglichkeit. Zu Beginn des Siebenjährigen Krieges konnte sie sich sagen, daß ihr Vorgehen nichts anderes war als ein legitimer und vertretbarer Versuch, ein Gebiet zurückzugewinnen, das ihr unter Waffengewalt in einem verräterischen und ohne Anlaß geführten Angriff entrissen worden war. Das stimmt. Doch es ist unbestreitbar, daß der Siebenjährige Krieg, wenn er auch von Friedrich begonnen wurde, von österreichischer Sicht das Resultat eines sorgfältig recherchierten und klugen Planes war, dessen Durchführung – besonders als sich der Tag seiner Verwirklichung näherte – die ehrliche und grundanständige Maria Theresia immer öfter zu Zweideutigkeiten und glatten Täuschungsmanövern zwang. Als sie zum erstenmal wissen ließ, sie wolle zur Wiedereroberung Schlesiens nicht zu den Waffen greifen – das überlasse sie unter Umständen ihrem Nachfolger –, meinte sie es noch ernst. Aber sie hielt auch dann noch daran fest, als sie ihre Meinung unter dem Einfluß Kaunitz' längst geändert hatte, geblendet und begeistert durch die Kühnheit seines Angriffsplans. Zwar sind ihre Lügen und die Unredlichkeit ihrer Rechtfertigung vor ihrem englischen

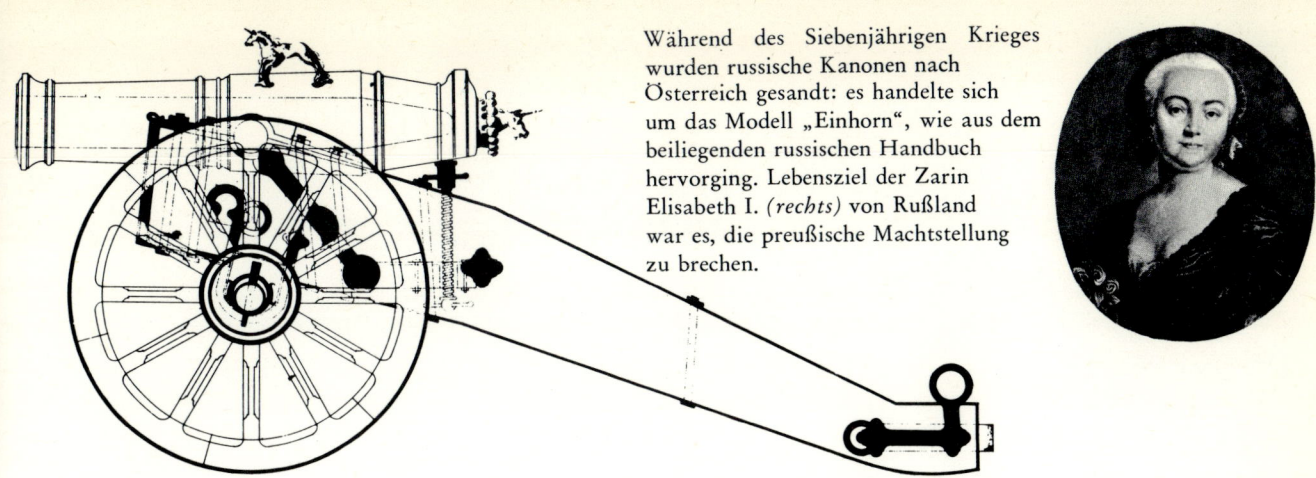

Während des Siebenjährigen Krieges wurden russische Kanonen nach Österreich gesandt: es handelte sich um das Modell „Einhorn", wie aus dem beiliegenden russischen Handbuch hervorging. Lebensziel der Zarin Elisabeth I. *(rechts)* von Rußland war es, die preußische Machtstellung zu brechen.

Verbündeten entschuldbar, wenn man sie mit dem Verrat vergleicht, dessen Opfer sie vormals selbst gewesen war. Aber diese bemerkenswerte Frau würde selbst darauf bestanden haben, nach ihren eigenen Maßstäben gewertet zu werden. Diese Maßstäbe waren hoch – weit höher als die irgendeines anderen Herrschers ihrer Zeit; und am Vorabend des Siebenjährigen Krieges mißachtete sie diese – aus Ungeduld, aus einer gewissen Anmaßung im neugewonnenen vollen Bewußtsein ihrer Kraft. Das Bemerkenswerte ist, daß sie noch immer Reserven hatte, um diese Verhärtung ihres Charakters zu überwinden. Mit durch ihre Schuld hatte es großes Leid, Blutvergießen und Verderben gegeben. Für den Rest ihrer Tage – es lagen nach dem Frieden von Hubertusburg noch siebzehn Jahre vor ihr – war sie entschlossen, einen Krieg nur mehr in verzweifelter Selbstverteidigung zu dulden.

8

Der Reformkaiser: Joseph II.

Zu Beginn des Siebenjährigen Krieges war Maria Theresia neununddreißig und in der Vollkraft ihrer Jahre. Zwei Jahre nach seinem Ende – sie war erst achtundvierzig – starb ihr geliebter Gemahl, und die Welt brach für sie zusammen. Maria Theresias menschliche Beziehungen zu Franz Stephan zu charakterisieren, ist nicht einfach. Sie besaß die außergewöhnliche Gabe, die Fehler der ihr Nahestehenden zu erkennen, ohne sich im geringsten in ihrer Liebe zu ihnen beirren zu lassen. So entdeckte sie zum Beispiel schon sehr früh, daß Franz Stephan, den sie vergötterte, keine Führerpersönlichkeit war, daß es ihm an Entschlußfreudigkeit, Angriffsgeist und Flair mangelte, daß er langsam und übertrieben vorsichtig war und weder als Truppenkommandeur noch als Mitglied des Ratskollegiums etwas leistete. Bald fand sie auch heraus, daß er ihr untreu war. Doch sie gebar ihm sechzehn Kinder, fand sich mit seiner Flatterhaftigkeit ab, und wenn sie ihn auch – nachdem ein derartiger Versuch völlig fehlgeschlagen war – vom Soldatenspielen abhielt, so förderte sie doch seine einzige wirkliche Begabung – er war ein großer Finanzmann und schuf ihr ein bedeutendes Privatvermögen – und duldete lächelnd seine Begeisterung für Künste und Wissenschaften. Offenbar gab er ihr alles, was sie brauchte: ihren Kindern war er ein liebenswerter Vater, und er war der einzige Mensch, in dessen Gegenwart sie sich voll und ganz entspannen konnte. Als er starb, befahl sie ihrer Ehrendame, ihr das herrliche goldene Haar abzuschneiden. Sie legte Trauer an, und bis zu ihrem Tod trug sie nur mehr Schwarz. Eine Zeitlang meinte sie, zu nichts mehr gut zu sein, doch in Wirklichkeit waren ihre nächsten fünfzehn Jahre mit großer Aktivität erfüllt. Sie waren allerdings auch überschattet von dem nie endenwollenden Konflikt mit ihrem Sohn und Nachfolger Joseph II., der fünfzehn Jahre lang ihr Mitregent war. Später dann sorgte das skandalöse Benehmen ihrer jüngsten Tochter Maria Antonia, die im Alter von fünfzehn Jahren als Marie Antoinette die Braut des französischen Dauphin, des späteren Ludwigs XVI., wurde – ein Opfer der neuen Allianz mit den Bourbonen –, für einen Mißton.

Joseph war von kleinauf ein schwieriger Knabe. Und wurde auch ein äußerst schwieriger Mann. Es gibt in der Geschichte keinen hochherzigeren Herrscher als ihn; kein anderer bemühte sich mit solch unbedingtem persönlichem Einsatz darum, ein antiquiertes System zu reformieren; keiner war so wie er bereit, sein Leben und sein Hab und Gut für seine Untertanen zu opfern (er überschrieb das ganze gewaltige

Die Große Galerie in Schönbrunn. Maria Theresia plante das Schloß bis in alle Einzelheiten; sie scheute dabei keine Kosten. Hier legte die Kaiserin ihrer Freude an verschwenderischer Pracht keine Zügel an. *Umseitig:* Ein „Damenturnier" in der Spanischen Hofreitschule, die von Johann Bernhard Fischer von Erlach für Maria Theresias Vater errichtet wurde.

Gegenüber: Das Schönbrunner Schloßtheater, ein Zentrum höfischer
Vergnügungen. Die Künste allerdings wurden von Maria Theresia nicht
in dem Maße gefördert, als es ihr möglich gewesen wäre.
Oben: Joseph II. *(rechts)* und sein Bruder, der
spätere Kaiser Leopold II., als junge Männer.
Gemälde von Pompeo Batoni (1769).

Vermögen, das er von seinem Vater geerbt hatte, dem Staat); keiner war persönlich anspruchsloser. Doch einen Fehler hatte Joseph: Er war viel zu selbstherrlich. Sogar seine Bescheidenheit hatte etwas Aufreizendes an sich. Seine Sorge um das Wohl der Armen entsprang weitgehend seiner Abneigung und Geringschätzung den Reichen gegenüber. Seine weitreichenden Reformen waren keineswegs die Antwort auf ausgesprochene oder unausgesprochene Forderungen seiner Untertanen: sie brachten vielmehr Josephs persönliche Meinung darüber zum Ausdruck, was richtig und gut sei. Er – und nur er – wußte, was den Leuten frommte. Er und niemand anderer war Kaiser. Er war der Archetyp des aufgeklärten Despoten, ein viel größerer Autokrat, als seine Mutter es jemals war. Und noch schlimmer: neben all seiner Sorge um das seelische und körperliche Wohlbefinden seiner Untertanen, neben all seinem Abscheu gegenüber Formalität, Protokoll und aufwendiger Extravaganz träumte er von Ruhm und Größe: ihm schwebte vor – und darin unterschied er sich von allen seinen habsburgischen Vorfahren der vergangenen Jahrhunderte –, auf kriegerischem Weg zu territorialem Machtzuwachs zu kommen, und er wollte sich unbedingt als genialer Schlachtenlenker bestätigt sehen. Er war kein Atheist, ganz im Gegenteil: er war ein frommer Katholik. Doch er war außerdem ein Anbeter der Macht, und die beiden Virtuosen in der zynischen Nutzung der Macht – Friedrich der Große von Preußen und Katharina die Große von Rußland – beein-

190

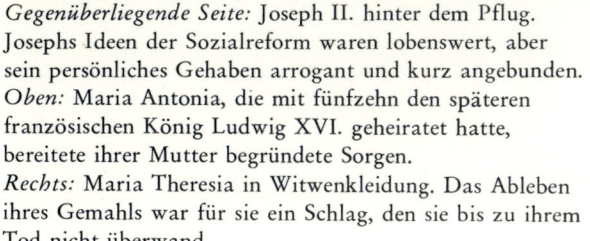

Gegenüberliegende Seite: Joseph II. hinter dem Pflug.
Josephs Ideen der Sozialreform waren lobenswert, aber
sein persönliches Gehaben arrogant und kurz angebunden.
Oben: Maria Antonia, die mit fünfzehn den späteren
französischen König Ludwig XVI. geheiratet hatte,
bereitete ihrer Mutter begründete Sorgen.
Rechts: Maria Theresia in Witwenkleidung. Das Ableben
ihres Gemahls war für sie ein Schlag, den sie bis zu ihrem
Tod nicht überwand.

druckten und beeinflußten ihn tief. Er wollte „Joseph der Große" von Österreich
werden. Es ist ihm nicht geglückt.

Dabei hatte er auch viele gute Ideen. Maria Theresia wußte ihren Halt in der
Tiefe ihres Glaubens zu finden; sie war ganz und gar unintellektuell. Kaunitz
mochte ein Anhänger Voltaires gewesen sein, doch war er klug genug, seine
Meinung für sich zu behalten. Männer mit Ideen förderte er heimlich. Nur van
Swieten war es gestattet, am Geist der Aufklärung zu nippen und sich mit den
Jesuiten anzulegen; doch er mußte sehr vorsichtig zu Werk gehen und den neuen
Zeitgeist ja nicht in der Theorie, sondern nur in der Praxis wirken lassen. Zwar war
die große Kaiserin an Erziehungsfragen leidenschaftlich interessiert – aber Erziehung war für sie im Grunde nur ein Mittel, bessere und nützlichere Staatsbürger
heranzubilden; abstrakte Ideen waren ihr verhaßt. Als Joseph im Jahre 1765
Mitregent wurde, war es hoch an der Zeit, daß ein frischer Wind aus der Richtung
Diderots, Voltaires und Montesquieus die Spinnweben wegblies, die sich angesammelt
hatten; und wäre Joseph ruhig, mit menschlichem Verständnis und, vor allem,
mit Takt an seine Aufgabe gegangen, hätte er sich gewiß eine gute Ausgangsposition
schaffen können, um bei seiner Mutter Verständnis für die geänderten Bedürfnisse
des Zeitalters wachzurufen. Sie lernte bemerkenswerterweise immer noch dazu, und
sie war sich dieser Bedürfnisse irgendwie bewußt – nicht verstandesmäßig, sondern

Links: Der frühe Tod Isabellas von Parma traf Joseph II. sehr hart; seine zweite Ehe mit der häßlichen Maria Josefa von Bayern war ihm eine arge Last.
Oben: Anläßlich der Hochzeitsfeierlichkeiten mit Maria Josefa führen Josephs Brüder Ferdinand und Maximilian sowie seine Schwester Maria Antonia einen gemessenen Tanz auf.
Gegenüberliegende Seite: Ein zeitgenössischer Druck mit dem Titel „Lohn der Zügellosigkeit": Zuwiderhandelnde gegen die Moralvorschriften Josephs müssen mit geschorenem Kopf die Straßen säubern.

durch ihren sechsten Sinn, der ihr sagte, was von einem rein praktischen Standpunkt aus nötig war, wenn sie auch diese Notwendigkeit gräßlich finden mochte. Doch man durfte bei Joseph alles voraussetzen – nur nicht Takt. Seine Mutter war von besonderer Feinfühligkeit, sein Vater hatte in seiner Liebenswürdigkeit für jedermann ein gutes Wort übrig gehabt – vielleicht war gerade das der Grund, daß Joseph keinen Funken Taktgefühl besaß, ja daß er es mit voller Absicht gering achtete. Es machte ihm Spaß, seine Widersacher zu erniedrigen (ein bißchen Sadismus spielte da auch mit); sein Benehmen Maria Theresia gegenüber schwankte zwischen beinah kriecherischen Beteuerungen seiner Ergebenheit und Sohnesliebe und einer Art, ihr seine radikalsten Ideen nahezubringen, die geradezu darauf angelegt war, die tiefsten Gefühle der Kaiserin zu verletzen. Joseph tyrannisierte seine Umgebung, er kommandierte herum, hielt lange Reden. Wenn er die Notwendigkeit betonte, im Staatsdienst fähige Köpfe einzusetzen, konnte er es sich nicht verkneifen, gleichzeitig gegen die aristokratischen Freunde seiner Mutter zu sticheln; sie selbst war sich dieser Notwendigkeit ebenso wie der Unzulänglichkeiten der großen Adelsfamilien durchaus bewußt und hatte manche Schritte unternommen, um deren Macht einzuschränken. In Sachen religiöser Toleranz war Maria Theresia fast unansprechbar; immerhin konnte man mit ihr darüber diskutieren – aber was tat Joseph? Er konnte das Thema nicht anschneiden, ohne sogleich mit all den Anschauungen, die seiner Mutter heilig waren, in Konflikt zu geraten. Er schwärmte ihr gegenüber, was für ein hervorragender Mann ihr alter Feind Friedrich sei, über welch bewundernswerte Eigenschaften Katharina von Rußland verfügt, von der Maria Theresia – nicht ganz ohne Grund – behauptete, sie sei eine gottlose Dirne... Und um die Sache noch zu komplizieren, war Joseph voll Selbstmitleid – derselbe Joseph, der nach außen seine Härte hervorkehrte, seine knappe Nüchternheit, seine Grobheit, seinen schneidenden Sarkasmus. Der frühe Tod seiner jungen Gemahlin Maria Isabella von Parma – eines klugen, intelligenten, hochkultivierten Geschöpfes, dazu noch von bezauberndem, herzlichem Wesen – war ein schrecklicher Schlag für ihn, und er war ganz gebrochen. Gleichzeitig aber war ihm dieser tragische Verlust Rechtfertigung dafür, daß er sich selbst als den Bedauernswertesten, vom Schicksal am übelsten behandelten aller Menschen betrachtete.

Beim Tode seines Vaters (1765) war er vierundzwanzig. Ein Jahr zuvor war er in Frankfurt zum römischen König gekrönt worden, was seine Nachfolge auf dem Kaiserthron automatisch sicherte. Fünfzehn Jahre lang sollte er in ständigem Konflikt mit seiner Mutter liegen; immer wieder drohte er, als Mitregent abzudanken, immer wieder war Maria Theresia nahe daran, zu resignieren und ihrem schwierigen Sohn seinen Willen zu lassen. Selbst Kaunitz, der viele Ideen Josephs unterstützte, mußte all sein unerreichtes diplomatisches Geschick aufbieten, um beiden Seiten, Mutter und Sohn, gerecht zu werden. Nach landläufiger Vorstellung wurden die kühnen Reformen eines jungen, visionären Kaisers bei jeder Gelegenheit von einer bigotten alten Frau vereitelt, die sich von vornherein gegen alle neuen Ideen stellte. Das ist grundfalsch. Wenn

auch Maria Theresia rein gefühlsmäßig streng konservativ war, hatte sie doch kühne Reformen in die Wege geleitet, als Joseph noch in der Wiege lag. Sie revidierte immer wieder ihre Ansichten, und viele der Neuerungen ihrer letzten Jahre, die Joseph zugeschrieben werden, stammen in Wirklichkeit von ihr – vor allem jene auf dem Gebiet der Gesetzgebung und des Erziehungswesens. Besonders die glanzvolle Entwicklung des Volksschulwesens und die Verbesserung der Lage der armen Bauern sind Maria Theresias Werk. Tatsächlich gab es aber nur einige wenige Punkte, in denen ihre Meinungen wirklich auseinandergingen: abgesehen von der Frage der religiösen Toleranz war es Josephs Bestreben, durch Kriege territoriale Gewinne zu erzielen, das seiner Mutter den größten Kummer bereitete. Sie weigerte sich hartnäckig, seinen diesbezüglichen Forderungen nachzukommen, und das war eine der größten Leistungen ihrer späten Regierungsjahre. Studiert man die große Anzahl der Briefe und Memoranden, die zwischen Mutter und Sohn gewechselt wurden (eine faszinierende und, was Maria Theresias Botschaften betrifft, besonders lebhafte und schwungvolle Korrespondenz), so wird einem klar, daß sich die Sorge der Kaiserin nicht sosehr auf einzelne Meinungsverschiedenheiten gründete, sondern hauptsächlich auf gewisse Charakterzüge ihres ältesten Sohnes, die ihrer Ansicht nach katastrophale Folgen haben konnten: Als Joseph noch ganz klein war, äußerte sie sich in einem Brief an seinen Erzieher über seine Ungezogenheit, seinen Hochmut gegenüber Untergebenen, seiner Ablehnung jedweder Kritik:

„... die aus seinem aufgeräumten Gemüth entstehende Lust, an Jedermann die äußerlichen und auch innerlichen Fehler alsbald zu beobachten, sich davon einnehmen zu lassen, dawider zu railieren... Der Ajo soll beflissen sein, alle diejenigen, die ihm zu viel schmeicheln, die ihm von der Hoheit seiner Geburt mehr als nöthige Einbildungen

geben wollen, die ihm durch Gelächter, durch Mienen, durch Schwätzereien und Rapporte, andere Leute oder üble Nachreden enthaltend, durch einige Scherze und Remarquen zur Unterhaltung dienen wollen, von seiner Person zu entfernen, damit er lernen möge, ohne unnötige Curiosität den wahren, soliden Werth an Jedermann zu schätzen und nicht sein Gemüth zum Nachtheil seines Nächsten ergötzen, welches besonders bei großen Herren zu tadeln ist, denen es leicht ist, dergleichen Personen zu betrüben oder zu embarassieren, welchen nicht erlaubt, sich gleichen Masses gegen sie zu gebrauchen."

Und so ging es weiter. Zwanzig Jahre später fand sie es nötig, ihrem Sohn, dem Kaiser und Mitregenten, persönlich zu schreiben und denselben Vorwurf vorzubringen:

„Glaubst Du Dir in solcher Weise brauchbare Leute zu erhalten? Ich fürchte, Du wirst in die Hände von Schurken fallen, welche, um an ihr Ziel zu gelangen, Alles dasjenige dulden, was eine edle und wahrhaft anhängliche Seele niemals ertragen kann. Und am meisten war ich betroffen zu sehen, daß du keineswegs in der ersten Aufregung gehandelt. Vierundzwanzig Stunden nachdem Du die Depeschen empfingst, also nach reiflicher Überlegung, erfreust Du Dich daran, den Dolch ins Herz zu stoßen, mit ironischen Worten und viel zu übertriebenen Vorwürfen gegen Leute, welche Du selbst als die besten ansiehst und die zu erhalten Du bemüht wart ... denn es ist weder der Kaiser noch der Mitregent, von welchem diese beißenden, ironischen, ja böswilligen Züge ausgehen, sondern auch von dem Herzen Josephs, und das ist es was mich beunruhigt, das ist es was das Unglück Deines Lebens bilden und das der Monarchie und unser Aller nach sich ziehen wird."

Die Monarchie sollte noch eineinhalb Jahrhunderte bestehen bleiben. Die folgende Hypothese ist unwahrscheinlich, zugegeben: aber wer weiß, ob Österreich nicht auch heute noch als Vielvölkerstaat mit einer konstitutionellen Monarchie existieren würde, hätte Joseph II. die Qualitäten seines Großonkels Joseph I. oder seiner Mutter besessen. Aber wie Maria Theresia ganz richtig voraussah, scheiterte ihr Sohn. Sie hatte eine beachtliche prophetische Gabe. So steht beispielsweise in einem Brief zu lesen, den sie im Jahre 1775, fünf Jahre vor ihrem Tod, an Maria Antoinette, die Königin von Frankreich, schrieb und in dem sie ihre jüngste Tochter anflehte, sich doch vernünftiger aufzuführen:

„Ihr Glück könnte sich nur zu sehr ändern, und Sie könnten sich durch eigene Schuld in das größte Unglück stürzen ... Eines Tages werden Sie das erkennen, aber dann wird es zu spät sein."

Joseph scheiterte, weil er überhaupt kein Gespür für die Gefühle und Sentiments hatte, die das Verhalten der Menschen bestimmen. Er glaubte, seine Welt durch Verordnungen erneuern zu können, indem er mit den herkömmlichen Führungsschichten

Das Allgemeine Krankenhaus in Wien, eines der bedeutendsten Zeugnisse von Josephs Reformeifer, der freilich allzuoft auch falsche Wege einschlug.

Josephs II. Grab in der Kapuzinergruft in Wien. In seiner Einfachheit und Strenge bildet es einen scharfen Kontrast zu den prunkvollen Sarkophagen seiner Eltern im Hintergrund.

der Gesellschaft nicht gerade höflich umging und die gewöhnlichen Leute und Bauern unter seine Kontrolle brachte. Er allein wußte, was ihnen guttat, und nur er allein konnte es daher anordnen. Während der fünfzehn Jahre seiner Mitregentschaft kostete es seiner Mutter ein gewaltiges Maß an Kraft und Nerven, die latenten despotischen Neigungen Josephs zu zügeln; doch kaum, daß sie tot war, folgte Verordnung auf Verordnung – die eine gut, die andere schlecht, die dritte lächerlich; keine aber wirklich gut durchdacht. Es gab keine große Linie, keine Konsequenz; man bedachte nicht die Folgen, man nahm auf bestehende Interessen keine Rücksicht. Es genügte, daß der Kaiser einen Einfall hatte: tags darauf war er Gesetz. Joseph befreite die Bauern, brach die Macht der Kirche (er löste eine große Anzahl reicher Klöster, Stifte und Orden auf und zog deren Vermögen zugunsten des Staates ein), festigte die von seiner Mutter aufgebaute Verwaltung, setzte der Verschwendung des kaiserlichen Hofs ein Ende und mischte sich, einfach gekleidet, unter die Leute. All das war in Ordnung, doch die Art und Weise der Durchführung war schlecht – es schien, als hätte Joseph es darauf angelegt, möglichst viele Leute vor den Kopf zu stoßen. So brachte er die Böhmen gegen sich auf, weil er ihnen eine Verwaltung vorsetzte, die fast ausschließlich aus Deutschen bestand – nicht weil er die Deutschen bevorzugte, sondern weil er sie für tüchtiger hielt. Die Folge all dieser unüberlegten Handlungen war, daß es vor seinem Tod in allen Reichsteilen gärte und manche seiner Untertanen, vor allem in den Niederlanden, die Waffen gegen ihn erhoben. Er hatte es so gut gemeint und nur Undank geerntet. Als er nach zehn Jahren Alleinherrschaft starb, war sein Thron schon seit geraumer Zeit in Gefahr; der verbitterte Kaiser sagte einmal, man solle ihm „Hier ruht Joseph II., der in allem scheiterte, was er tat" auf den Grabstein schreiben, was natürlich nicht geschah.

Noch andere Mißerfolge gehen auf sein Konto – noch während der Regierungszeit seiner Mutter und gegen ihre leidenschaftlichen Proteste. Schon vor dem Siebenjährigen Krieg war Rußland als Österreichs Verbündeter auf der internationalen Bühne erschienen: eine neue unbekannte Größe im Karussell der europäischen Mächte. Unter Peter dem Großen war endlich der Vorstoß zum Schwarzen Meer geglückt. Als nächstes kam Polen dran. Im Jahre 1772 einigten sich Zarin Katharina und Friedrich von

Preußen, Maria Theresias verhaßter Feind, über die Teilung des Landes und trachteten Österreich als Bundesgenossen zu gewinnen. Maria Theresia war empört: Man mutete ihr zu, an einer kaltblütigen Aggression teilzuhaben – genau derselben Art von Aggression, wie sie Friedrich dreißig Jahre zuvor in Schlesien begangen hatte. Aber Joseph, der diesmal die Unterstützung Kaunitz' hatte, nahm auf ihren Protest keine Rücksicht. Maria Theresia widersetzte sich lange Zeit: Österreich würde auf immer sein Ansehen aufs Spiel setzen; es würde keinen Freund mehr auf der Welt haben; es würde der Verbündete von Banditen und Landräubern sein und den Prinzipien internationaler Rechtsgepflogenheiten zuwiderhandeln, die sie, die Kaiserin, mit solcher Mühe aufrechterhalten hatte. Lieber würde sie sich der ärgsten Demütigung aussetzen, als an diesem Verbrechen teilzunehmen. Doch Maria Theresia, nicht mehr die jüngste, wurde von Kaunitz und ihrem Sohn in eine Situation manövriert, aus der es offenbar keinen Ausweg mehr gab.

Ihre düsteren Ahnungen erfüllten sich tatsächlich. Und was noch schlimmer war (und was auch sie damals nicht wissen konnte): durch die Teilnahme an der ersten Teilung Polens war Österreich an Preußen und Rußland gebunden. Der erzielte Landgewinn war vom strategischen Standpunkt aus wertlos und brachte Österreich bloß ein neues, unassimilierbares völkisches Element. Dafür war aber die Handlungsfreiheit der Monarchie eingeschränkt. Hier liegt einer der Keime des späteren Zusammenbruchs des Habsburgerreiches.

Josephs militärische Taten waren völlig unsinnig und endeten beinahe in einem Fiasko. Das Beispiel Friedrichs von Preußen, des großen Feldherren, und Katharinas von Rußland, der erfolgreichen Baumeisterin eines gewaltigen Reiches, spornte ihn an: er war fest entschlossen, ebenfalls zu brillieren. Mit einem Mal existierten die Ideale der Aufklärung, die Sorge um die Wohlfahrt seiner ärmeren Untertanen nicht mehr. Er führte sein Land in zwei unglückliche Kriege: der erste (wieder gegen den Widerstand seiner Mutter) sah anfangs ganz nach einem militärischen Spaziergang aus und sollte Österreich nach dem Tode des Kurfürsten Maximilian Joseph einen Teil von Bayern einbringen. Zu seinem Ärger und seiner Bestürzung trat aber Josephs Held Friedrich II. dazwischen, ganz Friedensbringer und Vorkämpfer internationaler Rechtschaffenheit.

Joseph ließ sich davon nicht beeindrucken und marschierte an der Spitze von 200.000 Mann nach Böhmen, gegen die Preußen. Einer fast unvermeidbaren Katastrophe entging er nur, weil der mittlerweile alt gewordene Preußenkönig sich standhaft weigerte, eine offene Feldschlacht anzunehmen, und weil sich Maria Theresia hinter Josephs Rücken um einen Waffenstillstand bemühte. Das war der Bayerische Erbfolgekrieg, wie er mit seinem offiziellen Namen heißt; die volkstümliche Bezeichnung „Kartoffelkrieg" rührt daher, daß sich die österreichische Armee – die einen gräßlichen Winter im böhmischen Schlamm und Schnee verbringen mußte, ohne in Feindberührung zu kommen – am Ende von Kartoffeln ernähren mußte, die die Soldaten mit ihren Bajonetten aus der Erde gruben. Später dann, nach Maria Theresias Tod (1780), unternahm Joseph im Jahre 1788 einen kurzen und unsinnigen Feldzug gegen die Türken, mit

dem er sein murrendes, unzufriedenes Volk vollends verstimmte. Vor seinem Tod
standen Ungarn und die Niederlande wieder in hellem Aufruhr. Es war ein trauriges
Ende für den Mann, der sich vorgenommen hatte, als großer Reformkaiser in die
Geschichte einzugehen. Es hätte, in der Tat, auch Österreichs Ende sein können.
Joseph II. starb im Februar 1790. Im Juli des vorangegangenen Jahres hatten die
Pariser die Bastille gestürmt. Das waren schlimme Zeiten, auch für den festesten Thron
– von einem wackeligen ganz zu schweigen.

Daß der Thron dennoch erhalten blieb, war Josephs jüngerem Bruder Leopold zu
verdanken, dem Großherzog der Toskana, der als Leopold II. Kaiser wurde. Er war
dreiundvierzig und stand im Zenit seines Schaffens. Es war ein Unglück für Österreich,
daß dieser Mann nach Joseph zur Welt gekommen und daß er, als er schließlich seinem
Bruder nachfolgte, nur noch zwei Jahre zu leben hatte. In seiner Jugend machte Leo-

Die letzten Augenblicke im Leben Maria Theresias. Joseph II. kniet an
ihrer Seite.

pold niemanden auf sich aufmerksam; doch als er von seinem Vater, Kaiser Franz I.,
die Toskana erbte – Franz Stephan mußte auf sein Stammland Lothringen verzichten
und erhielt die Toskana als Entschädigung –, wurde der Palazzo Pitti in Florenz
zum Sitz der weisesten, gerechtesten, menschlichsten, fortschrittlichsten (im wahren
Sinn dieses Wortes, bevor es von doktrinären Ideologien umfunktioniert wurde)
Regierung auf dem europäischen Kontinent. Er brachte dies mit ganz wenig Geld
fertig; sein kleines Land war recht arm. Leopold hatte in bemerkenswertem Ausmaß
einige der besten Charaktereigenschaften seiner Mutter geerbt; zu ihnen gesellte
sich Verständnis für den Geist der Zeit. Weit mehr als sein Bruder war er ein wahrer
Vertreter der Aufklärung. Hätte Leopold, als Regent und als Kaiser, Josephs Möglich-
keiten gehabt, wäre er wohl als „Leopold der Weise" in die Geschichte eingegangen.

Leopold hatte leider nicht Gelegenheit, sich in konstruktiver Weise zu bewähren.
In den zwei Jahren, die ihm das Schicksal schenkte, besserte er zuerst mit Erfolg die von
Joseph angerichteten Schäden aus. Er beendete den Türkenkrieg, einigte sich mit den
Ungarn und gewann das Vertrauen seiner eigenen Landsleute, indem er fast jede
einzelne von seinem Bruder verfügte Verordnung widerrief. Auch mit den Niederlanden schloß er Frieden – teils durch Gewaltanwendung, teils mittels versöhnlicher
Versprechungen. Dies war an sich schon eine große Leistung; aber Leopold II. beging
den größten Fehler seines Lebens, als er sich im Verlauf der Abwicklung seiner Staatsgeschäfte in den Niederlanden den Groll Englands und Hollands zuzog. Er weigerte
sich, die Garantien der Seemächte in Anspruch zu nehmen, denn er wollte sich diesen
nicht verpflichtet fühlen. Und er merkte nicht, daß Österreich innerhalb eines Jahres
alle nur erdenkbare Hilfe von England nötig haben würde.

Sein Fehler lag darin, daß er annahm, sein Schwager und offizieller Alliierter,
Ludwig XVI. von Frankreich, würde bald wieder an die Macht kommen. Aber als
Frankreich von einem Chaos in das andere taumelte, als die Girondisten dem Kaiser
Feuer und Zerstörung androhten, weil er es gewagt hatte, für die Rechte der unter
französischer Oberhoheit stehenden deutschen Fürsten einzutreten, wurde die Kriegsgefahr immer akuter. Ein Krieg zwischen Österreich und Frankreich bedeutete zuerst
und vor allem den sofortigen Verlust der Niederlande. Leopold war in der Zwickmühle:
er konnte nicht mit der ausgesprochenen Unterstützung Englands rechnen, anderseits
bestand doch die Notwendigkeit, alle gekrönten Häupter Europas in einer Front gegen
die Revolution zu vereinen. England jedoch, dem Österreich kurz zuvor in der Angelegenheit der Niederlande die kalte Schulter gezeigt hatte, war reserviert und pochte
auf seine Neutralität. Leopold, den die Franzosen der Konspiration mit Ludwig XVI.
verdächtigten, war bis zum äußersten bemüht, zu beweisen, daß ihm jegliche Absicht
fernläge, sich in die inneren Angelegenheiten Frankreichs einzumischen. Gleichzeitig
spann er eine – völlig illusorische – Intrige nach der anderen, um Ludwig und vor allem
seine arme Schwester Marie Antoinette zu retten, ohne einen Krieg zu provozieren. Er
klammerte sich sogar noch an die Hoffnung auf Frieden, als er an Ruhr erkrankte
und innerhalb weniger Tage starb. Man schrieb den März 1792. Fast unmittelbar
danach erklärte Frankreich dem Nachfolger Leopolds den Krieg.

Umseitig: Die Krönungsprozession von Leopold II., dem Bruder und
Nachfolger Josephs II.

In der Regierungszeit Maria Theresias und ihrer beiden Söhne lieferte Wien seinen
größten Beitrag zur Musikkultur Europas. Christoph Willibald Gluck, der Sohn eines
Försters und ehemaligen Büchsenspanners des Prinzen Eugen, hatte der Kaiserin viel
zu verdanken. Trotz ihrer Vorliebe für die Italienische Schule, der Musik ihrer Jugend,
stellte sie ihn als ihren Hofkomponisten an. Haydn und Mozart hingegen, die beide
aus dem Volk kamen, fanden bei Hof, der ihnen keine richtige Anstellung bot und
ihr Genie nie richtig erkannte, nicht allzuviel Entgegenkommen. Die Gesellschaft jedoch, in der sie lebten und ihre Werke schufen, erwies sich als dankbarer Mäzen. Und
als das 18. Jahrhundert seinem Ende zuging, zog der junge Beethoven aus Bonn in
dieses Wien Haydns und Mozarts, weil es ihm der beste Ort schien, wo er studieren
und arbeiten konnte. So kam es zu jener erstaunlichen Reihe von Komponisten, die
sich über Schubert, Bruckner und den Norddeutschen Brahms bis zu den letzten Tagen
der Monarchie und sogar darüber hinaus mit Mahler, Wolf, Berg, Schönberg und
Webern fortsetzte. Daneben gab es die böhmisch-mährische Musikkultur. Selbst
Mozart fühlte sich in Prag wohler als in Wien; an der Moldau war man auch freundlicher zu ihm. Böhmen und Mähren hatten ihre eigene ausgeprägte Musiktradition, die
unter dem letzten großen Habsburger mit Dvořák, Smetana und dem erstaunlichen

Janáček ihre Blüte erreichte. Es war ein weiter Weg vom Rokoko bis zur atonalen Musik; von den Extravaganzen Schönbrunns bis zu Adolf Loos und seiner revolutionären Architektur; von Metastasio, dem Librettisten Glucks, Haydns und Salieris, bis zu Hofmannsthal, dem Librettisten von Richard Strauss. Und auf einem anderen Gebiet menschlicher Erkenntnis war es ein ebenso weiter Weg: von van Swieten und dem Allgemeinen Krankenhaus Josephs II. bis zur Wiener Medizinischen Schule in ihrer Blütezeit – und Sigmund Freud. Dieser Weg führte, ohne Unterbrechung, durch mehr als eineinhalb Jahrhunderte; er war für die Reisenden oft sehr holprig. Doch selbst die düstere Zäsur des Ersten Weltkrieges bewies mehr als eindrucksvoll, daß das geistige Erbe jener Jahrhunderte sich als stark genug erwies, das Trümmerfeld der Monarchie zu überdauern und richtungweisend für die Zukunft zu wirken.

9

Revolution, Restauration, Reaktion: Franz II. und Ferdinand I.

Österreich hätte angesichts der Stürme der Revolution in Frankreich und der Napoleonischen Kriege eines genialen Herrschers bedurft, der das Reich und ganz Europa um sich sammeln konnte. Doch das war zweifelsohne zu viel verlangt. Immerhin hatten die Habsburger in Franz II., dem ältesten Sohn Leopolds, wieder einen Herrscher hervorgebracht, der sich zu behaupten wußte. 43 Jahre (von 1792 bis 1835) hielt er sich an der Macht, handelte geschickt, kühl und ohne viel Skrupel, nahm größere Demütigungen hin, ohne mit der Wimper zu zucken, und die größten Triumphe ohne Jubel. Er lebte in ständiger Unterbewertung seiner selbst, was in größtem Gegensatz zu dem bombastischen Prunk der Zeit stand. Nach der Katastrophe von Austerlitz, die Österreich zwang, um Frieden zu bitten, berichtete Franz, der an der Schlacht teilgenommen hatte, seiner Gemahlin: „Heute wurde eine Schlacht ausgetragen, die kein sehr schönes Ende nahm."

Das erinnert an einen anderen Herrscher, Friedrich III., und seine berühmte Redensart „Das höchste Glück liegt im Vergessen des Unwiederbringlichen". Gewiß, auch Franz machte aus der Not eine Tugend. Seine Freundlichkeit im Kreise seiner Familie, seine Lethargie, seine Abneigung gegen alles Umständliche, der berühmte Mangel an jeglicher Anmaßung, der Eindruck des liebenswürdigen, bequemen Zynikers, den er für gewöhnlich erweckte – all das war nicht so sehr eine Schutzmarke als vielmehr bequeme Tarnung, hinter der sich eine der härtesten und entschlossensten Persönlichkeiten der Geschichte Habsburgs verbarg. Seine Verluste schrieb er mit derartigem Gleichmut ab, daß es zeitweise frivol wirkte. Aber er wußte, was er tat, und auch warum er es tat. 1806, ein Jahr nach dem demütigenden Frieden von Preßburg, legte Franz die Krone des Heiligen Römischen Reiches nieder. Sie sollte nie wieder einen Träger finden. Franz aber hatte schon zwei Jahre zuvor erkannt, von welcher Seite der Wind blies, und sich eine neue kaiserliche Würde angeeignet – die von Österreich. Als Seine Kaiserliche und Apostolische Majestät, Kaiser von Österreich, König von Ungarn und Böhmen etc. etc. überlebte er Napoleons Sturz, und als rangältester Herrscher machte er allen Majestäten und Hoheiten Europas beim Wiener Kongreß die Honneurs. Kühl berechnend vermählte er seine Tochter mit dem Emporkömmling, der ihn und seine ganze Familie aus Wien verjagt und sich in Schönbrunn häuslich niedergelassen hatte; nach dem Sturz Napoleons expedierte er Marie-Louise als Herzogin nach Parma, aber ohne zu zögern legte er seine schützende Hand auf sein Enkelkind, den kleinen

Über Klassenschranken hinweg fand das österreichische Volk durch die Angriffskriege Napoleons zur Einigkeit. Diese patriotische Darstellung zeigt, wie Angehörige des Adels, des Bürgertums und der Landbevölkerung im Kampf zusammenstehen.
Umseitig: Österreichische Truppen kämpfen sich über verschneite Paßhöhen, um Napoleon in der Schlacht zu stellen.

So zichet Edelmann Bürger und Bauer in Thirol fürs Vaterland zu felde
unserer Patriotischen Erz Herzogin Elisabet gewidmet A. 1809.
von einem Tiroler Schützen

Gegenüber: Kaiser Franz II., der die römische Kaiserwürde zurücklegte, im Ornat der österreichischen Kaiser.
Oben: Kaiser Franz II. beim Ausritt mit seiner Gemahlin, der bayerischen Prinzessin Karolina Augusta.

Oben: Napoleon ließ sich von seiner ersten Gemahlin Josephine scheiden und vermählte sich mit Marie Louise, der Tochter Franz' II. *(rechts oben),* um einen Thronfolger königlichen Blutes zu erhalten.

Rechts: Der Herzog von Reichstadt, der Sohn und Thronfolger, den Marie Louise Napoleon geboren hatte, kam sein ganzes Leben nicht aus Schönbrunn heraus. Er war ein hübscher, allgemein beliebter Jüngling, und als er mit 21 Jahren an Tuberkulose starb, wurde er allgemein betrauert.

Clemens Fürst Metternich, der unter Franz II. den entscheidenden Einfluß auf Österreichs Politik und Diplomatie
ausübte. Sein Spitzelnetz war bekannt und gefürchtet.

Herzog von Reichstadt, Napoleons Nachfolger, dessen kurzes Leben, umgeben von
äußerem Luxus und voll tiefer innerer Enttäuschung, im Jahre 1832 in Schönbrunn
ein Ende fand.

Normalerweise tritt Franz gegenüber der brillanten Persönlichkeit seines Ministers
für auswärtige Angelegenheiten, des Fürsten Metternich, völlig in den Hintergrund.
Dies ist verständlich; Metternich besaß Verstand, diplomatisches Genie, Vitalität, Einsicht und war fähig, unglaublich hart zu arbeiten; er brauchte jedoch für seine Geschäfte einen festen Rückhalt, und den gab ihm Franz. Der Kaiser war alles andere
denn Wachs in den Händen seines Ministers. Er war glücklich, Metternich für alles in
positivem Sinn verantwortlich machen zu können; der Kanzler verdiente es. Außerdem
war es sehr bequem, in diesem Berufsdiplomaten aus dem Rheinland mit seiner unüber-
troffenen Eitelkeit und Selbstzufriedenheit eine Galionsfigur zu besitzen, mittels der
er auch den Zorn seiner Untertanen gegenüber unpopulären Maßnahmen sowie die
wiederholte Entrüstung der Regierungen anderer Mächte von sich abwenden konnte.
Hätte es Metternich nicht gegeben, Franz würde ihn sicherlich erfunden haben. Wie
die Dinge standen, schien er wie vom Himmel gesandt. Der Mann brachte es fertig,
Europa zu beherrschen – und genau das war es, was von ihm verlangt wurde. Während-
dessen machte sich Franz ein Vergnügen daraus, in den Straßen Wiens zu spazieren
wie irgendein beliebiger Bürger, in seinen Treibhäusern in Schönbrunn herumzuwerken
oder plötzlich in der Küche zu erscheinen und Bonbons zu fabrizieren. All dies bereitete
ihm unendlich viel Spaß. In seiner Jugend war er von Joseph II. tyrannisiert worden, und
das Durcheinander, das sein gebieterischer Oheim in den Staatsaffären anrichtete,
hatte ihn tief betroffen; später dann mußte er den Ausbruch der Revolution in Frankreich und den Tod seiner Tante auf dem Schafott erleben; er fühlte, daß eine Hand aus
Eisen nötig war, aber rein gefühlsmäßig verstand er, daß die Zeiten nach einem Samt-
handschuh verlangten.

Es soll auch daran erinnert werden, daß Franz zu Beginn seiner Herrschaft, noch
bevor Metternich die Staatsgeschäfte übernahm, durch Jahre hindurch die ärgsten
Schwierigkeiten zu überstehen hatte. Er und Österreich standen anfangs ganz allein da,
und es war Österreich, das in Italien den ersten gewaltigen Angriff Napoleons erdulden

Erzherzog Karl, der Held der Schlacht von Aspern, in der er Napoleon seine erste Niederlage zufügte, war beim Volk überaus beliebt. Seine Reiterstatue befindet sich gegenüber der des Prinzen Eugen auf dem Heldenplatz in Wien. *Rechts:* Belagerung Wiens durch die Truppen Napoleons. Die Stadt fiel 1805 und noch einmal 1809 in ihre Hand.

und sich ihm geschlagen geben mußte. England trug zur See harte Kämpfe aus, und Nelson persönlich rettete eine Tante des Kaisers, Maria Karoline, die Gemahlin Ferdinands von Bourbon-Neapel und beste Freundin der Lady Hamilton. Aber auf dem Festland gab es für Österreich nichts als Schwierigkeiten und wenig Hilfe. Nach der österreichischen Niederlage bei Ulm 1805 wurde sogar Wien besetzt. Dann folgten Austerlitz und der Zerfall des alten Kaiserreiches; zahlreiche deutsche Fürsten suchten Rückendeckung bei Napoleon und bildeten den Rheinbund. Franz aber, wie bereits bemerkt, behielt klaren Kopf. Erst 1809 übernahm Metternich die Geschäfte in Wien, nachdem er vorher Botschafter bei verschiedenen europäischen Höfen gewesen war.

In diesem Jahr – Frankreich hatte mit Wellington in Spanien alle Hände voll zu tun – beschloß Österreich, den Kampf wiederaufzunehmen. Der Krieg nahm mit dem Sieg über die Franzosen bei Aspern und Eßling durch den Bruder des Kaisers, Erzherzog Karl, einen günstigen Beginn. Doch sofort folgte Napoleons Rache bei Wagram, am jenseitigen Ufer der Donau, von Wien aus gesehen. Franz nahm als Beobachter an dieser Schlacht, in der beide Seiten hohe Verluste zu beklagen hatten, teil. 153.000 Österreichern standen Napoleons 180.000 Soldaten gegenüber. Zwei Tage wütete das Ringen, wobei die Österreicher am Morgen des zweiten Tages eine großangelegte Gegenoffensive durchführten. Die Franzosen beklagten 24.000 Gefallene, die Österreicher 25.000. Als Franz den Rückzug der Truppen seines Bruders mit ansehen mußte –, wandte er sich, teilnahmslos wie immer, mit den Worten ab: „Es ist besser, wir gehen jetzt nach Hause."

Die erste Aufgabe Metternichs bestand darin, den Frieden so billig wie nur möglich zu erkaufen, die zweite, ihn zu wahren. Die Verehelichung einer habsburgischen

212

Prinzessin mit einem Mann, der seine Laufbahn als korsischer Leutnant begonnen
hatte, war der größte Teil des Preises. Franz zahlte ihn gelassen. Es war gewiß nicht
heldenhaft, aber klug. Er dachte keinen Augenblick an Demütigung, denn die
Habsburger standen über diesen Dingen. Sie brauchten keinen falschen Stolz. Ihr
wahrer Stolz war brennend und unantastbar. Solange es den Kaiser gab, war auch er
unantastbar. Und es gab ihn auch weiterhin.

Metternichs Friede – ein groteskes Intermezzo in der Geschichte Habsburgs – war
nur von kurzer Dauer. Die Niederlande waren schon 1797 verloren, nun spielten
Napoleons Brüder und Schwestern auf den ehemals habsburgischen Thronen in
Italien und Spanien die großen Herren, und Wien, die glänzende Stadt der Bälle
und Walzer, war voll von geflüchteten Habsburgern. Das Heilige Römische Reich
existierte nicht mehr. Viele deutsche Fürsten hatten sich mit Frankreich verbündet.
Preußen war besiegt und gedemütigt worden. Aber Franz, dem Metternich zur Seite
stand, regierte immer noch über die österreichischen Erblande (minus einiger von
Napoleon abgetrennter Provinzen), über Böhmen, Mähren – und Ungarn. 1812
machte er mit seiner dritten Gattin, Maria Ludovika von Modena, einen Staatsbesuch
in Dresden und wohnte dort dem glänzenden Empfang zur Verabschiedung
Napoleons vor dessen russischem Feldzug bei. Vier Monate später war Napoleon
wieder in Dresden, diesmal auf der Flucht von Moskau nach Paris: erschöpft, von
Strapazen gezeichnet, unrasiert. Nun war für Österreich die Zeit gekommen, den
Kampf wiederaufzunehmen, diesmal an der Seite Rußlands und Preußens. Während

England in Spanien erfolgreich kämpfte, siegten die Alliierten in der Völkerschlacht bei Leipzig (1813). Der Weg nach Paris stand offen. Napoleon wurde gezwungen, zu Gunsten seines Sohnes Napoleon II., des Herzogs von Reichstadt, abzudanken.

Ein Wunder war geschehen, und Franz und Metternich gedachten es zu feiern. Die große Feier war der Wiener Kongreß, bei dem Franz den Hausherrn spielte, ebenso kühl in seinem Triumph wie in der Niederlage, während Metternich, das organisatorische Genie, in einem Fieber der Betriebsamkeit politische Fäden zog und nach allen Seiten Intrigen spann. Sein Ziel war, die Kaiser und Könige zu unterhalten, während er mit deren Ministern die Karte Europas nach seinen Ideen neu konzipierte. Beide Rechnungen gingen auf, nur dauerte es ziemlich lange. Die großen Vier: Österreich, England, Rußland und Preußen, waren am Konferenztisch durch Metternich, Castlereagh, Nesselrode und Hardenberg vertreten. Aber Talleyrand, der Sprecher der besiegten Macht, entpuppte sich von Anfang an als ein so großer Meister der Intrige, daß die Sieger in einer Art Selbstverteidigung ihn zu allen Beratungen hinzuzogen; und Talleyrand machte es sich zum Vergnügen, die Angelegenheiten durch eine endlose Reihe von Verfahrensfragen zu verzögern und unter den Siegermächten inner- und außerhalb des Konferenzsaales Mißtrauen und Zwietracht zu säen.

Alexander I. von Rußland, der sich mit gewissem Recht als Retter und Schiedsrichter Europas betrachtete, führte zusammen mit König Friedrich Wilhelm III. von Preußen die Liste der über 200 königlichen und fürstlichen Familien mit ihren Gefolgen an, die über Wien hereingebrochen waren, mit dem festen Entschluß, hier zu glänzen und es sich gutgehen zu lassen. Neben den Fürsten und Ministern strömten Zehntausende von Privatpersonen in die Stadt, die alle darauf erpicht waren, mit dabeizusein, herauszuholen, was sie nur konnten: Maler, Journalisten,

Oben: Die Übergabe der Schlüssel der Stadt Wien an Napoleon.
Links gegenüber: Eine Schnupftabakdose zeigt die Schlacht von Wagram (1809) und trägt die Inschrift „Gott helfe Kaiser Franz".
Rechts gegenüber: Nachdem sie Napoleon 1814 auf die Insel Elba verbannt hatten, machten sich die Verbündeten daran, die Landkarte Europas neu zu gestalten – und sich zu vergnügen.

Schauspieler, Tänzer, Taschendiebe und Dirnen. Vom herrlichen Frühherbst 1814 an, den ganzen Winter und Frühling hindurch bis spät in den Sommer 1815, glänzte und funkelte und tanzte Wien wie nie zuvor.

Hinter den Kulissen jedoch wimmelte es nur so von diplomatischer Betriebsamkeit. Die Meinungen prallten hart aufeinander. Es wurde erbittert gefeilscht. Sehr oft war man drauf und dran, den Kongreß abzubrechen. Drei Monate lang waren beispielsweise Metternich und der Zar von Rußland nicht gewillt, zusammenzutreffen. Es hatte öfters den Anschein, als steuerten die Siegermächte direkt einem Krieg, diesmal untereinander, zu. Alexander von Rußland und Friedrich Wilhelm von Preußen sorgten durch ihre launenhaften Extrawünsche, die auf Kosten Polens und Sachsens gingen, für genügend Zündstoff. Sie zankten sogar noch, als Napoleon im Februar 1815 sein Exil auf Elba verließ, in Antibes landete und auf Paris marschierte. Noch während die Mächte sich bereitmachten, ihn zu vernichten, diskutierten ihre Vertreter in Wien weiter: die Schlußvereinbarung wurde neun Tage vor der Schlacht von Waterloo unterzeichnet.

Diese Schlußvereinbarung sollte bis zum Zerfall der österreichisch-ungarischen Monarchie etwas über hundert Jahre später die letzte große Aufteilung Europas darstellen. Im nächsten Jahrhundert folgten Korrekturen und wichtige Machtverschiebungen, bei denen Österreich der Hauptverlierer war. Aber das ganze Drama des 19. und der ersten Jahre des 20. Jahrhunderts, das 1914 mit dem Ersten Weltkrieg seinen Höhepunkt erreichte, spielte sich innerhalb des am Vorabend von Waterloo festgelegten Rahmens ab.

Sofern dieser Rahmen als Werk eines Mannes angesehen werden kann, hieß dieser eine Mann Metternich: der einzige, der ihm mit seinem Verstand und Intelligenz gleichkam, war der großartige und so verleumdete Lord Castlereagh. In der Heiligen Allianz, die bald nach der endgültigen Abdankung Napoleons zwischen den Kaisern von Österreich und Rußland und dem König von Preußen geschlossen wurde, trachtete Metternich sein Konzept zu verewigen. Die Herrscher Europas sahen in der Allianz vor allem eine Bestätigung ihrer christlichen Prinzipien, tatsächlich aber

wurde sie ein Vertrag gegenseitiger Rückversicherung, eine Art Gewerkschaft der Herrscher, eine defensive Barriere gegen Revolution und Subversion. Weder Metternich noch Franz betrachteten sie als Instrument der Reaktion. Für den Kaiser war sie bloß eine formelle Bestätigung des Gegenwärtigen, eine Bekräftigung des Status quo, der von der Französischen Revolution so brutal unterbrochen worden war. Metternichs Konzept war konstruktiver. Trotz all seiner persönlichen Fehler, trotz seines brillanten und skrupellosen Opportunismus war der Kanzler ein wirklich großer Staatsmann. Er wollte Frieden, Beständigkeit und Prosperität. All dies war durch die Rivalität zwischen den Staaten und die subversiven Kräfte innerhalb der einzelnen Mächte ärgstens gefährdet. Österreich mußte natürlich seine Stellung beibehalten. Doch es konnte einzig und allein im Rahmen stabiler europäischer Verhältnisse blühen und gedeihen. Manch ein Habsburger hatte in früheren Zeiten von der Einheit Europas unter der Kaiserkrone geträumt. Als dieser Traum für immer zu Ende gegangen war, stand der zügellosen Machtpolitik nichts mehr im Wege. So hatte sich beispielsweise Richelieu mit all seinen großen Fähigkeiten einzig und allein der Größe Frankreichs gewidmet; der ganze Eifer Kaunitz' galt der Größe Österreichs, und mit Hilfe Josephs II. fegte er alle Bedenken Maria Theresias beiseite – der ersten Herrscherin, die die Notwendigkeit einer auf Redlichkeit und dem gegebenen Wort beruhenden internationalen Ordnung erkannte; Pitt ging es um England, er betrachtete die Kontinentalmächte fast ausschließlich als Kräfte, die im Rahmen eines Großkonzeptes gegenseitig in Schach gehalten werden mußten, damit die englischen Interessen freies Spiel hatten.

Metternich, seiner Zeit weit voraus, war gleichsam der erste Vertreter der Völkerbundidee; er war der erste Staatsmann, der Europa als eine organische Einheit betrachtete, die dazu gebracht werden mußte, als Ganzes zu gedeihen, wenn auch die einzelnen Teile gedeihen sollten – vor allem natürlich jener Teil, für den er selbst verantwortlich zeichnete: die habsburgischen Länder. Als er einmal sagte: „Ich hätte im Jahre 1900 zur Welt kommen sollen, mit dem 20. Jahrhundert vor mir", hatte er recht damit, mehr als man damals glaubte. Für ihn bedeutete das Zusammenspiel Europas eine echte Notwendigkeit. Seine Tragödie war, daß sich Europa noch zu seinen Lebzeiten bis zur Unkenntlichkeit verwandelte. Denn in dem Plan, den er durchzusetzen oder einzuführen gedachte, war überhaupt kein Platz für das aufstrebende Bürgertum und noch weniger für die Entwicklung nationalistischer Ideale.

Gewiß wollte Kaiser Franz den Traum Metternichs nie wahrhaben, doch er sah voll und ganz die Notwendigkeit ein, daß die Herrscher zusammenhalten mußten, auch wenn dies die Aufopferung persönlicher Ambitionen zugunsten des allgemeinen Wohlergehens voraussetzte. Der Kaiser war kein Träumer, kein Ehrgeizling. Wie bereits bemerkt, war er vor allem und in erster Linie einer, der zu überleben trachtete. Es genügte ihm, daß seine Dynastie die napoleonischen Stürme heil überstanden hatte. Die Niederlande waren für immer verloren und wurden in ein neues Königreich eingegliedert, das später wieder in Holland und Belgien aufgeteilt wurde. Österreich erhielt – gemäß der Wiener Kongreßakte vom 8. Juni 1815 – Tirol und Vorarlberg zurück; ferner den Großteil Salzburgs. Der 1809 an Rußland abgetretene Tarnopoler Kreis kam wieder an das österreichische Kronland Galizien und Lodomerien. Ebenso fielen die neofranzösischen „Illyrischen Provinzen" an Österreich zurück. Als Entschädigung für die an die Niederlande abgetretenen Gebiete bekam Österreich Lombardo-Venetien. Noch weniger als Metternich, der sich der Notwendigkeit interner Reformen bewußt war, hatte Franz Einsehen dafür, daß es Kräfte gab, die sich nicht dem kaiserlichen Willen fügten. Er war imstande, den Wert eines Abkommens mit anderen Herrschern einzusehen, aber der Gedanke eines Abkommens zwischen Herrscher und Untertanen war ihm fremd. In der Innenpolitik legte das Metternichsche System durch starre Zentralverordnungen, unterstützt durch aktiven Einsatz der Zensur und einer mächtigen Geheimpolizei, den Untertanen straffe Zügel an.

Das war so ganz nach dem Geschmack des Kaisers. Franz war gütig. Gehorchten seine Untertanen, konnten sie mit seinem freundlichsten väterlichen Schutz rechnen. Gehorchten sie nicht, so waren sie Friedensstörer und gehörten ins Gefängnis. Seine Auffassung kam klar und deutlich zum Ausdruck in der berühmten Frage, die er

Ein Fächer aus der Zeit des Wiener Kongresses zeigt die Porträts der verbündeten Monarchen Franz I., Alexander I. und Friedrich Wilhelm III.

Gegenüberliegende Seite, oben: Einmarsch der
alliierten Truppen in Paris (1814), an ihrer Spitze
Zar Alexander und König Friedrich Wilhelm III.
von Preußen. Der österreichische Künstler, dem
wir diesen Stich verdanken, betont ausdrücklich die
Freude der Pariser Bevölkerung, die allenthalben
„Lang leben die Alliierten" gerufen haben soll.
Gegenüberliegende Seite, Mitte: Die Hauptaufgabe
des Wiener Kongresses war es, Europa
im Hinblick auf „gemeinsamen Frieden und
Recht" neu zu verteilen.
Gegenüberliegende Seite, unten: In den Augen
respektloser Karikaturisten bot er freilich eher
manchen Staatsmännern eine einmalige
Gelegenheit zur Befriedigung ihrer
Habgier.
Rechts: Napoleon wird von englischen Seeleuten
nach St. Helena, seinem endgültigen Exil,
gebracht.

einem seiner Begleiter stellte, der die patriotische Gesinnung eines verdienstvollen
Dieners der Krone pries: „Aber ist er ein Patriot für mich?" Nur die Loyalität zur
Krone der Habsburger zählte, sonst nichts. Metternich hatte ab und zu gewisse, wenn
auch nur verschwommene Vorstellungen von einem neuen Zeitgeist; er wurde jedoch
sofort von seinem habsburgischen Herrn desavouiert, der da glaubte, jeden Wandel
durch Allerhöchsten Erlaß unterbinden zu können.

Nichtsdestoweniger lag ein Wandel in der Luft. Zu Beginn des 19. Jahrhunderts
können wir zum erstenmal unter Habsburgs Herrschaft die Entfaltung eigenständiger
Volkskräfte beobachten; eine Entwicklung, die paradoxerweise größtenteils auf
Metternich, aber auch auf Kaiser Franz selbst zurückzuführen ist. Die Ära Metternich
wird im allgemeinen als Periode der Stagnation angesehen; davon konnte in Wirklichkeit keine Rede sein. Sie war bloß insofern stagnierend, als Österreich nach 1815
keine Kriege führte, sich zu keinerlei radikalen internen Reformen bereitfand und
unter der Zensur der Ideen litt. Aber es war eine Zeit rapiden wirtschaftlichen
Aufschwungs und blühenden Wohlstandes. Unmittelbar nach dem Wiener Kongreß
setzte in Österreich die industrielle Revolution ein. Das neugeschaffene Königreich
Lombardo-Venetien wurde den österreichischen Zollgrenzen eingegliedert und bot
den alten Industrieprovinzen einen neuen Absatzmarkt. Der Kaiser selbst schuf ein
Hofamt zur Förderung des Handels, vor allem, um aus dem Ausland Experten und
Techniker aller Art anzulocken. Als erstes führte man Webstühle aus England ein,
dann Watts Dampfmaschine. Hinter Metternichs „Chinesischer Mauer", die zum
Schutz gegen subversive politische Einflüsse aus dem Ausland errichtet worden war,
wimmelte es von ausländischen Industriellen, und fast alle Fabriken aus dem Anfang
des 19. Jahrhunderts wurden von Engländern, Franzosen, Schweizern, Belgiern und

Rheinländern erbaut. In dieser Zeit, unter Metternich und Kaiser Franz, wurde die wirtschaftliche Einheit des Reiches nach den Richtlinien einer regionalen Arbeitsaufteilung geschaffen.

Eine Zeitlang ging alles wunderbar; bis zur ersten Krise des Kapitalismus in den mageren vierziger Jahren, als sich die industrielle Revolution der kaiserlichen Kontrolle entzog. Franz war damals bereits verstorben. Die Zahl der Nichtbeschäftigten stieg erschreckend; die neuen Fabriken in den Städten reichten nicht aus, um den armen Bauernkindern Arbeitsplätze zu bieten. Und sie strömten von überall herbei, um ihr Glück zu suchen. Damit vergrößerten sie nur die Zahl der an den Bettelstab gebrachten Handwerker, deren traditionsgebundene Welt durch die Fabriken zerstört wurde. Damals waren die radikalen Intellektuellen, die dem neuen Bürgertum entstammten, schon längst von jenem Geist revolutionärer Unzufriedenheit ergriffen, der in ganz Europa gärte. Der Herrscher sah nicht einmal im entferntesten ein, daß zwischen der Infragestellung gewisser Ideen und der Forderung nach sozialem Fortschritt sowie nach einer offeneren und gerechteren Gesellschaft unter der Kaiserkrone einerseits und dem Geist einer gewaltsamen Revolution anderseits ein himmelhoher Unterschied lag. Er begriff nicht, daß der jüngst erlangte Wohlstand, dessen er sich selbst rühmte, untrennbar mit einem wachsenden sozialen Bewußtsein verbunden war und daß gerade dieses soziale Bewußtsein die Antriebskraft der Zukunft sein würde. Der Herrscher verstand nicht, daß das Leben in seinem Reich, das Jahrhunderte hindurch von der Krone geprägt worden war und dem Patronat der Krone seinen Ruhm verdankte, eine Eigenbeschleunigung gewonnen hatte und nun ohne Beistand der Krone — ja oft sogar ihr zum Trotz — immer schneller seine eigene Entwicklung nahm.

Ein Beispiel von besonderer Bedeutung für Österreich, das ja durch die Zensur von dem freien Ausdruck und der Entwicklung zeitgenössischer Ideen weitestgehend abgeschnitten war, ist die Musik.

Gluck, der Zeitgenosse Maria Theresias, war im wesentlichen Hofkomponist, der in Wien und Paris seiner revolutionären künstlerischen Tätigkeit nachging, unter dem Patronat von Herrschern, die nicht verstanden, was er tat. Haydn, der von 1732 bis 1809 lebte — er starb während der Napoleonischen Besetzung Wiens, vor seiner Tür eine französische Ehrengarde —, verdankte seine Existenz der Gönnerschaft einer ungarischen Familie fürstlichen Geblüts, den Esterházy (wenn er auch in den letzten Jahren seines Lebens London besuchte, wo er von einem viel breiteren musikalisch gebildeten Publikum gefeiert wurde und wo ihm Georg III. eine Heimstatt in Windsor anbot). Mozart fand bei Hof nie eine Anstellung, obwohl er sich eifrig darum bemühte, und war größtenteils auf die Gönnerschaft fürstlicher Familien angewiesen. Beethoven, der 1792 nach Wien kam, fand große Unterstützung, manchmal bei adeligen Familien, manchmal beim Bürgertum. Es ist bekannt, daß er seine 3. Symphonie, die „Eroica", ursprünglich Napoleon widmen wollte und diese Widmung dann zerriß, als sein Held sich zum Kaiser krönte. Zum Zeitpunkt des Wiener Kongresses lebte Beethoven sein eigenes Leben; er verdankte nichts den Königen und Königmachern, obzwar „Fidelio" für die Kongreßdelegierten aufgeführt wurde. Er arrangierte seine eigenen Konzerte

und handelte mit den Musikverlegern seine eigenen Bedingungen aus. Schubert, der sein ganzes kurzes Leben lang in finanziellen Nöten war, wurde abwechselnd von vermögenden Musikliebhabern unterstützt und hatte seine Freunde in Kreisen bürgerlicher Amateure und Musiker. Zu diesem Zeitpunkt gab es schon fast fünfzig Jahre lang eine große Anzahl unabhängiger Theater. Sie hielten – in steigendem Maße durch Privatinitiative – eine künstlerische Tradition aufrecht, die dem Hofe immer weniger verpflichtet war.

Kaiser Franz starb im Jahre 1835; auf dem Thron folgte ihm sein Sohn Ferdinand, ein geistig zurückgebliebener Epileptiker, sonst aber der gefälligste und liebenswerteste Mensch, den man sich vorstellen konnte. Metternich hatte auf diese Thronfolge hingearbeitet, denn er war der Überzeugung, daß er, Metternich, neben einem schwachsinnigen Kaiser tatsächlich das Reich beherrschen würde und in der Lage wäre, die

Andreas Hofers Bauernaufstand von 1809, eine der Ruhmestaten
österreichischen Patriotismus, kam Kaiser Franz I. alles andere als gelegen.

internen Reformen durchzusetzen, die selbst er jetzt für notwendig erachtete, sollte das intellektuelle und wirtschaftliche Leben mit der Zeit Schritt halten können. Aber Franz hatte noch einen Trumpf in Reserve, der erst nach seinem Tod ausgespielt wurde: in seinem Testament bestellte er einen Staatsrat, dem unter anderen Graf Kolowrat angehörte – der Erzfeind Metternichs, der während der Regierung des Kaisers hartnäckig all seine Versuche interner Reformen vereitelt hatte. Und so sollte es auch weiterhin sein. Innerhalb weniger Jahre nach Ferdinands Thronbesteigung wurden die unterirdischen Strömungen immer stärker; sie vereinigten sich im Jahre 1848, als sich überall in Europa revolutionäre Kräfte rührten, brachen an die Oberfläche durch, und von dieser schnell ansteigenden Flut wurde das Haus Habsburg beinahe fortgerissen.

Das Signal zum Aufstand kam wieder einmal aus Paris, wo im Februar 1848 Louis-Philippe vom Thron verjagt und die Monarchie durch eine neue Republik ersetzt wurde, an deren Spitze der Neffe Napoleons stand; ein begabter Abenteurer und Intrigant, der es später zum Kaiser (Napoleon III.) brachte. Sehr bald hatten auch die deutschen Fürsten zu kämpfen und alles daranzusetzen, um den Bestand ihres Thrones zu sichern. Der König von Preußen wurde gezwungen, eine Konstitution zu gewähren. In Dresden nahmen so grundverschiedene Naturen wie der russische Anarchist Bakunin und der 35jährige Hofkapellmeister und Komponist Richard Wagner an der revolutionären Bewegung gegen das königliche Haus von Sachsen teil. In England bereiteten die Chartisten ihre Monsterpetition vor, die mit einem Fiasko endete.

In den habsburgischen Kronlanden war die Aufstandsbewegung – Flugschriftenschreiberlinge, die ihre Werke im Ausland druckten und dann nach Österreich schmuggelten, hatten sie seit Jahren vorbereitet – äußerst kompliziert und verwickelt. Das Bürgertum, besonders in Wien, nahm die Dinge so, wie sie waren, machte sich über die Geheimpolizei lustig und stand im großen und ganzen den Einschränkungen politischer Freiheit mit zynisch-resignierter Haltung gegenüber; manche Intellektuelle hingegen und mehr als nur eine kleine Anzahl von Angehörigen der adeligen Landstände, ja sogar des Generalstabes sprachen ihre Unzufriedenheit mit dem System offen aus. Sie wollten der frischen Luft des Fortschritts die Fenster öffnen und forderten Redefreiheit, vor allem aber verlangten sie das Ende des Absolutismus: der Kaiser solle einer Konstitution zustimmen. Zugleich war die Existenz des Vielvölkerstaates durch den Geist des Nationalismus in ihren Wurzeln bedroht: die Italiener erhoben Anspruch auf Lombardo-Venetien, die Madjaren auf Ungarn, die Tschechen auf Böhmen. Die nationalistische Welle war jedoch nicht nur auf Slawen, Madjaren, Italiener und einige Polen beschränkt: auch die Deutschen der alten österreichischen Erblande besannen sich nun auf ihr Volkstum, begannen in nationalen Kategorien zu denken und revoltierten gegen die übernationale Monarchie, die die Deutschösterreicher als Untertanen wie viele andere betrachtete. Außerdem gärte es, vielleicht nicht ganz so deutlich erkennbar, in den unteren Schichten der Gesellschaft: bei den Arbeitern in den Städten, die unter den brutalen und unpersönlichen Arbeitsmethoden des industriellen Zeitalters hart zu leiden hatten.

Am 13. März 1848 brach in Wien die Revolte aus. Es hatte recht harmlos begonnen,

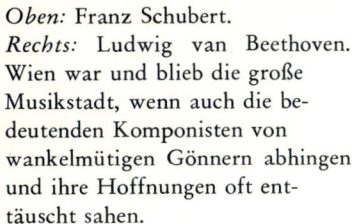

Oben: Franz Schubert.
Rechts: Ludwig van Beethoven.
Wien war und blieb die große
Musikstadt, wenn auch die be-
deutenden Komponisten von
wankelmütigen Gönnern abhingen
und ihre Hoffnungen oft ent-
täuscht sahen.

mit Demonstrationen der Universitätsstudenten. Es waren die gleichen Studenten, die kaum zwei Wochen zuvor, als sie dem Komponisten Meyerbeer, Franz Liszt und der Sängerin Jenny Lind begeisterte Ovationen lieferten, keinerlei Probleme zu haben schienen. Unter ihren Forderungen gab es keine einzige, die nicht durch das Zugeständnis irgendeiner Konstitution hätte erfüllt und befriedigt werden können: sie betrafen das Recht auf freie Meinungsäußerung, die Errichtung eines „liberalen" Parlaments, die Grundrechte des Menschen. Jeder wußte, daß Ferdinand etwas beschränkt war, aber man liebte ihn und wollte ihn vor der Unbill der Welt schützen. Die ganze Misere wurde dem Staatsrat zugeschoben: Erzherzog Ludwig, dem trägen Onkel Ferdinands, dem Grafen Kolowrat, vor allem aber – ungerechterweise – Metternich. Während die Studenten in Wien für die Erlangung dieser elementaren Freiheiten demonstrierten, die es den Völkerschaften ermöglichen sollte, in ihrem eigenen Interesse eine Einheit zu bilden, kam es gleichzeitig in Mailand, Venedig, Budapest, Preßburg und Prag zu ähnlichen Demonstrationen. Mit einer Geste des Verständnisses und der Versöhnung hätte der Staatsrat in Wien sich an die Spitze einer starken Einigungsbewegung stellen können. Statt dessen ließ er auf die Demonstranten schießen, und als es im Anschluß daran zu Kämpfen kam, drangen aus den Elendsvierteln und Hintergäßchen die hungrigen Massen hervor, denen es nur mehr um die Gewalt als solche ging.

223

In der Hofburg herrschten Erschütterung und Bestürzung. Metternich, zum Sünden-bock gestempelt, ging ins Exil; eine wilde Versprechung jagte die andere. Aber es war zu spät. Vom März bis Dezember herrschte Chaos. Man schaffte Ferdinand nach Innsbruck, dann wieder zurück nach Wien und schließlich nach Olmütz. Provisorische Ministerien suchten mit der Unordnung in der Hauptstadt fertigzuwerden, vergeblich. Das ganze Reich war in Aufruhr, und sehr bald hing die Existenz der Monarchie von einer Person ab, einer Frau: Sophie von Bayern, der Gemahlin des Thronfolgers Erz-herzog Franz Karl, der keineswegs schwachsinnig war wie sein Bruder Ferdinand, dafür aber sehr unentschlossen. Sophie bewies außerordentlichen Mut und Entschlos-senheit, während die kaiserlichen Generale Prag bis zur Unterwerfung unter Beschuß

Links oben: 13. März 1848: Ein Wiener Student liest unter Beifall der Menge den Verfassungsentwurf vor, den die studentischen Revolutionäre als Teil ihrer Reformforderungen ausgearbeitet hatten.
Rechts oben: 17. März 1848: Auf dem Markusplatz in Venedig wird von italienischen Rebellen die nationale Flagge gehißt.
Gegenüber oben: Die Nationalgarde feuert auf die Wiener Rebellen.
Gegenüber unten: Die Nationalgarde während des Wiener Aufstands; zeitgenössische Karikatur.

nahmen, dann die Italiener bei Custozza besiegten, sich anschließend Ungarn zuwand-
ten und die Revolution in Wien erstickten. Ungarn, das in Kossuth einen nationalen
Führer von ungeheurer Stärke und Überzeugungskraft hatte, sollte sich noch als sehr
harte Nuß erweisen. Doch bis zum Herbst hatte sich die Krone in den übrigen Reichsteilen durchgesetzt. Das Problem war nur – wer sollte sie tragen?

Sophie, die Generale und Fürst Felix Schwarzenberg, dieser brillante, scharfsinnige,
hartnäckige, außerordentlich ehrgeizige Sproß einer der ältesten Familien Österreichs,
einigten sich. Schwarzenberg, der designierte neue Ministerpräsident, war offensichtlich

der starke Mann der Zukunft. Er würde in Wien die Stellung halten, während sein Schwager, Fürst Windischgrätz, Ungarn unterwarf und der große alte Mann der Napoleonischen Kriege, Radetzky, Italien in Schach hielt. Ferdinand mußte abdanken. Aber war Franz Karl stark genug, seine Nachfolge anzutreten?

Sophie, seine ihm ergebene Gemahlin, die den Tag herbeigesehnt hatte, der sie zur Kaiserin machen würde, mußte sich entscheiden. Sie tat es schweren Herzens, aber ohne Zögern: Franz Karl war nicht der geeignete Mann. Es war besser, den Thron einem neuen Kaiser anzuvertrauen, der an den Wirren und Bitterkeiten der Vergangenheit keinen Anteil hatte. Ihr Sohn Franz Joseph sollte der neue Kaiser sein, ein gutaussehender Jüngling von achtzehn Jahren, der zu den besten Hoffnungen Anlaß gab, der einen kühlen, klaren Kopf und erwiesenermaßen Mut hatte. Und sie, Sophie, würde Kaiserinmutter sein.

Gegenüberliegende Seite: Sophie von Bayern zog alle Register, um ihrem achtzehnjährigen Sohn Franz Joseph auf den Thron zu verhelfen.
Rechts: Metternichs Flucht wurde 1848 vom österreichischen Volk mit Freude aufgenommen.
Ganz rechts: Kaiser Ferdinand I., „der Gütige", war allseits beliebt, wenn auch seine geistigen Fähigkeiten seinem hohen Amt nicht gewachsen waren.

10

Der letzte Akt: Franz Joseph und Karl I.

Was von der Geschichte des Hauses Habsburg bleibt, ist – abgesehen von einem kurzen und schmerzhaften Epilog, der bedeutungslos und unnütz war – die Geschichte Franz Josephs I. Diese Geschichte ist ein einziger Kampf gegen die Kräfte der Auflösung und des Zerfalls, der schließlich mit dem endgültigen Zusammenbruch des Habsburgerreiches und der alten, so mühsam aufgebauten und gehüteten europäischen Ordnung endete. Wien war die Kaiserstadt par excellence, und gerade zu der Zeit, da ihre Existenz unaufhaltsam und unerbittlich in Frage gestellt wurde, war sie strahlender, stolzer und prächtiger – und außerdem (was oft vergessen wird) geistig schöpferischer denn je zuvor. Aus allen Winkeln der Monarchie strömten Wissenschaftler und Künstler nach Wien. Dieser erstaunlichen Ballung geistiger Potenz verdankt die Welt seit dem Ersten Weltkrieg einen Gutteil ihres intellektuellen Rüstzeugs. Es sei bloß daran erinnert, daß Sigmund Freud, der aus Mähren nach Wien kam, eine Zeitlang als Militärarzt in der k. u. k. Armee diente – und es genoß.

Über diese Stadt, über dieses dem Untergang geweihte Imperium herrschte Franz Joseph volle 68 Jahre lang – gebeugt durch Katastrophen, die über sein Reich und ihn persönlich hereinbrachen, auf seinen Schultern gleichsam die Last der Verfehlungen aller seiner Untertanen tragend. Im Lauf dieser 68 Jahre wurde aus dem kecken und arroganten achtzehnjährigen Autokraten eine von seinem Volk verehrte Vaterfigur. Am Ende seines Lebens stand er ganz allein. Sein Bruder Maximilian, Kaiser von Mexiko, war von einem Exekutionskommando der Revolutionäre erschossen worden, seine Schwägerin wurde geisteskrank, sein Sohn, Kronprinz Rudolf, hatte in Mayerling Selbstmord verübt; seine geliebte, aber ihm seit langer Zeit entfremdete Gemahlin Elisabeth war am Genfer See erstochen worden; sein Neffe und Nachfolger, Erzherzog Franz Ferdinand, war eine morganatische Ehe eingegangen, hatte den Kaiser in jeder Weise affrontiert und war gemeinsam mit seiner Gemahlin in Sarajewo der Mörderkugel zum Opfer gefallen, die den Krieg von 1914 auslöste; nur Katharina Schratt, seine treue Freundin und einzige Vertraute, hatte ihn nicht verlassen.

In den Palais und Tanzsälen der Hauptstadt nahm das Leben der Gesellschaft, das ganz auf den Hof ausgerichtet war, mit unverminderter Pracht und Extravaganz seinen Lauf. Aber der Herr dieses Hofes, der alternde Kaiser, der mit Hilfe von Berufsbürokraten und Politikern regierte, hatte sich von diesem Leben zurückgezogen und ließ sich nur selten sehen – zu bestimmten Staatsanlässen, zur Inspektion

Rechts: Elisabeth, die rätselhafte Kaiserin, war eine begeisterte Reiterin. Auf dem Rücken der Pferde fand sie Entspannung und Ruhe.

seiner geliebten Armee oder zu einer Hochzeit von Angehörigen des Hauses. Tag für Tag arbeitete er ohne Unterlaß, ohne Rücksicht auf sich selbst, über seine Akten gebeugt, in denen alle Ereignisse in seinem gewaltigen Reich ihre schriftliche Widerspiegelung fanden; nachts schlief er ein paar Stunden auf seinem schmalen Feldbett in der Hofburg oder in Maria Theresias riesigem Schloß Schönbrunn – als ob die große und liebenswerte Stadt, ja das ganze Kaiserreich in Stücke fiele, wenn er nur um Haaresbreite von seinen Gepflogenheiten abwich. 1916 starb er, mitten in dem schrecklichen Krieg, in den er sich von schlechten Beratern hatte hineinziehen lassen; er war schon zu alt und zu müde gewesen, um noch Widerstand zu leisten. Franz Joseph starb mit sechsundachtzig Jahren. Zwei Jahre nach seinem Tod brach das Reich auseinander.

„Leb' wohl, meine Jugend", so soll der Ausruf gewesen sein, mit welchem Franz Joseph seine Erhebung zum Kaiser begrüßte; er wurde damit an die Spitze eines Reiches gestellt, von dessen 40 Millionen Seelen noch immer manche für ihre Unabhängigkeit kämpften, während andere bereits geschlagen und unterdrückt waren und bitteren Groll hegten. Noch ein Jahr zuvor war er ein freundlicher, lustiger und warmherziger Junge gewesen – gut aussehend mit seinem schmalen Gesicht, schmächtig, aber gut gebaut, sehr repräsentativ, ein guter Tänzer, von rascher Auffassungsgabe, wenn auch nicht besonders schlagfertig, jeder Erfahrung zugänglich, aber ohne Phantasie, und, wie aus vielen seiner recht guten Zeichnungen ersichtlich, mit einem natürlichen Sinn für Humor. Er liebte Uniformen und militärischen Drill. Unter Radetzky hatte Franz Joseph in Italien seine Feuertaufe erlebt und sich bewährt. 1849, unter Fürst Felix Schwarzenberg, mußte er wieder auf die Schulbank. Schwarzenberg war brillant, fast rücksichtslos arrogant und abweisend; gewöhnliche Sterbliche verachtete er. Gleichzeitig verachtete er aber auch seinesgleichen: die Aristokraten, die die Monarchie an den Rand des Zerfalls getrieben hatten. Gewiß, man sollte ein Parlament einführen; aber wer war fähig, es zu führen? Die Massen mußten kommandiert werden; die Liberalen unter den Bürgern und dem Kleinadel waren Schwätzer; der Adel war seiner Pflicht nicht nachgekommen. Und während die neuen Politiker dabei waren, eine Konstitution auszuarbeiten, wollte Schwarzenberg diese bei ihrem Entstehen abwürgen. In dem jungen Kaiser fand er einen gelehrigen Schüler. Franz Joseph war von seinem Gottesgnadentum überzeugt und vertraute seiner großen Armee. Unter einer Fahne vereinigte sie viele Völker und bildete einen Staat im Staate, der nicht den verschiedenen Nationalitäten, sondern einzig und allein ihm ergeben war.

Unter diesen Voraussetzungen verhärtete sich Franz Joseph zum Tyrannen – dies um so eher, als er über seine Völker praktisch nichts wußte. Er war bloßer Zuschauer, der Schwarzenberg seine Autorität lieh, während dieser eigenartige, schwierige Mann die Ruhe im Reich wiederherstellte und es nach autokratischen Richtlinien organisierte, ohne sich um die Meinung der Weltöffentlichkeit zu kümmern, die durch seine drakonischen Maßnahmen aufgebracht war. Dank Schwarzenberg erschien die Monarchie stärker als je zuvor: so stark, daß er darangehen konnte, mit allen Mitteln Österreichs Vorherrschaft in Mitteleuropa wieder geltend zu machen und Preußen zu erniedrigen. Nur vier Jahre blieben Schwarzenberg bis zu seinem frühen Tod im Jahre 1852. Während dieser vier Jahre waren in den Augen der Liberalen der ganzen Welt die weißen Waffenröcke der kaiserlichen Armee ein Symbol für Härte und Unterdrückung. In weiten Teilen des Habsburgerreiches hielt die Armee Wache über niedergezwungene und murrende Völker. In Ungarn jedoch hatte sich die Revolution unter Kossuth zu einem richtigen nationalen Befreiungskrieg entwickelt, in dem so erbittert gekämpft wurde, daß der junge Kaiser an die Heilige Allianz appellierte und den Zar von Rußland zu Hilfe rief, um den Aufstand niederzuschlagen. Nikolaus I. war nur allzu gerne bereit, diese Hilfe zu gewähren, um seinen Einfluß zu vergrößern und sich Österreich zum Dank zu verpflichten. Er sandte ein mächtiges Truppenaufgebot, und die Ungarn ergaben sich schließlich einem russischen General, nicht einem österreichischen. In Wien sahen manche Beobachter in dieser Entwicklung künftiges Unheil. Ihre Befürchtungen waren berechtigt. Schwarzenberg jedoch ließ sich nicht beirren. „Österreich", soll er gesagt haben, „wird die Welt durch seine Undankbarkeit in Erstaunen versetzen!" Damit hatte er recht. Der Zar war nicht nur erstaunt – er tobte.

Mit der Niederschlagung der ungarischen Revolte war die Monarchie nicht länger gefährdet. Um seine jugendliche Unsicherheit zu kaschieren, wappnete sich Franz Joseph gegen jedes menschliche Gefühl. Er hatte Radetzky gestattet, die Italiener zu strafen. Nun sah er zu, wie Schwarzenberg die ungarischen Aufständischen, manche von ihnen Abkömmlinge alter Familien, zum Tode oder zu langer Gefangenschaft verurteilte. Der Friede war wiederhergestellt, aber es war der Friede eines Friedhofs. Ein junger Kaiser, dazu ausersehen, einen neuen Beginn zu setzen, führte mitten im 19. Jahrhundert ein absolutistisches Regime ein, das starrer und härter war als irgendeines, das ein Habsburger seit dem Dreißigjährigen Krieg einzuführen versucht hatte. Die habsburgischen Besitztümer wurden wie nie zuvor in der Geschichte einer unbeugsamen zentralistischen Tyrannei unterworfen, deren Grundlage und ausführendes Organ eine unpersönliche, tüchtige, unbestechliche, aber verhaßte Beamtenschaft war. Selbst die Ungarn bekamen den scharfen Wind zu spüren, der nun blies: Auf die Dauer von zwanzig Jahren büßten sie ihre Sonderrechte ein, die sie unter der Herrschaft so vieler Monarchen bewahrt hatten.

Solche Zustände konnten sich nicht lange halten. Franz Joseph ging in der Härte seinem Volk, aber auch sich selbst gegenüber zu weit. Er arbeitete, wie wenige Herrscher vor ihm je gearbeitet hatten. Nach Schwarzenbergs Tod war er zu sehr von zweitrangigen Beratern abhängig – Experten für innere Angelegenheiten wie Alexander Bach, Experten für auswärtige Angelegenheiten wie Graf Buol-Schauenstein, Experten für Heeresangelegenheiten wie Graf Grünne. Keiner von ihnen war seiner Aufgabe gewachsen. Franz Joseph, der damals Anfang zwanzig war, hatte nicht den Funken jenes Instinkts, der die gleichaltrige Maria Theresia gelehrt hatte,

Winterhalters Porträt der Kaiserin Elisabeth vermittelt uns das romantische Bild, das von vielen ihrer Untertanen hochgehalten wurde. Die Gemahlin Franz Josephs war von ganz außergewöhnlicher Schönheit.
Gegenüberliegende Seite: Feldmarschall Radetzky, ein Veteran der Napoleonischen Kriege, hielt zum Zeitpunkt der Thronbesteigung Franz Josephs Italien. Er stellte das letzte Bollwerk gegen die Kräfte des Nationalismus dar.
Umseitig: Der junge Kaiser Franz Joseph; Gemälde von Winterhalter.
Umseitig rechts: Kaiserin Elisabeth war zum Zeitpunkt ihrer Hochzeit mit Franz Joseph noch zu jung, um am glanzvollen Wiener Hof erste Dame zu sein; sie zog sich bald den Unmut ihrer Schwiegermutter zu.

wen sie anhören, wen sie ignorieren sollte und – wunderbarerweise – wie und wo sie gute Männer finden konnte. Von 1852 an steuerte Franz Joseph mit seinen Ministern geradewegs der Katastrophe zu.

Auch in seinem Privatleben steuerte Franz Joseph einer Katastrophe entgegen. Nach außen hin schien er arrogant, kühl und unbeugsam: er war entschlossen, diesen Anschein zu wahren. Aber er konnte sich auch verlieben. 1853 brachte er den ersten Funken Wärme und Hoffnung in das tote und düstere Wien, als er seine Braut vorstellte, eine hinreißende Schönheit, die entzückende, zarte, romantische und verschreckte sechzehnjährige Elisabeth, Tochter des Herzogs Max in Bayern, seine Kusine.

Die Tragödie Elisabeths – ebenso wie die des Kaisers – ist eine der meistkolportierten Episoden der letzten Jahrzehnte. Das starre Hofprotokoll erdrückte sie, ihre schreckliche Schwiegermutter, Erzherzogin Sophie, die entschlossen war, aus diesem lustigen, wilden, eher leichtfertigen Geschöpf mit seiner leidenschaftlichen Liebe für Poesie und Pferde eine richtige Kaiserin zu machen, tyrannisierte und plagte sie; die Arbeitswut ihres Gemahls und seine Nachgiebigkeit der Mutter gegenüber entfremdeten ihm Elisabeth. An Franz Joseph kam sie nicht heran, so flüchtete sie sich in eine Phantasiewelt, bis es zuletzt zur physischen Flucht wurde; sie war bis an ihr Lebensende unterwegs, flüchtete vor ihrem Mann und ihren Pflichten, flüchtete vor sich selbst und ihrem Versagen, das sie sich eingestehen

mußte. Immer auf Reisen, wie ein Vogel, den der Wind treibt, immer zu Pferde, immer wilder dahinpreschend, als wollte sie ihren Hals riskieren. Mit ihrer Schönheit und ihrer unvergleichlichen Figur trieb sie einen Kult; hie und da kam sie kurz zu ihrem Mann zurück, für gewöhnlich in einem Augenblick der Krise, um der Welt zu zeigen, welch großartige Kaiserin sie sein könnte: um ihm nach einer verlorenen Schlacht beizustehen, sogar um seine einzige wirklich menschliche Bindung, seine Freundschaft mit der Schauspielerin Katharina Schratt, zu arrangieren und zu beschützen, endlich um ihm die Nachricht vom Selbstmord Rudolfs, ihres einzigen Sohnes, zu überbringen.

Jahre hindurch glaubte die Welt, allein Franz Joseph sei für ihr Unglück verantwortlich. Sie leidenschaftlich und temperamentvoll, er kühl und abstoßend – das war das Bild, das man sich im Ausland von dem Kaiserpaar machte. Als nach dem Zerfall der Monarchie ihre Briefe veröffentlicht wurden, entdeckte man, daß es um die Sache ganz anders stand. Dieser reservierte und abweisende Mann hatte fünfundvierzig Jahre lang, bis zu Elisabeths Tod in Genf (1898), vor seiner leidenschaftlich geliebten, grausamen Göttin auf den Knien gelegen – „édes szeretett lelkem", „meine süße, geliebte Seele" –, die er nie erobern konnte. Natürlich verhärtete dieses Unglück ihn noch mehr, und er verbarg sein verwundetes Herz hinter einer abweisenden Fassade.

Die Ehe war von allem Anfang an zum Scheitern verurteilt. Das war teils Sophies Schuld: sie hätte sich bemühen müssen, das junge Mädchen für sich zu gewinnen; doch sie kommandierte nur. Auch Franz Joseph selbst war nicht ganz unschuldig: unreif und unerfahren, fast erdrückt von der Last seiner ungeheuren Verantwortung, sah er nicht, daß Elisabeth noch weitaus unreifer und unerfahrener war als er. Mit der Zeit wurde Elisabeth sich ihrer Verantwortung bewußt; aber im Gegensatz zu ihrer ebenso schönen Schwester, die mit dem schwerfälligen König von Neapel verheiratet war, blieb sie ewig ein Kind. Sie weigerte sich, gute Miene zum bösen Spiel zu machen, genoß jedoch die Privilegien ihrer einzigartigen Stellung. Und sie verzieh nie. Franz Joseph, in seinen Gefühlen tief verletzt, kam zeit seines Lebens über die erlittene Zurückweisung nicht hinweg. Jahrelang wirkte er seelisch verkrüppelt. Erst eine große persönliche Niederlage, die wie ein Schock auf ihn wirkte, öffnete ihm die Augen für die Realitäten, die die Regierung eines Kaiserreiches mit sich bringt. Der Schock war die Schlacht von Solferino im Jahre 1859 und der darauf folgende Verlust seiner geliebten und reichen italienischen Besitzungen der Lombardei und der Secundogenituren Toskana und Modena.

Die gleiche Mischung von Unsicherheit, Angst vor dem Unbekannten und Vertrauen in seine militärische Macht, die den jungen Kaiser dazu veranlaßt hatte, sich nach Schwarzenbergs Tod von seinen Völkern zurückzuziehen, brachte ihn dazu, Österreich vom übrigen Europa abzusondern. Es hatte den Anschein, als könne er seine Eigenschaften als Herrscher nur unter Beweis stellen, indem er sich alle anderen Herrscher vom Leibe hielt. Diese Abgeschlossenheit, diese fast hysterische Ablehnung von allem, was auch nur im entferntesten nach Bevormundung seitens

Die königliche ungarische Leibgarde wurde von Maria Theresia ins Leben gerufen. Zur Zeit Franz Josephs bestand sie aus 100 adeligen ungarischen Offizieren. Ihr Alter und ihr Leibesumfang – beides oft fortgeschritten – wurden zu einer beliebten Zielscheibe der Karikaturisten (hier Fritz Schönpflug).

ausländischer Monarchen und Staatsmänner, die ihm an Jahren und Erfahrung dreimal überlegen waren, aussah, führte im Krimkrieg zu bitteren Konsequenzen.

Nachdem die Mächte sich geweigert hatten, an der Aufteilung jener Gebiete zu partizipieren, die von dem geschwächten ottomanischen Reich, „dem kranken Mann am Bosporus", noch übrig waren, rückte Nikolaus I. in seiner Rolle des großen Beschützers aller noch unter türkischer Herrschaft lebenden Christen mit seinen Armeen gegen die Moldau vor. Palmerstons England und das Frankreich Napoleons III. waren entschlossen, ihn daran zu hindern. Franz Joseph sah sich plötzlich zwischen zwei Fronten. Österreich war Rußland, das mit seiner Unterstützung rechnete, zu großem Dank verpflichtet. Anderseits jedoch war Franz Joseph ebensowenig mit dem Gedanken einer Machtposition Rußlands auf dem Balkan einverstanden, wie Frankreich und England den Zugang des Zarenreiches zum Mittelmeer gutheißen konnten. Franz Joseph hielt sein Land aus dem Krieg heraus und erreichte damit nur, alle Kontrahenten gegen sich aufzubringen. Am Ende des Krimkrieges zeigten sowohl England als auch Frankreich Österreich die kalte Schulter — obwohl dieses an der Grenze Galiziens eine große russische Armee gebunden hatte —, und von Rußland war nichts als Haß zu erwarten. Diese beim Frieden von Paris 1856 gezeugte Stimmung sollte Österreichs Position drei Jahre später beim ersten großen Ansturm auf das Kaiserreich besonders verwundbar machen.

Franz Joseph hatte nicht nur das Unglück, in einer Zeit zu leben, die durch das Aufkommen des Nationalismus auf seiten der Schwachen und des Chauvinismus auf seiten der Starken charakterisiert war, er hatte außerdem zwei der hervorragendsten Staatsmänner als Gegner, die die Welt je gesehen hat: Bismarck und Cavour. Franz Joseph war der Vorkämpfer des Status quo in Europa. Er hatte durch den Wechsel nichts zu gewinnen, aber alles zu verlieren. Er konnte auf erlauchte Vorfahren zurückblicken: auf Rudolf I., den ersten Habsburgerkönig; Friedrich III., den großen Überleber; Maximilian I., den letzten Ritter und Herrn über Burgund; Karl V., in dessen Reich die Sonne nicht unterging; Ferdinand II. mit seinem heiligen Krieg gegen die Andersgläubigen; Leopold I., dessen Generale die Türkengefahr gebannt und den Kriegsruhm Ludwigs XIV. zerschmettert hatten... In Franz Joseph floß das Blut der ganzen langen habsburgischen Ahnenreihe und auch das der meisten großen katholischen Herrscherhäuser. Sein Großvater, Franz II., hatte Napoleon überlebt und über den Wiener Kongreß präsidiert, auf dem Metternich ein immerwährendes europäisches Gleichgewicht herzustellen versucht hatte. Es war des jungen Kaisers Aufgabe — eine ihm ohne Frage von Gott aufgetragene Pflicht —, die Dinge so zu belassen, wie sie waren, an seinem Erbe festzuhalten, es ohne Einbuße weiterzugeben, sich mit der Vielfalt interner Schwierigkeiten abzufinden, das Staatsschiff sicher durch alle Klippen zu steuern und, als er endlich die Notwendigkeit dazu erkannte, seine Herrschaft dem Geist der Zeit anzupassen.

In seiner Anhänglichkeit an den Status quo stand er jedoch allein auf weiter Flur. Rußland bedrohte das Gleichgewicht am Balkan, streckte seine Hände nach Istanbul

Katharina Schratt. Die Schauspielerin stand dem
Kaiser während der langen, schweren Jahre bei, als
seine Gemahlin auf Reisen war. Elisabeth selbst
hatte die Bekanntschaft vermittelt.

und den Meerengen aus. In Preußen ging der junge Bismarck weitblickend, unglaublich scharfsinnig und skrupellos an die Verwirklichung seines Zieles: Österreichs
letzten Einfluß auf Deutschland zu brechen und alle deutschen Länder unter der
Krone des Preußischen Königs, seines Herrn, zu vereinen. In Paris träumte der Abenteurer Napoleon III. von Ruhm und Größe.

In Turin spann ein genialer Jurist, Graf Cavour, mit außerordentlichem Takt und
höchster Diskretion seine Fäden. Er tat das Seine dazu, daß der Aufbruch nationaler
Begeisterung unter den Italienern seinem Herrn, Viktor Emmanuel II., dem König von
Sardinien, zugute kam und dazu führte, daß schließlich ganz Italien unter der Krone
Sardiniens vereint wurde. Dabei nützte er die Popularität der Helden der Rebellion,
Mazzini und Garibaldi, für seine Zwecke aus.

Cavours erstes Ziel war, Österreich aus der Lombardei zu vertreiben – eine hoff-
nungslose Aufgabe für das winzige Piemont ohne einen mächtigen Alliierten: denn die
ganze Macht der kaiserlichen Armee, die südlich des Gardasees in dem uneinnehm-
baren Festungsviereck Peschiera-Mantua-Legnano-Verona stationiert war, konnte
jedem Angreifer die Stirn bieten. Cavour fand seinen Verbündeten in Napoleon III.
Der Franzose gierte nach Ruhm, legte Wert darauf, als ritterlicher Vorkämpfer der
Unterdrückten zu gelten, und war bestrebt, Nizza und Savoyen für Frankreich zu gewinnen. Nun mußte Cavour, als nächsten Schritt, Österreich zur Kriegserklärung
provozieren: als offener Aggressor war für ihn nichts zu holen. Das war schwierig, beinahe unmöglich. Aber zu Cavours Geduld und Schläue gesellte sich die ungeschickte
und kurzsichtige Arroganz des österreichischen Außenministers, Graf Buol-Schauen-

stein, der wie ein wilder Stier auf die unaufhörlichen Sticheleien reagierte und blindlings in die Falle ging, trotz der heftigen Bemühungen der anderen, vor allem der Engländer, ihn zurückzuhalten. Das Ergebnis war eine Katastrophe. Statt die Piemontesen zu überrennen, bevor die Hauptmacht der Franzosen herangekommen war, blieb die österreichische Armee, die unzulänglich geführt und mangelhaft verpflegt war, in der Defensive, bis sie bei Magenta von den Franzosen und Piemontesen geschlagen und hinter Mailand zurückgedrängt wurde. Franz Joseph, erschrocken und entsetzt, eilte von Wien herbei, um das Kommando persönlich zu übernehmen. An den Hängen bei Solferino, oberhalb des Mincio, standen einander die zwei Kaiser an der Spitze zweier großer Heere gegenüber. Von Feldherrnkunst hatte keiner von beiden eine Ahnung. Planlos stürzten sich die zwei Armeen im Morgennebel in eine der schrecklichsten Schlachten des 19. Jahrhunderts. Schließlich waren es die Linien der Österreicher, die sich auflösten. Auf dem Schlachtfeld blieben an die 40.000 Tote zurück.

Am 26. Juni 1859 – zwei Tage nach der Schlacht – schrieb Franz Joseph, damals erst 29 Jahre alt, nach außen hin kühl, innerlich aber erschüttert, an Elisabeth: „Ich ... habe das Gefühl eines geschlagenen Generals kennengelernt."

Das war der erste große Schlag für den jungen Kaiser. Die Lombardei war für immer verloren. Verloren auch jegliches Vertrauen in seine Berater und fast alle seine Generale. Franz Joseph wurde sich bewußt, daß er in einem Wolkenkuckucksheim gewohnt hatte. Aber noch nie hatte ein Habsburger Verlorenem nachgetrauert. Auch Franz Joseph wußte seine Verluste mit derselben Haltung zu ertragen wie seine Vorfahren. Doch er mußte darangehen, sein Reich neu zu organisieren. Er hatte nun neue Minister und verlangte, daß ihm auch die schlechteste Nachricht – was die Stimmung des Volkes, den Stand der Armee, der Wirtschaft usw. betraf – mitgeteilt werde. Auf diese Weise erfuhr er von vielen Mißständen.

Und so begann Franz Joseph 1859 die langwierige Umstellung, durch die er die älteste Dynastie Europas dem 19. Jahrhundert anzupassen suchte. Er hatte noch sehr viel zu lernen. Es war offensichtlich – obwohl dies von ihm ein völliges Umdenken voraussetzte –, daß er ohne Rücksicht auf die Volksmeinung nicht länger regieren konnte. Er mußte unbedingt eine Annäherung an konstitutionelle Gepflogenheiten unternommen werden – oder zumindest der Anschein dazu. Doch auch wenn es eine offene politische Debatte geben würde – ja sogar mußte –, mußte ihm, dem Kaiser, das letzte Wort zufallen. Praktisch gesehen war die erste Phase des Parlamentarismus in Österreich eine Augenauswischerei. Franz Joseph wußte das. 1861 schrieb er seiner Mutter: „Wir werden zwar etwas parlamentarisches Leben bekommen, allein die Gewalt bleibt in meinen Händen, und das Ganze wird den österreichischen Verhältnissen angepaßt sein."

Nun begann der Kaiser seine Lehrzeit in Staatsdingen zu absolvieren. Er versuchte es mit einer ganzen Reihe von Ministern und berief die Repräsentanten der verschiedensten politischen Interessengruppen. Die Hauptgegensätzlichkeit lag zwischen jenen deutschen Liberalen, die an den bürokratischen Zentralismus glaubten, und dem konservativen Adel der verschiedenen Länder, der durch die Stärkung der Macht der Landtage an Bedeutung gewinnen wollte. So erteilte Franz Joseph sich selbst einen erstklassigen Anschauungsunterricht über die harte Realität seines Vielvölkerreiches, über die Anforderungen und Spannungen, die durch nationales Streben und Klassengegensätze hervorgerufen werden, über jene Probleme, die durch Geduld und Taktgefühl gelöst werden könnten (und die Männer, die zu einer Lösung herangezogen werden sollten), und solche, die wohl ungelöst bleiben würden. In den sechziger Jahren des 19. Jahrhunderts entwickelte sich der Kaiser, immer noch in den Dreißigern, von einem unwissenden, gedankenlosen Autokraten zu einem Fachmann auf dem komplizierten Gebiet der Staatsführung. Doch bevor er noch seine Lektion ganz gelernt hatte, bevor er zu verstehen begann, daß seine künftige Aufgabe als oberster Herrscher darin bestand, Wege und Mittel zu finden, um den Bedürfnissen seiner Völker nachzukommen und diesen nach besten Kräften zu dienen, statt sie zur Glorie seines Hauses auszubeuten – bevor er dessen einsichtig wurde, mußte er noch einen Schlag hinnehmen, der ihn härter traf als selbst der Verlust der Lombardei.

Dieser Schlag kam von Preußen, dem alten Feind, dessen König Wilhelm I. nichtsdestoweniger für Franz Joseph, dem ranghöchsten deutschen Fürsten, ein Gefühl von fast mystischer Verbundenheit und Treue verspürte. Sein neuer Ministerpräsident, Graf (später Fürst) Otto von Bismarck-Schönhausen, hatte keine solchen Hemmungen. Dieser geniale Staatsmann von der Statur eines Riesen, dessen scharfer Verstand dem eines Machiavelli ebenbürtig war, ein Willensmensch wie Napoleon und hinterlistig wie eine Schlange, dabei aber von neurotischer Empfindlichkeit, die ihm in den ärgsten Krisenmonaten zu schaffen machte – dieser Bismarck hatte sich ein Ziel gesetzt, und das war ein mächtiges Preußen an der Spitze eines vereinten Deutschland. Er hegte nicht den Wunsch, Österreich zu zerstören. Ganz im Gegenteil: für den Aufbau des neuen europäischen Gleichgewichtes brauchte er als wesentlichen Bestandteil ein starkes Österreich; aber es mußte aus Deutschland vertrieben werden, man mußte ihm zu verstehen geben, daß seine Zukunft woanders lag – im Osten. Noch bevor er 1862 sein Amt als preußischer Ministerpräsident übernahm, hatte Bismarck dem britischen Premierminister Disraeli gegenüber erklärt: „Sobald die Armee so weit ist, daß sie Respekt einflößt, werde ich die nächstbeste Gelegenheit wahrnehmen, um Österreich den Krieg zu erklären, hierauf den Deutschen Bund auflösen, die kleineren Staaten unterwerfen und Deutschland unter preußischer Führung vereinigen." Das war genau der Traum, dem vor ihm Herrscher aus dem Hause Habsburg nachgehangen hatten...

1866 war Bismarck so weit. Es ging nicht darum, die Gelegenheit wahrzunehmen – er mußte sie selbst erfinden. Wie bei Cavour sieben Jahre früher, bedurfte es Bismarcks ganzen Geschicks, um Österreich in den Krieg zu hetzen. Doch er war eine viel gewaltigere Persönlichkeit als Cavour, und Österreich hätte eines außerordentlichen Genies bedurft, um der von Bismarck gestellten Falle zu entkommen. Außerdem hatte er Glück. In Moltke fand er das militärische Genie, das er brauchte: eine großartige Kombination von Wissenschaftler, Stratege und Soldat. Und jetzt folgte Schlag auf Schlag: Im Juni 1866 begannen die Feindseligkeiten, und am 2. Juli bedrängten die

Umseitig: Die Schlacht von Königgrätz/Sadowa (1866) forderte unter den österreichischen und preußischen Truppen schwere Verluste. Die Niederlage bedeutete das Ende des österreichischen Einflusses in Deutschland.

vereinigten preußischen Armeen die Österreicher so sehr, daß diesen als einzige strategische Hoffnung ein Rückzug über die Elbe blieb. Doch selbst dazu war es zu spät, und die Österreicher unter dem alten Haudegen Benedek, dem einzigen Truppenkommandeur, der sich bei Solferino behauptet hatte, stellten sich in einer naßkalten, gar nicht sommerlichen Nacht zur Schlacht, die den ganzen nächsten Tag wütete. 221.000 Preußen mit 776 Kanonen standen in den Wäldern um Königgrätz und Sadowa 214.000 Österreichern mit 770 Kanonen gegenüber. Es war ein entsetzliches Blutbad. Beide Seiten kämpften mit unüberbietbarer Tapferkeit. Ein preußisches Regiment ging mit 90 Offizieren und 3000 Mann in den Kampf. Nach dem Kampf Mann gegen Mann blieben 2 Offiziere und 400 Mann übrig. Das letzte österreichische Reservekorps rückte in geschlossener Formation mit wehenden Fahnen unter Trommelwirbel und den Klängen eines Regimentsmarsches heran. Innerhalb von 20 Minuten fielen 279 Offiziere und 10.000 Mann. Die Entscheidung brachte die Überlegenheit des preußischen Zündnadelgewehrs, des neuen Hinterladers, der hier zum erstenmal in einer größeren kriegerischen Auseinandersetzung verwendet wurde.

Vier Jahre später festigte Bismarck die preußische Überlegenheit in Europa und in Deutschland: er ergriff die Gelegenheit, Frankreich zu bekämpfen, triumphierte, wiederum dank Moltke, bei Sedan, brachte Napoleon um seinen Thron, ließ König Wilhelm von Preußen im Spiegelsaal zu Versailles zum Kaiser des neuen Deutschen Reiches ausrufen und annektierte wider besseres Wissen Elsaß-Lothringen. Die Folgen sind bekannt.

Die Habsburger waren aus Deutschland vertrieben worden. Für Franz Joseph, der kaum 40 Jahre alt war, stellte dies die allergrößte Demütigung dar: doch er trug sie nach außen hin mit der Ruhe und Gelassenheit, die die auffallendste Eigenschaft seines Geschlechtes gewesen ist. Die Demütigung war um so bitterer, als auf dem italienischen Nebenkriegsschauplatz der Verbündete Preußens, Viktor Emmanuel, der König des jüngst geeinten Italiens, von Erzherzog Albrecht, dem Sohn des Siegers von Aspern, aufs Haupt geschlagen worden und allem Anschein nach die Lombardei für Österreich zurückgewonnen war. Statt dessen mußte nun auch Venetien abgetreten werden.

Franz Joseph klagte nicht. Zu Hause waren dringend Maßnahmen notwendig. Noch vor dem preußischen Angriff erwachten die Ungarn, denen Bismarck Mut gemacht hatte, aus ihrer unter Murren hingenommenen Unterwerfung und stellten kühne Forderungen. Franz Joseph, der allen Ansuchen um Zugeständnisse ganz entschlossen die Stirn geboten hatte, sah nun ein, daß er nachgeben mußte. Wollte er den Rest seines Erbes zusammenhalten, durfte er die Forderungen der Ungarn nach einer gewissen Autonomie nicht länger ignorieren. Er mußte, wie Maria Theresia, einen Weg finden, die Ungarn für sich zu gewinnen. Und er fand Unterstützung bei Franz Deák, dem Senior der ungarischen Politiker, einem klugen, maßvollen Mann, der als einziger seine Landsleute von Gewaltakten abzuhalten imstande war; er war auch der erste Mann, der Franz Joseph gegenüber je väterliche Töne anschlug. Es sollten keine halben Maßnahmen getroffen werden; die ganze Struktur der Monarchie sollte eine Änderung erfahren. Durch den großen Ausgleich von 1867 erhielten die Ungarn ihr Parlament, ihren eigenen Ministerpräsidenten, der direkt dem König von Ungarn in der Person Franz Josephs verantwortlich war. Das habsburgische Reich war von nun an die Doppelmonarchie Österreich-Ungarn, mit *einem* Kaiser, *einem* gemeinsamen Minister für Auswärtiges, einigen gemeinsamen Finanzressorts und der gemeinsamen Armee. An diese Neuordnung, die den Traum von einem zentralistischen Reich endgültig zunichte machte, klammerte sich Franz Joseph nun bis zum Ende mit derselben Hartnäckigkeit und Ausdauer, mit der er an dem von Schwarzenberg keine zwanzig Jahre vorher für ihn geschaffenen zentralistischen Staat festgehalten hatte. Er hielt sich viel genauer an seinen Teil der Abmachungen als die Ungarn an den ihren. Die Umsetzung dieser Abmachungen in die Praxis, ihre Folgen für das übrige Reich und für die Länder der ungarischen Krone selbst bestimmten das innenpolitische Klima der Monarchie in den nächsten fünfzig Jahren.

Im Prinzip wußte Franz Joseph, daß er sich dem Nationalismus der Madjaren nicht beugen konnte, ohne den im österreichischen Teil des Reiches lebenden Deutschen und Slawen ebenfalls Zugeständnisse zu machen. Die Gewährung solcher Konzessionen, das wechselhafte Gleichgewicht der nationalen und Rasseninteressen, die zwischen Deutschen, Madjaren und Slawen herrschende Erbitterung, die Eifersucht der slawischen Völker untereinander, später dann die Gegensätze im deutschen Lager — das alles führte letzten Endes zur Lähmung des erst 1861 ins Leben gerufenen Parlaments. Gerechterweise muß gesagt werden, daß alle Völker zur Krone aufblickten — man erhoffte sich von ihr Schutz voreinander und gegenüber der Außenwelt. Keiner war jedoch bereit, die Logik dieser Situation einzusehen und auch nur irgendeinen Teil seiner Privilegien oder Ansprüche dem Allgemeinwohl zu opfern.

Nach 1867 legte Franz Joseph sein autokratisches Gehaben ab. Seine Aufgabe war es nun, die Stellung zu halten. Der äußere Feind mußte in Schach gehalten und die Entwicklung und Selbstverwirklichung der Staatsvölker innerhalb des Reiches vorangetrieben werden. Dies wurde durch eine lange Folge von Ministern unterschiedlichen Temperaments und politischer Überzeugung bewerkstelligt. Die kaiserliche und königliche Armee wurde nun nicht mehr als persönliches Instrument des Kaisers betrachtet, sondern viel eher als die eine und einzige Institution, in der alle Nationalitäten zusammentrafen, um zu einem übervölkischen, mystischen Ganzen zu werden.

Aber die Deutschen waren an einer Gleichstellung der Slawen nicht interessiert; die Madjaren tyrannisierten die im ungarischen Reichsteil – in der Slowakei, in Kroatien und Dalmatien – lebenden Slawen. Und sie brachen ihr Abkommen mit dem Kaiser, ihrem König, und forderten eine eigene Armee. All das bedeutete praktisch, daß Franz Joseph im Alter mehr als je zuvor regieren mußte. Irgend jemand mußte ja regieren. Wenn Tschechen und Deutsche auch nicht in der Lage waren, im Reichstag nebeneinander zu sitzen, ohne aufeinander einzuschlagen: die Regierung mußte dennoch funktionieren.

In dieser stürmischen Zeit entwickelte sich Wien schließlich zur glänzendsten Stadt
Europas. Die alten Festungsanlagen rund um die Altstadt wurden geschleift und an
ihrer Stelle eine breite, mit Bäumen bepflanzte Prunkstraße, der Ring, angelegt, an der
entlang eine ganze Reihe imposanter Bauwerke errichtet wurde, wie es sich für eine
kaiserliche Hauptstadt auf dem Höhepunkt ihres Ruhmes geziemte. Zum Opern-
gebäude, das bereits 1861 begonnen wurde, gesellten sich das neue Burgtheater, die neue
Universität, das Parlamentsgebäude, das Rathaus, der Justizpalast, das Kunsthistorische
und das Naturhistorische Museum, herrliche Parkanlagen und Gärten und auch eine
Börse ... Dem neuen Museum gegenüber, in dem die Kunstsammlungen früherer Habsburger (vor allem Ferdinands I. und des Sonderlings Rudolf II.) aufbewahrt wurden,
fügte man der Hofburg, diesem bis dahin bescheidenen und anspruchslosen Kunterbunt
verschiedenster Stilrichtungen, einen neuen, imposanten Trakt an, dessen Fassade auf
einen großen Paradeplatz, den Heldenplatz, blickt. Von den Reiterstandbildern des
Erzherzogs Karl, des Siegers von Aspern, und des Prinzen Eugen schweift das Auge
über die Ringstraße hinüber zu dem riesigen Denkmal der Kaiserin Maria Theresia,
die, umringt von ihren Generalen, zwischen den beiden Museen thront. Die ganze
Anlage hätte besser zur Feier einer Reichsgründung gepaßt, doch im Jahre 1888, als
das Monument der großen Kaiserin enthüllt wurde, hatte die Monarchie nur mehr
drei Jahrzehnte Lebensdauer vor sich. Der Anfang vom Ende war nahe. Im Jänner

Gegenüber: Die Votivkirche in Wien wurde nach einem erfolglosen
Attentat auf den Kaiser gestiftet.
Unten: Wilhelm I., König von Preußen. Durch den Sieg
seiner Truppen über Österreich bei Königgrätz (1866)
wurde in Deutschland die Suprematie Preußens verankert
und der Einfluß Österreichs endgültig gebrochen.

des folgenden Jahres erschoß sich der Kronprinz, der 31jährige Sohn des Kaisers, Erzherzog Rudolf, in seinem Jagdschloß in Mayerling, nachdem er zuvor seiner Geliebten, Mary Vetsera, das Leben genommen hatte.

Franz Joseph war gewiß ein sehr komplizierter Charakter – ohne Phantasie, aber äußerst sensibel und dabei von oft bewiesener Härte. Diese hatte er bei verschiedenen Anlässen in einer Reihe unverzeihlicher Taten gezeigt; zum erstenmal, als er, neunzehn Jahre alt, es zuließ, daß Schwarzenberg die ungarischen Rebellenführer exekutierte. Er zeigte sie weiter nach Solferino, als er seinen Finanzminister Bruck, einen der fähigsten Männer, die je in seinen Diensten standen, zum Selbstmord trieb, weil er einer falschen Beschuldigung gegen den Minister Glauben schenkte. Er bewies seine Härte in der Art, wie er seinen Bruder Maximilian behandelte, den er von der Thronfolge ausschloß, worauf dieser sich überreden ließ, die Krone des Kaiserreichs Mexiko anzunehmen, was ihm den Tod in der Fremde durch ein Exekutionskommando der Aufständischen einbrachte. Er zeigte sie nach der Katastrophe von Königgrätz, als er zuließ, daß man seinen alten General Benedek zum Sündenbock für die Fehler anderer – inklusive seiner eigenen – machte. Er zeigte sie des weiteren dadurch, daß er sich seinen einzigen Sohn, dessen liberale Träume er zu dulden nicht bereit war, entfremdete. Und noch einmal brach diese Härte durch: in seiner Haltung dem Thronfolger gegenüber, seinem Neffen Franz Ferdinand von Este, den er überhaupt nicht leiden konnte; hier vor allem in der Art, mit der er sich gegen die Heirat des Erzherzogs mit Gräfin Sophie Chotek stellte – ihre sehr vornehme Abstammung war für einen Habsburger eben doch nicht fein genug. Franz Ferdinand, der ebenso hartnäckig war wie der Kaiser, setzte die Heirat durch, wenn er auch sein Einverständnis dazu geben mußte, daß die Kinder Sophies von der Thronfolge ausgeschlossen waren. Franz Joseph hat ihm die Verehelichung nie verziehen.

In diesem Verhalten lag der Schlüssel zum Charakter des letzten großen Habsburgers. Die Welt sah kaum mehr als die Härte, denn Franz Joseph wahrte die Fassade extremer Förmlichkeit und Reserviertheit. Den Männern seiner unmittelbaren Umgebung, seinen Ministern und Ratgebern gegenüber gab er sich leutselig und anpassungsfreudig. Sie kamen aus allen Klassen und Nationalitäten. In seinen Augen waren sie alle gleich. Er konnte mit ihnen scherzen, ihnen willfahren, ja sogar schmeicheln. Es tat nichts zur Sache: sie waren keine Habsburger. Bei seinen Untertanen brauchte er sich nicht zu binden: er konnte ihnen Spielraum geben und tat es auch. In allem aber, was mit der Familienehre, dem Namen Habsburg-Lothringen zusammenhing, war er unbeugsam. Je mehr er sich den demokratischen Regierungsformen gegenüber nachgiebig zeigte, desto starrer hielt er an der Reinheit des dynastischen Gedankens fest. Die ganze Welt war im Wandel begriffen: recht so, Wandel mußte sein, und er als Kaiser und Staatsoberhaupt würde ihn nach besten Kräften begünstigen, ihn leiten, sogar anregen. Aber eine Sache änderte sich nicht, konnte nicht geändert werden: das Haus Habsburg. Es war unveränderlich. Es stand abseits dieses Wandels. Und als Oberhaupt dieses Hauses war es seine Aufgabe, diese Stellung zu festigen und zu unterstreichen. So kam es, daß ein Kaiser, der in seinem Umgang mit Menschen aller Klassen die Liebens-

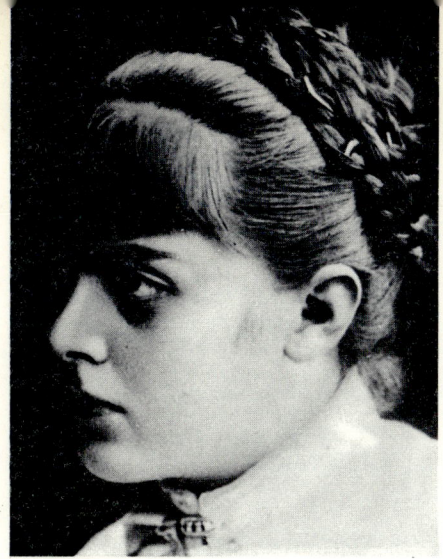

Oben: Mary Vetsera, die mit ihrem
Geliebten Rudolf in Mayerling
erschossen aufgefunden wurde.
Rechts: Kronprinz Rudolf mit dem
späteren Kaiser Wilhelm II.;
zeitgenössische Photographie.

würdigkeit in Person war, seine Familie und sich selbst mit unnachgiebiger Strenge
regierte. Beispielsweise stand genau fest, in welche Familien ein Habsburger einheiraten
konnte. Es ging nicht um das Blut; es ging ums Prinzip. Irgendwo mußte eine Linie
gezogen werden. Diese Linie zu überschreiten, bedeutete, daß das Haus Habsburg zu
irgendeiner beliebigen Familie würde, und das war undenkbar: denn wie könnte es
dann sein Gottesgnadentum vertreten? Wie könnte Franz Joseph dann so tun, als wäre
er für die Herrschaft ausersehen?

Der alternde Kaiser wußte im Grunde seines Herzens, daß dieser Anspruch nicht
bestand. Der Verfallsprozeß hatte begonnen. Sein Bruder war um der Illusion eines
Kaiserthrones willen in ein fremdes Land gezogen. Erzherzog Johann Salvator hatte
auf alle Titel verzichtet und war zur See gegangen. Seinem Thronfolger war eine
Gräfin Chotek wichtiger als die Dynastie. Selbst er, der Kaiser, konnte seine Frau

nicht im Zaume halten, hatte aber anderseits nicht das Herz, ihr etwas zu verbieten. Und noch etwas: nun endlich brachte die Monarchie redliche, fähige und tüchtige Politiker hervor. Der Beginn einer neuen Ära zeichnete sich ab. Wenn man diesen Politikern die Möglichkeit dazu gab, würden sie in der Lage sein, die Staatsmaschinerie ebenso gut zu bedienen wie jeder Habsburger. Das Ende nahte, und Franz Joseph spürte es – es war nicht das Ende des Reiches, nicht des Vielvölkerstaates, nicht einmal der Monarchie als solcher, aber das Ende jener Art persönlicher Herrschaft, wie sie von den Mitgliedern seiner Familie seit mehr als 600 Jahren betrieben wurde.

Von außen sah alles ganz anders aus. Die österreichisch-ungarische Monarchie, das Ergebnis des Ausgleichs von 1867, machte den besten Eindruck. Sie überdauerte die Wirtschaftskrise von 1873, die mit der großartigen Weltausstellung im Wiener Prater zusammenfiel, auf der der Welt die glanzvollen Leistungen der österreichischen Industrie und Kunst vorgeführt wurden. Sie erholte sich rasch von der Demütigung durch Preußen, und in kürzester Zeit machte sie das Spiel der Großmächte mit – all die Praktiken von Bluff und Gegenbluff, Drohung und Gegendrohung, Lüge und Gegenlüge, die die Mächte, strotzend in Waffen, immer gefährlicher aneinanderketteten, in immer enger werdenden Kreisen gegeneinanderführte, mit immer weniger Raum für wohlüberlegte Aktionen, bis sie im Spätsommer 1914 aufeinanderprallten – und zerschellten.

Der Wendepunkt im internationalen Geschehen, der die Mächte in den Ersten Weltkrieg verwickeln sollte, war der Französisch-Preußische Krieg von 1870-1871 und die darauffolgende Gründung des Zweiten Deutschen Reiches. Dies setzte unter die Hoffnungen Österreichs auf Revanche gegenüber Preußen einen endgültigen Schlußstrich. In der Folge sollten die zwei Großmächte, das alte Österreich (nun Österreich-Ungarn) und das neue Deutsche Reich, sich immer enger aneinander binden. Aber die Annektierung Elsaß-Lothringens durch Deutschland garantierte die Feindschaft Frankreichs, und die verstärkten russischen Bemühungen in Richtung Türkei und Balkan machten einen Interessenskonflikt zwischen Österreich, das aus Deutschland ausgeschlossen war und immer mehr nach Osten blickte, und Rußland unvermeidlich.

Dazu kam ein neuer, gravierender Faktor: der endgültige Zusammenbruch des osmanischen Reiches in Europa, das Entstehen eines unabhängigen Serbiens und eines fast selbständigen Bulgariens und der Aufstand der Serben gegen die Türken in den wilden Berggegenden Bosniens und der Herzegowina, der mit Zustimmung der Großmächte 1878 zum Einmarsch österreichischer Truppen führte. Die ärgste Krise jedoch wurde durch den Sieg der Russen im Krieg gegen die Türken ausgelöst. Der Vorfriede von San Stefano sicherte Rußland eine führende Rolle auf dem Balkan und brachte es bis vor die Tore Istanbuls. Diese neue Entwicklung stiftete in Europa große Verwirrung, und die Kriegsgefahr konnte nur durch die Einberufung des Berliner Kongresses durch Disraeli und Bismarck gebannt werden, wo dann – zur großen Unzufriedenheit der Beteiligten – eine Revidierung der Abmachungen von San Stefano erfolgte. Der beschwichtigende Einfluß Franz Josephs auf seinen eigenen Außenminister, Julius Graf Andrássy, der 1849 zum Tode verurteilt und anschließend begnadigt worden war, hatte das Seine dazu beigetragen. Obwohl die Kriegsgefahr gebannt war, deuteten alle Anzeichen auf neue Krisen hin. Der Balkan stand dem russischen Einfluß und Intrigenspiel weit offen, während das unabhängige Serbien, ein winziger, unterentwickelter Staat, zu Österreichs Alptraum wurde, zum Anziehungspunkt für die Südslawen in der Monarchie und vor allem zur Bedrohung der Stellung Österreichs in Bosnien-Herzegowina.

Alles ging halbwegs gut, solange Bismarck an der Macht war. Dieser außergewöhnliche Mann, der durch den skrupellosen Einsatz von Diplomatie und Gewalt sein Land zur Größe geführt hatte, war nun ein Apostel der Stabilität und des Friedens. Wie vor ihm Metternich, glaubte auch er durch sein kompliziertes Netz von offiziellen und geheimen Bündnissen und Verträgen für ein dauerhaftes Gleichgewicht sorgen zu können. Nach Abschluß des Dreibunds mit Österreich und Italien war sein Meisterwerk der bekannte Rückversicherungsvertrag mit Rußland, in dem Deutschland Rußland seine Neutralität garantierte, solange Rußland nicht Österreich-Ungarn angriff, und Rußland seinerseits sich verpflichtete, Deutschland gegenüber neutral zu bleiben, solange Deutschland nicht Frankreich angriff. Alles schien gut zu gehen, solange auch Franz Joseph, der ebenfalls den Frieden wollte, im Vollbesitz seiner Kräfte war.

Doch im Jahre 1890 geschah das Unglaubliche: Bismarck wurde von seinem neuen Herrn, dem dreisten, ungeduldigen, melodramatischen Wilhelm II., kurzerhand entlassen. Wilhelms II. erste politische Tat war die Kündigung des Vertrages mit Rußland, wodurch er das Zarenreich Frankreich in die Arme trieb. Österreich und das dynamische und Unruhe verbreitende wilhelminische Deutschland wurden nun von einem grollenden, unruhigen Rußland und einem rachsüchtigen Frankreich in die Zange genommen. Damit nicht genug, einigte sich Frankreich bald darauf mit England, das langsam aus seiner sich selbst auferlegten Isolierung erwachte, um sich mit den neuen Gegebenheiten des Gleichgewichts auseinanderzusetzen.

In Österreich gab es niemanden, der die gewaltigen und grauenhaften Zeichen der Zeit klar erkannte: und in ganz Europa waren es nur sehr wenige, die sie wahrnahmen. Es war das Zeitalter materieller Blüte auf Kosten schlecht bezahlter Arbeiter, die nun, Unheil verkündend, ihre Stimmen laut werden ließen. Und es war das Zeitalter vulgären Pomps. Das dynastische Muster Europas war für immer festgelegt, so schien es zumindest. Größere Kriege auf dem Kontinent standen außer Frage. England, Frankreich, Deutschland, auch das neu gegründete Belgien teilten Afrika untereinander auf. Rußland wandte sich Asien zu. Auch wenn die großen Dynastien einander nicht mehr bekämpfen konnten, gab es nun einen neuen Wettbewerb: den ums Prestige. Die Bemühungen der Regierungen waren von der nationalen Begeisterung ihrer Völker getragen; in den Schlagzeilen und Leitartikeln der Tageszeitungen kam dies zum Ausdruck:

We don't want to fight, but by jingo, if we do,
We've got the ships, we've got the men, we've got
the money too!

Wir wollen nicht Krieg führen, aber meiner Treu,
wenn wir es wollen, haben wir die Schiffe,
die Soldaten und auch das Geld dazu.

Bismarck war abgetreten, und Franz Joseph, von seinem persönlichen tragischen Schicksal und seinen öffentlichen Niederlagen gebeugt, war alt geworden. Den Thronfolger Franz Ferdinand hielt er sich hartnäckig vom Leibe — und sah zu, wie dieser im Belvedere, der herrlichen Sommerresidenz des Prinzen Eugen, eine Art „oppositionelles Schattenkabinett" bildete. Franz Ferdinand, ein robuster, zorniger, aber ehrlicher Mann, der frisches Blut in die innenpolitischen Probleme der Monarchie bringen wollte, hätte zum Einsatz kommen müssen. Der Kaiser jedoch wollte kein frisches Blut, am wenigsten das seines Neffen, den er nicht ausstehen konnte. Er wollte den Dingen ihren Lauf lassen. Er würde sich an Deutschland klammern, obwohl er dessen jungem, unausstehlichen Kaiser mißtraute; er würde sich an den Ausgleich mit Ungarn halten, obzwar die ständig unzufriedenen Ungarn einen unerträglichen Druck auf ihn ausübten. Sonst interessierte ihn nichts. Einzig und allein er selbst konnte sein Volk davon abhalten, die Schranken zu durchbrechen. Seine Augen waren dem weiten Horizont verschlossen. Franz Joseph war nicht in der Lage, der wachsenden Besessenheit Einhalt zu gebieten, mit der seine Minister und Generale auf Serbien blickten, jenes unangenehme Land an der

Ostflanke des Reiches, das für jede russische Intrige empfänglich war (denn nach der russischen Niederlage durch Japan im Jahre 1904 wandte sich Petersburg neuerdings dem Balkan zu). Er bemühte sich nicht, das Deutsche Reich bei seinen provokanten Akten (vor allem bei seinen offensichtlichen Anstrengungen, die britische Flotte zu übertrumpfen) zur Räson zu rufen. Er ließ die Annexion Bosniens und der Herzegowina im Jahre 1908 zu – einen Pyrrhussieg. Als im Juni 1914 Franz Ferdinand und seine Gemahlin von dem bosnischen Studenten Gavrilo Prinăp in Sarajewo ermordet wurden – sichtlich mit dem Einverständnis Serbiens, obwohl das damals nicht bewiesen war –, stimmte er der Absendung des bewußt herausfordernden Ultimatums zu. Der Tragweite seiner Handlung kaum bewußt, unterzeichnete er hierauf die Kriegserklärung, die zuerst Rußland zur Mobilmachung zwang; darauf folgte die Mobilmachung Deutschlands (als Österreichs Verbündeter) und die Frankreichs (als Verbündeter Rußlands): und als sich die schwerfällige Maschinerie in Gang gesetzt hatte, war sie nicht mehr aufzuhalten. Es war, als wünschte Franz Joseph seinen Tod herbei. Vielleicht war es so. Er war immerhin vierundachtzig Jahre alt.

Und so fand die lange Geschichte des berühmtesten Geschlechts dieser Welt ein Ende, weil der letzte mächtige Vertreter eines Herrscherhauses, das seit langem gewohnt war, souverän die Karte Europas zu überblicken, am Ende zu alt und zu erschöpft war, um seine Augen von den lächerlichen, wenn auch lästigen kleinen Geschehnissen in seinem eigenen Hinterhof abzuwenden. Franz Joseph starb zwei Jahre später, und als man ihn zu Grabe trug, war es das Leichenbegräbnis nicht nur

Gegenüber: Nach dem Selbstmord des Kronprinzen Rudolf wurde Franz Ferdinand Thronfolger. Er konnte es kaum erwarten, die Herrschaft zu übernehmen.
Links oben: Die Staatskarosse, in der Franz Ferdinand und seine Gemahlin durch Sarajewo fuhren. Einige Augenblicke später wurden sie ermordet.
Rechts oben: Die öffentliche Aufbahrung des Erben der Habsburger und seiner Gemahlin Sophie, einer geborenen Gräfin Chotek.

des Hauses Habsburg, sondern auch der traditionellen europäischen Ordnung. Sein Nachfolger, der Großneffe Erzherzog Karl, tat sein Bestes. Als Franz Joseph starb, war der Krieg für Österreich noch nicht verloren. Aber es gab nichts mehr zu holen. Bald versuchte Kaiser Karl den Krieg zu beenden und sein Erbe in Sicherheit zu bringen, bevor es zu spät war. Er scheiterte. Nach vierjährigem erbittertem und aufopferndem Kampf, nach äußersten Entbehrungen seitens der Zivilbevölkerung, ging der Krieg verloren. Der Großteil der kaiserlich-königlichen Armee – die doch aus all den verschiedenen, aufstrebenden Nationalitäten zusammengesetzt war, deren Bestreben es all die Jahre gewesen war, die Monarchie zum Scheitern zu bringen – hielt bis fast zum Ende in erstaunlicher Treue aus. Jetzt, in der Niederlage, fiel sie schließlich auseinander. Im November 1918 – genau 640 Jahre nachdem der erste Rudolf sein Banner in Wien aufgepflanzt hatte – legte der letzte österreichische Kaiser, Karl I., die Krone nieder. Die Völker wurden aus der Monarchie entlassen, und nur allzu bald sind sie von den Nachfolgern der Habsburger verschluckt worden – von Tyrannen, grausamer und absoluter, als sie das alte Europa je gekannt hat.

Franz Josephs Großneffe Karl. Verheiratet mit Prinzessin Zita von Bourbon-Parma, folgte er dem greisen Kaiser 1916 auf dem Thron, dankte jedoch bereits zwei Jahre später ab. Die ehrwürdige Dynastie existierte nicht mehr.

Stammtafel

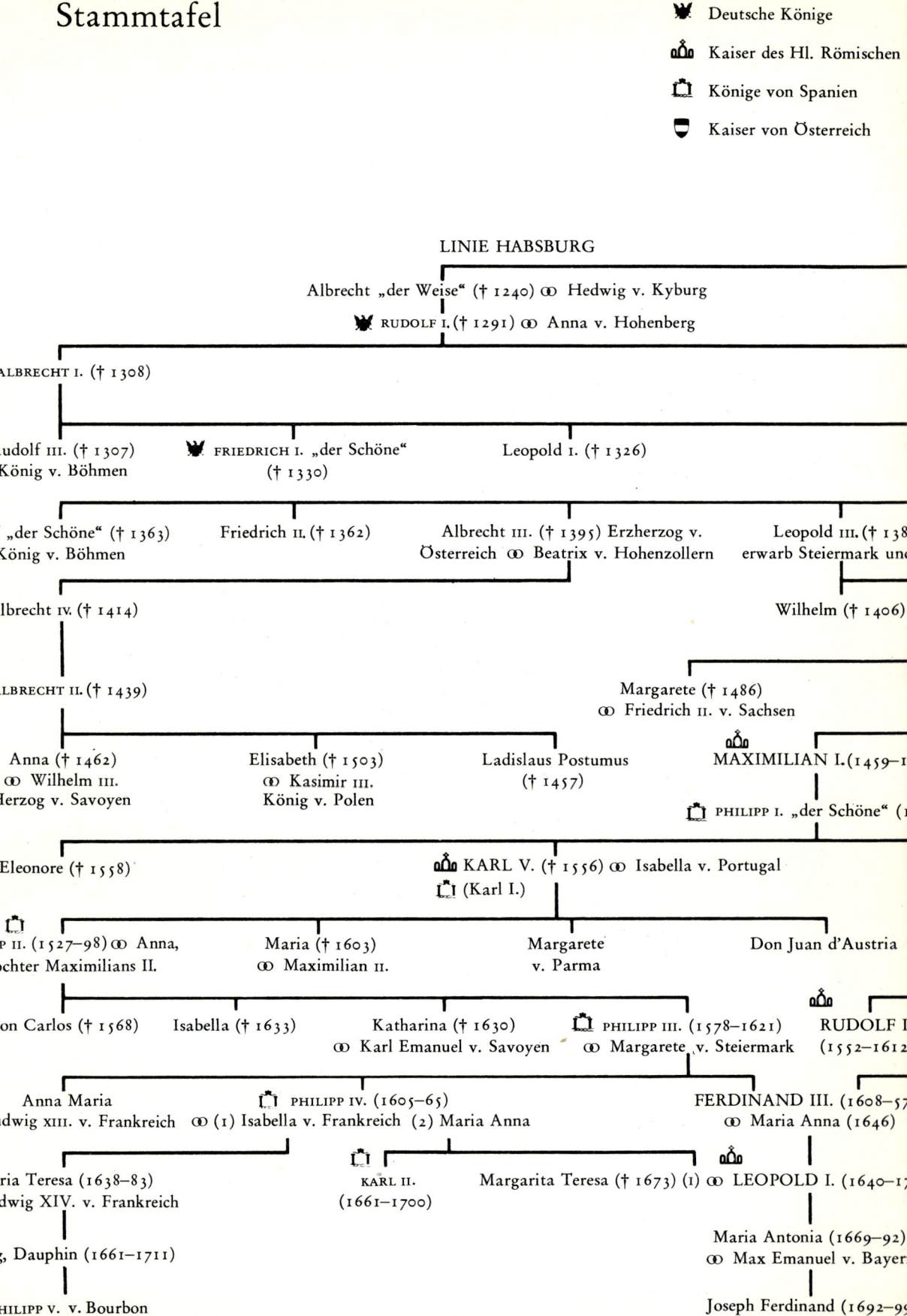

Legende:
- ♛ Deutsche Könige
- ♔ Kaiser des Hl. Römischen
- ♖ Könige von Spanien
- ⬟ Kaiser von Österreich

LINIE HABSBURG

Albrecht „der Weise" († 1240) ⚭ Hedwig v. Kyburg

♛ RUDOLF I. († 1291) ⚭ Anna v. Hohenberg

♛ ALBRECHT I. († 1308)

Rudolf III. († 1307) König v. Böhmen — ♛ FRIEDRICH I. „der Schöne" († 1330) — Leopold I. († 1326)

Rudolf „der Schöne" († 1363) König v. Böhmen — Friedrich II. († 1362) — Albrecht III. († 1395) Erzherzog v. Österreich ⚭ Beatrix v. Hohenzollern — Leopold III. († 138... erwarb Steiermark un...

Albrecht IV. († 1414) — Wilhelm († 1406)

♛ ALBRECHT II. († 1439) — Margarete († 1486) ⚭ Friedrich II. v. Sachsen

Anna († 1462) ⚭ Wilhelm III. Herzog v. Savoyen — Elisabeth († 1503) ⚭ Kasimir III. König v. Polen — Ladislaus Postumus († 1457) — ♔ MAXIMILIAN I. (1459–1...

♖ PHILIPP I. „der Schöne" (1...

Eleonore († 1558) — ♔ KARL V. († 1556) ⚭ Isabella v. Portugal ♖ I (Karl I.)

♖ PHILIPP II. (1527–98) ⚭ Anna, Tochter Maximilians II. — Maria († 1603) ⚭ Maximilian II. — Margarete v. Parma — Don Juan d'Austria

Don Carlos († 1568) — Isabella († 1633) — Katharina († 1630) ⚭ Karl Emanuel v. Savoyen — ♖ PHILIPP III. (1578–1621) ⚭ Margarete v. Steiermark — ♔ RUDOLF I... (1552–1612...

Anna Maria ⚭ Ludwig XIII. v. Frankreich — ♖ PHILIPP IV. (1605–65) ⚭ (1) Isabella v. Frankreich (2) Maria Anna — ♔ FERDINAND III. (1608–57... ⚭ Maria Anna (1646)

Maria Teresa (1638–83) ⚭ Ludwig XIV. v. Frankreich — ♖ KARL II. (1661–1700) — Margarita Teresa († 1673) (1) ⚭ ♔ LEOPOLD I. (1640–17...

Ludwig, Dauphin (1661–1711) — Maria Antonia (1669–92) ⚭ Max Emanuel v. Bayer...

♖ PHILIPP V. v. Bourbon (1683–1746) — Joseph Ferdinand (1692–99...

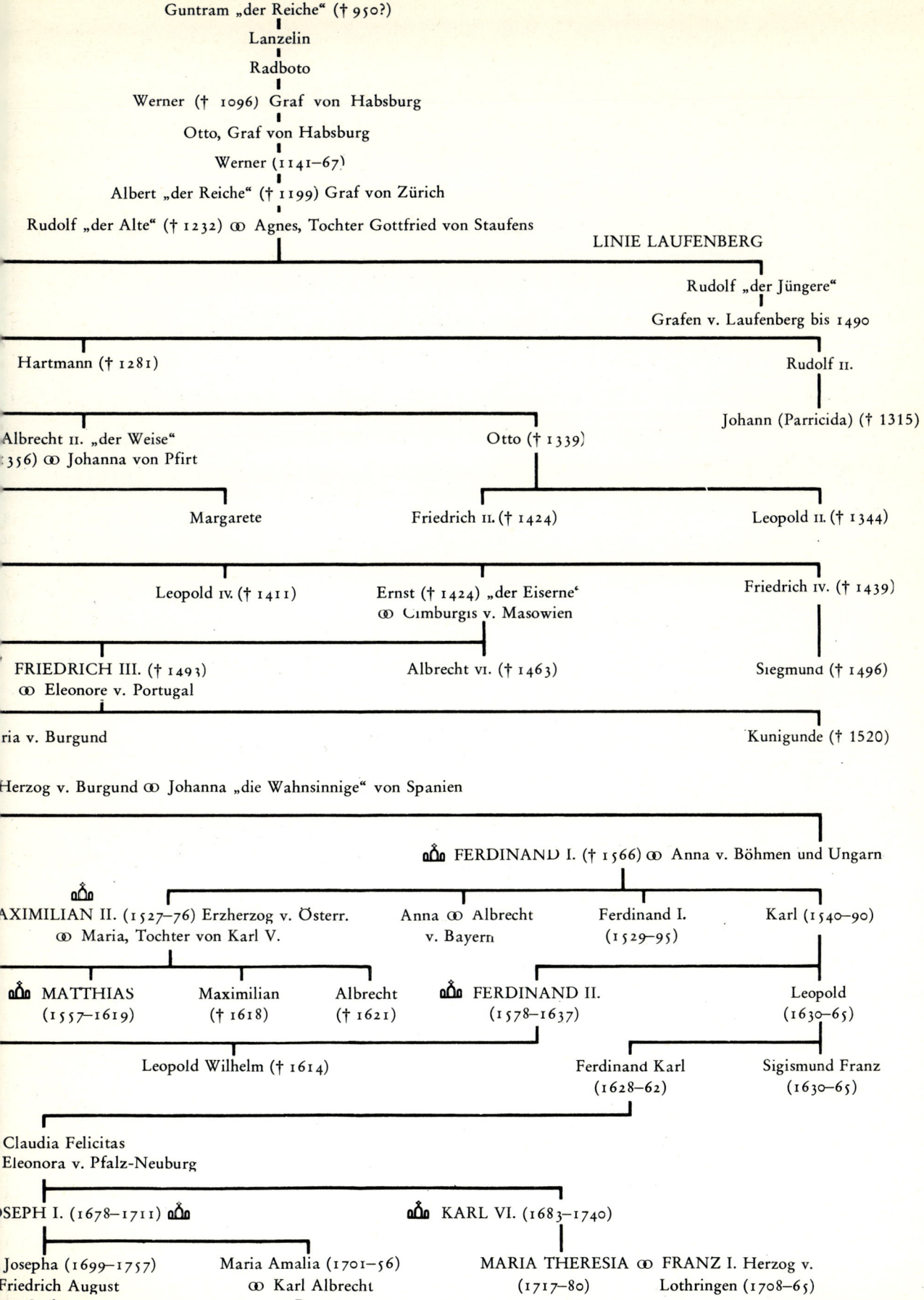

Guntram „der Reiche" († 950?)

Lanzelin

Radboto

Werner († 1096) Graf von Habsburg

Otto, Graf von Habsburg

Werner (1141–67)

Albert „der Reiche" († 1199) Graf von Zürich

Rudolf „der Alte" († 1232) ⚭ Agnes, Tochter Gottfried von Staufens

LINIE LAUFENBERG

Rudolf „der Jüngere"

Grafen v. Laufenberg bis 1490

Hartmann († 1281)

Rudolf II.

Johann (Parricida) († 1315)

Albrecht II. „der Weise"
(356) ⚭ Johanna von Pfirt

Otto († 1339)

Margarete

Friedrich II. († 1424)

Leopold II. († 1344)

Leopold IV. († 1411)

Ernst († 1424) „der Eiserne"
⚭ Cimburgis v. Masowien

Friedrich IV. († 1439)

FRIEDRICH III. († 1493)
⚭ Eleonore v. Portugal

Albrecht VI. († 1463)

Siegmund († 1496)

ria v. Burgund

Kunigunde († 1520)

Herzog v. Burgund ⚭ Johanna „die Wahnsinnige" von Spanien

FERDINAND I. († 1566) ⚭ Anna v. Böhmen und Ungarn

AXIMILIAN II. (1527–76) Erzherzog v. Österr.
⚭ Maria, Tochter von Karl V.

Anna ⚭ Albrecht
v. Bayern

Ferdinand I.
(1529–95)

Karl (1540–90)

MATTHIAS
(1557–1619)

Maximilian
(† 1618)

Albrecht
(† 1621)

FERDINAND II.
(1578–1637)

Leopold
(1630–65)

Leopold Wilhelm († 1614)

Ferdinand Karl
(1628–62)

Sigismund Franz
(1630–65)

Claudia Felicitas
Eleonora v. Pfalz-Neuburg

OSEPH I. (1678–1711)

KARL VI. (1683–1740)

Josepha (1699–1757)
Friedrich August
v. Sachsen

Maria Amalia (1701–56)
⚭ Karl Albrecht
v. Bayern

MARIA THERESIA ⚭ FRANZ I. Herzog v.
(1717–80)   Lothringen (1708–65)

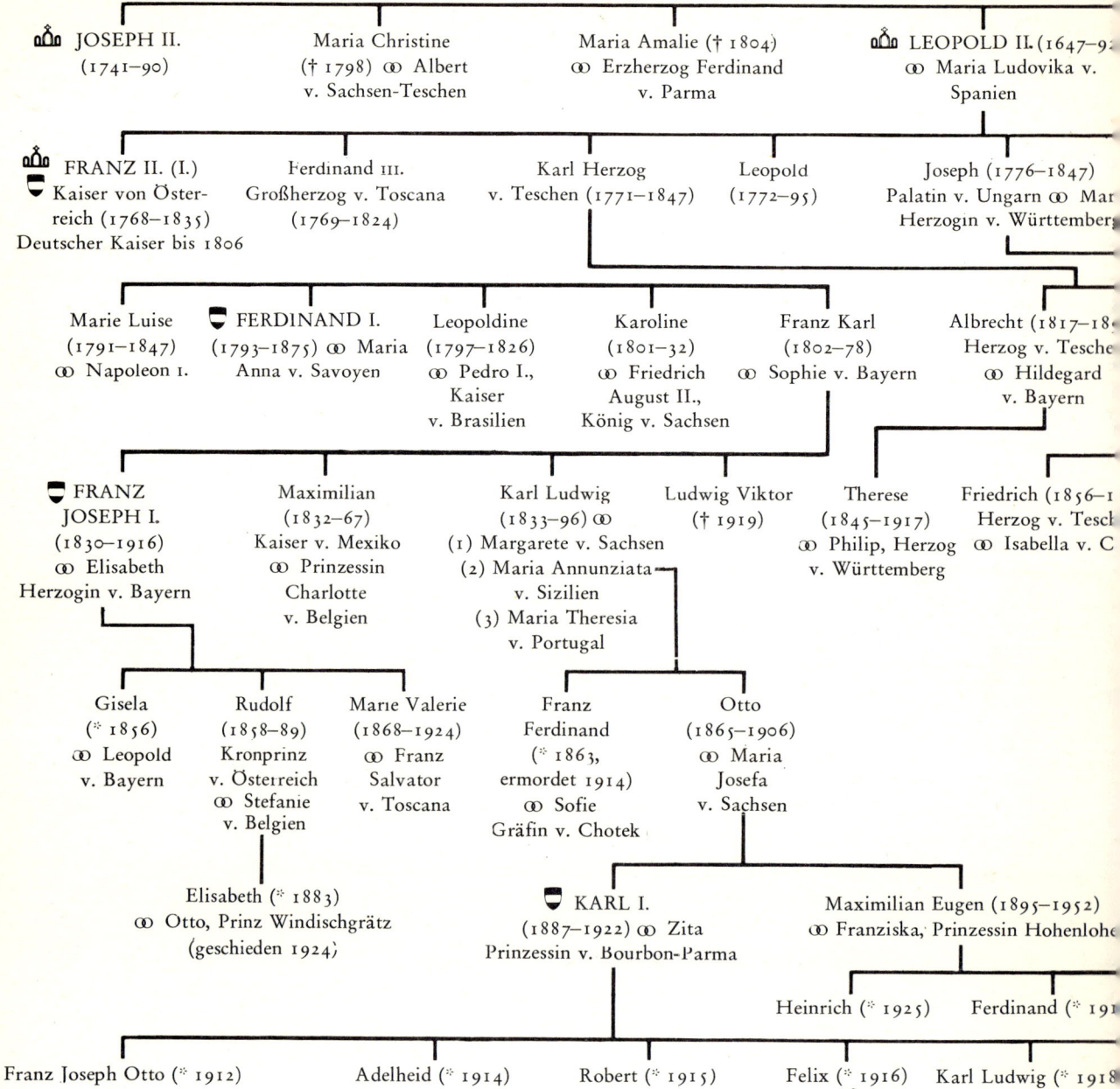

JOSEPH II. (1741–90)

Maria Christine († 1798) ⚭ Albert v. Sachsen-Teschen

Maria Amalie († 1804) ⚭ Erzherzog Ferdinand v. Parma

LEOPOLD II. (1647–9…) ⚭ Maria Ludovika v. Spanien

FRANZ II. (I.) Kaiser von Österreich (1768–1835) Deutscher Kaiser bis 1806

Ferdinand III. Großherzog v. Toscana (1769–1824)

Karl Herzog v. Teschen (1771–1847)

Leopold (1772–95)

Joseph (1776–1847) Palatin v. Ungarn ⚭ Mar… Herzogin v. Württember…

Marie Luise (1791–1847) ⚭ Napoleon 1.

FERDINAND I. (1793–1875) ⚭ Maria Anna v. Savoyen

Leopoldine (1797–1826) ⚭ Pedro I., Kaiser v. Brasilien

Karoline (1801–32) ⚭ Friedrich August II., König v. Sachsen

Franz Karl (1802–78) ⚭ Sophie v. Bayern

Albrecht (1817–18… Herzog v. Tesche ⚭ Hildegard v. Bayern

FRANZ JOSEPH I. (1830–1916) ⚭ Elisabeth Herzogin v. Bayern

Maximilian (1832–67) Kaiser v. Mexiko ⚭ Prinzessin Charlotte v. Belgien

Karl Ludwig (1833–96) ⚭ (1) Margarete v. Sachsen (2) Maria Annunziata v. Sizilien (3) Maria Theresia v. Portugal

Ludwig Viktor († 1919)

Therese (1845–1917) ⚭ Philip, Herzog v. Württemberg

Friedrich (1856–1… Herzog v. Tesch… ⚭ Isabella v. C…

Gisela (* 1856) ⚭ Leopold v. Bayern

Rudolf (1858–89) Kronprinz v. Österreich ⚭ Stefanie v. Belgien

Marie Valerie (1868–1924) ⚭ Franz Salvator v. Toscana

Franz Ferdinand (* 1863, ermordet 1914) ⚭ Sofie Gräfin v. Chotek

Otto (1865–1906) ⚭ Maria Josefa v. Sachsen

Elisabeth (* 1883) ⚭ Otto, Prinz Windischgrätz (geschieden 1924)

KARL I. (1887–1922) ⚭ Zita Prinzessin v. Bourbon-Parma

Maximilian Eugen (1895–1952) ⚭ Franziska, Prinzessin Hohenlohe

Heinrich (* 1925)

Ferdinand (* 19…

Franz Joseph Otto (* 1912)

Adelheid (* 1914)

Robert (* 1915)

Felix (* 1916)

Karl Ludwig (* 1918

DAS HAUS HABSBURG-LOTHRINGEN

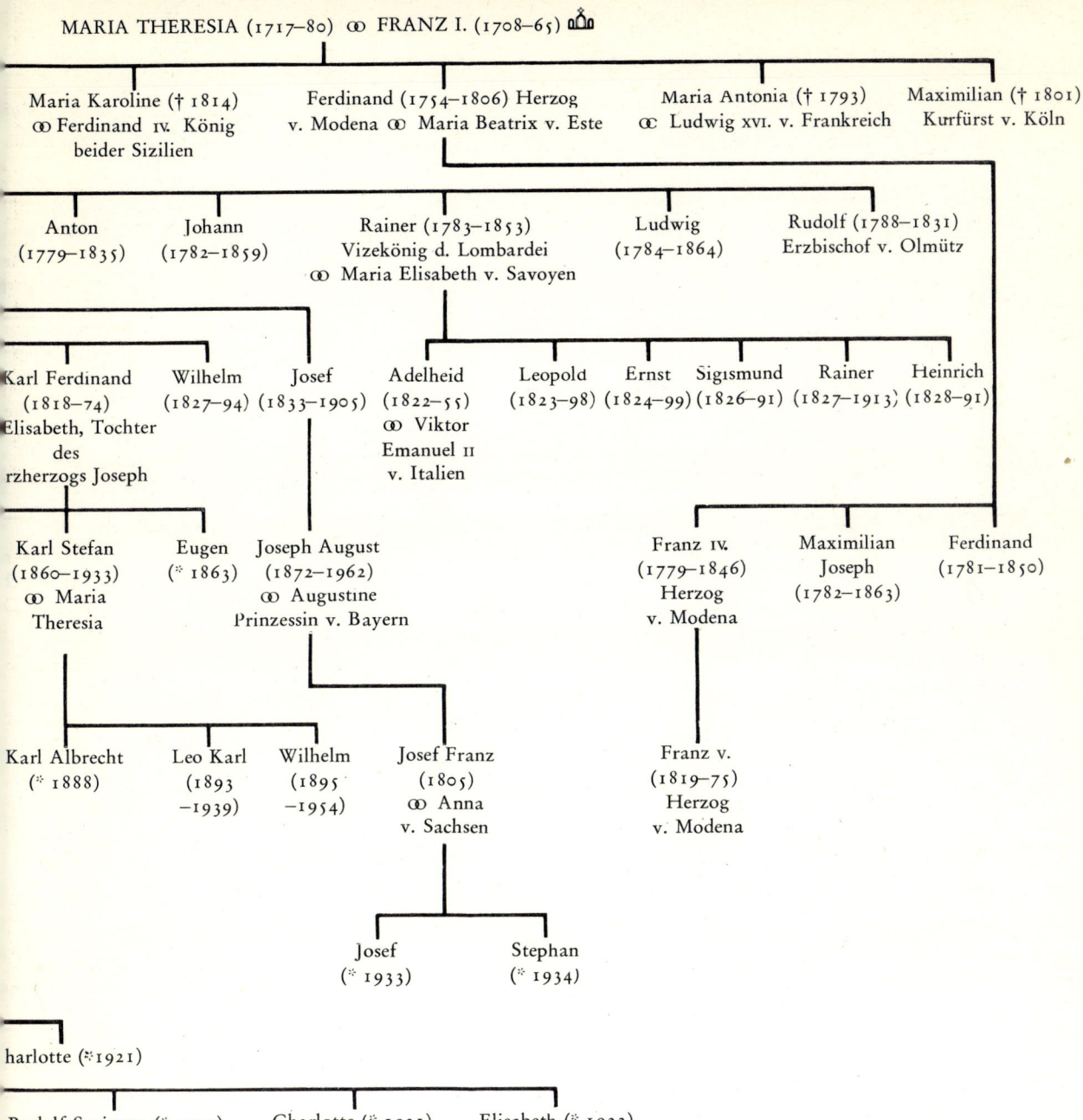

MARIA THERESIA (1717–80) ⚭ FRANZ I. (1708–65)

Maria Karoline († 1814)
⚭ Ferdinand IV. König
beider Sizilien

Ferdinand (1754–1806) Herzog
v. Modena ⚭ Maria Beatrix v. Este

Maria Antonia († 1793)
⚭ Ludwig XVI. v. Frankreich

Maximilian († 1801)
Kurfürst v. Köln

Anton
(1779–1835)

Johann
(1782–1859)

Rainer (1783–1853)
Vizekönig d. Lombardei
⚭ Maria Elisabeth v. Savoyen

Ludwig
(1784–1864)

Rudolf (1788–1831)
Erzbischof v. Olmütz

Karl Ferdinand
(1818–74)
Elisabeth, Tochter
des
Erzherzogs Joseph

Wilhelm
(1827–94)

Josef
(1833–1905)

Adelheid
(1822–55)
⚭ Viktor
Emanuel II
v. Italien

Leopold
(1823–98)

Ernst
(1824–99)

Sigismund
(1826–91)

Rainer
(1827–1913)

Heinrich
(1828–91)

Karl Stefan
(1860–1933)
⚭ Maria
Theresia

Eugen
(* 1863)

Joseph August
(1872–1962)
⚭ Augustine
Prinzessin v. Bayern

Franz IV.
(1779–1846)
Herzog
v. Modena

Maximilian
Joseph
(1782–1863)

Ferdinand
(1781–1850)

Karl Albrecht
(* 1888)

Leo Karl
(1893
–1939)

Wilhelm
(1895
–1954)

Josef Franz
(1805)
⚭ Anna
v. Sachsen

Franz v.
(1819–75)
Herzog
v. Modena

Josef
(* 1933)

Stephan
(* 1934)

harlotte (* 1921)

Rudolf Syringus (* 1919)

Charlotte (* 1921)

Elisabeth (* 1922)

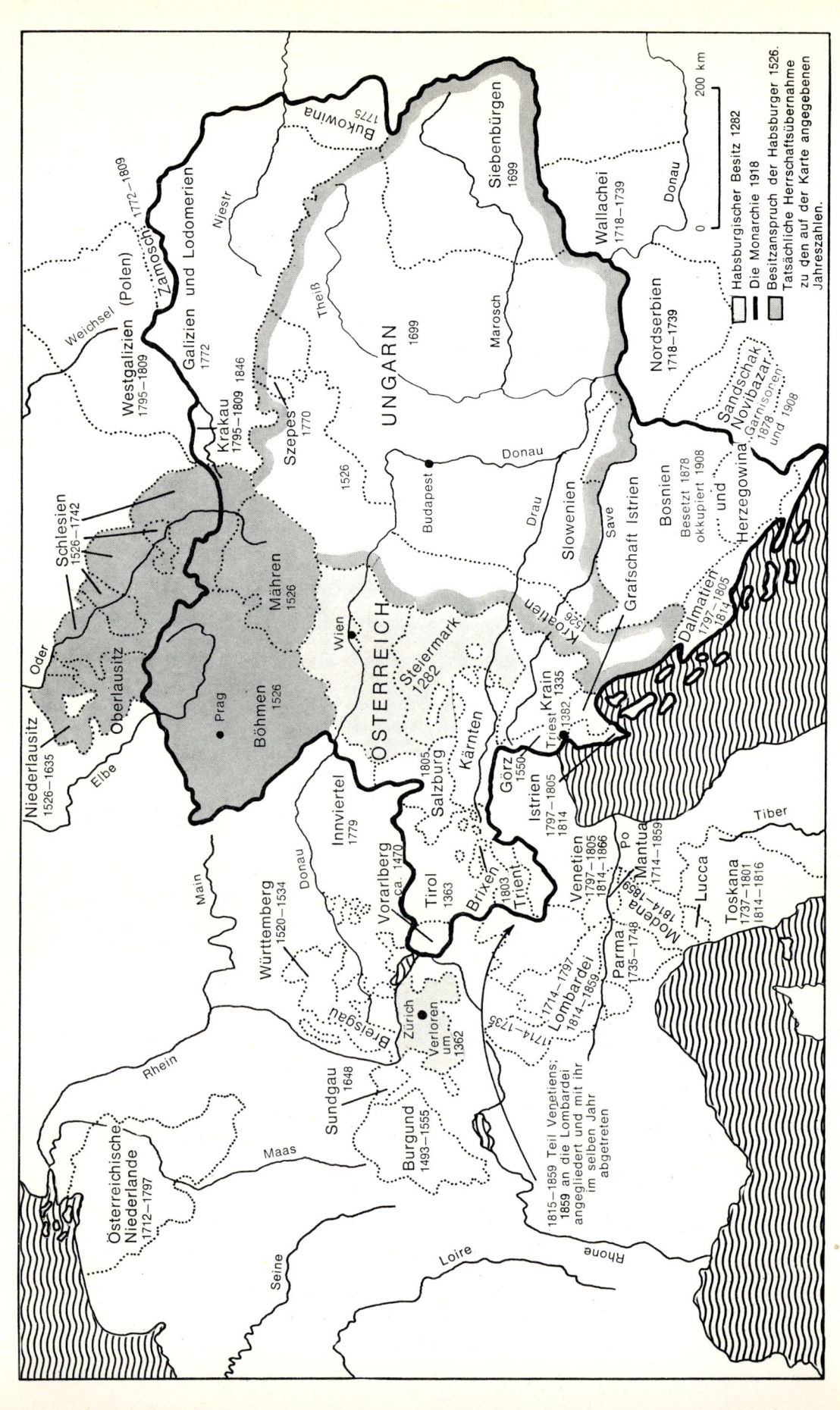

Habsburgischer Besitz 1282
Die Monarchie 1918
Besitzanspruch der Habsburger 1526.
Tatsächliche Herrschaftsübernahme
zu den auf der Karte angegebenen
Jahreszahlen.

200 km

Bukowina 1775

Galizien und Lodomerien 1772

Westgalizien 1795–1809

Zamosch 1772–1809

Weichsel (Polen)

Njestr

Siebenbürgen 1699

Wallachei 1718–1739

Donau

UNGARN 1699

Theiß

Marosch

Nordserbien 1718–1739

Sandschak Novibazar (Garnisonen) 1878 und 1908

Krakau 1795–1809 1846

Szepes 1770

1526

Budapest

Donau

Bosnien Besetzt 1878 okkupiert 1908

und

Herzegowina

Schlesien 1526–1742

Mähren 1526

Wien

Drau

Slowenien

Save

Grafschaft Istrien

Dalmatien 1797–1805 1814–1805

Niederlausitz 1526–1635

Oberlausitz

Oder

ÖSTERREICH

Steiermark 1282

Kroatien 1526

Elbe

Prag

Böhmen 1526

Kärnten

Triest Krain 1382 1335

Görz 1550

Salzburg 1805

Innviertel 1779

Istrien 1797–1805 1814

Main

Donau

Vorarlberg Ca. 1470

Tirol 1363

Brixen 1803

Trient

Venetien 1797–1805 1814–1866

Po

Mantua 1714–1859

Tiber

Württemberg 1520–1534

Breisgau

Zürich

Verloren um 1362

Lombardei 1714–1797 1814–1859

Modena 1814–1859

Lucca

Rhein

Sundgau 1648

1714–1735

Parma 1735–1748

Toskana 1737–1801 1814–1816

Maas

Burgund 1493–1555

Österreichische Niederlande 1712–1797

Seine

Loire

Rhone

1815–1859 Teil Venetiens; 1859 an die Lombardei angegliedert und mit ihr im selben Jahr abgetreten

Bildnachweis

Autor und Verlag sprechen folgenden Sammlungen aus öffentlicher und privater Hand ihren Dank für die freundliche Abdruckgenehmigung aus:

SCHWARZWEISS-BILDER:

Prinzessin Margarete von Hessen (1)
Frau Tudor Wilkinson (1)
Alte Pinakothek, München (1)
Bibliothèque Royale, Brüssel (2)
Kapuzinerkirche, Wien (1)
El Escorial, Madrid (1)
Graphische Sammlung Albertina, Wien (4)
Heeresgeschichtliches Museum, Wien (10)
Historisches Museum der Stadt Wien (14)
Kunsthistorisches Museum, Wien (18)
Nationalgalerie, Prag (1)
National Maritime Museum, Greenwich (1)
Österreichische Galerie, Wien (1)
Österreichische Nationalbibliothek, Wien (Bild-
archiv) (97)
Palazzo Pitti, Florenz (1)
Palazzo Vecchio, Florenz (1)
Parker Gallery, London (1)
Pierpoint Morgan Library, New York, N. Y. (1)
Prado, Madrid (2)
Punch, London (1)
Staatliche Museen Preußischer Kulturbesitz
(Kupferstichkabinett) (1)
Staatsbibliothek, Berlin (2)

FARBBILDER:

Bayerische Staatsgemäldesammlungen, Mün-
chen (2)
Bibliothèque Royale, Brüssel (2)
British Museum, London (1)
Germanisches Nationalmuseum, Nürnberg (1)
Galleria Nazionale, Palazzo Barberini, Rom (1)
Heeresgeschichtliches Museum, Wien (6)
Hofkirche, Innsbruck (1)
Kunsthistorisches Museum, Wien (8)
(Waffensammlung) (1)
(Schatzkammer) (1)
National Gallery, London (1)
National Maritime Museum, Greenwich (1)
Piccolomini-Bibliothek, Siena (1)
Prado, Madrid (1)
Österreichische Nationalbibliothek, Wien (Bild-
archiv) (1)
Schatzkammer der Residenz, München (1)
Schloß Schönbrunn, Wien (3)
(Wagenburg) (1)
Städtische Kunsthalle, Mannheim (1)
Tiroler Landesmuseum, Innsbruck (1)
Topkapi, Istanbul (2)

Ferner danken wir folgenden Photographen und Agenturen für die freundliche Überlassung von Bildmaterial:

SCHWARZWEISS-BILDER:

Archiv für Kunst und Geschichte, Berlin (2)
ACL, Brüssel (1)
Alinari, Florenz (1)
Anderson, Florenz (2)
Hachette, Paris (1)
MAS, Barcelona (2)
Photo Mayer, Wien (20)
Popperfoto, London (5)
Press Association, London (2)
Toni Schneiders, Lindau/Bodensee (2)
Ullstein Bilderdienst, Berlin (4)

FARBBILDER:

Joachim Blauel, München (1)
Sonia Halliday, Buckinghamshire (2)
Claus Hansmann, München (2)
Michael Holford, London (1)
MAS, Barcelona (1)
Photo Mayer, Wien (24)
Scala, Florenz (3)
Toni Schneiders, Lindau/Bodensee (1)

Namenregister